经济管理学术文库·金融类

金融大时代：
人民币国际化发展研究

Financial Age:
Research on the RMB Internationalization Development

孙 艳／著

图书在版编目（CIP）数据

金融大时代：人民币国际化发展研究/孙艳著．—北京：经济管理出版社，2019.8
ISBN 978-7-5096-6839-9

Ⅰ.①金…　Ⅱ.①孙…　Ⅲ.①人民币—金融国际化—研究　Ⅳ.①F822

中国版本图书馆 CIP 数据核字（2019）第 171555 号

组稿编辑：杨国强
责任编辑：杨国强　张瑞军
责任印制：黄章平
责任校对：张晓燕

出版发行：经济管理出版社
（北京市海淀区北蜂窝 8 号中雅大厦 A 座 11 层　100038）
网　　址：www.E-mp.com.cn
电　　话：（010）51915602
印　　刷：三河市延风印装有限公司
经　　销：新华书店
开　　本：720mm×1000mm/16
印　　张：13.75
字　　数：217 千字
版　　次：2019 年 10 月第 1 版　2019 年 10 月第 1 次印刷
书　　号：ISBN 978-7-5096-6839-9
定　　价：68.00 元

·版权所有　翻印必究·
凡购本社图书，如有印装错误，由本社读者服务部负责调换。
联系地址：北京阜外月坛北小街 2 号
电　　话：（010）68022974　邮编：100836

前　言

近年来，人民币国际化扎实有序推进，储备货币功能逐渐显现。尽管国际货币竞争加剧，但从2018年开始，人民币国际化正在由低迷期步入回升通道，发展环境总体向好，内、外部动力充足。中国经济在全球范围内表现优秀，国际收支处于稳定区间，为人民币国际化打牢了根基。促进人民币国际化，使人民币在国际货币体系中发挥更大的作用，对于解决国际储备货币供给难题、维持国际储备货币偿付能力和币值稳定、最终维系国际货币体系稳定将有着重要的意义。

本书共七章。第一章为人民币国际化的内涵和意义，主要包括货币国际化及其程度界定、人民币国际化的内涵和人民币国际化的意义三个方面。第二章为货币国际化的理论和国际经验，研究货币国际化的理论基础、货币国际化的条件和效应、货币国际化的国际经验等内容。第三章为人民币国际化的历程、现实背景和前景，主要分析人民币国际化的历程、人民币国际化的现实背景、人民币国际化面临的前景等内容。第四章为人民币国际化的现状分析，主要包括跨境贸易人民币结算、人民币金融交易、全球外汇储备中的人民币、人民币汇率及中国资本账户开放等内容。第五章为人民币国际化与货币安全研究，从人民币国际化进程中的货币风险、人民币国际化进程中的国际收支失衡风险、人民币国际化进程中的风险防范等方面进行研究。第六章为人民币国际化与中国经济，探讨人民币国际化与"一带一路"建设、人民币国际化与国际货币体系、人民币国际化与上海自贸试验区金融改革开放等方面。第七章为人民币国际化的推进与发展，主要从推进人民币国际化的战略步骤和具体步骤两个方面进行论述。

总的来看，本书有以下两个方面的特点：

第一，内容简明精练。本书采用通俗易懂的语言对人民币国际化进行研究，议论深入浅出，阅读性强。

第二，本书理论研究与实践相结合，在写作过程中本书参阅了大量的最新资料及书籍，对人民币国际化发展进行系统性研究，具有较强的实践指导价值。

本书在撰写的过程中参考了许多专家、学者的已有论著和研究成果，限于篇幅未能一一注明，在此表示歉意。同时，由于能力所限，书中难免存在不足和遗漏，在此真诚地希望各位专家学者和读者朋友给予批评和建议，不胜感激。

目 录

第一章 人民币国际化的内涵和意义 ... 1
　第一节　货币国际化及其程度界定 ... 1
　第二节　人民币国际化的内涵 ... 13
　第三节　人民币国际化的意义 ... 17

第二章 货币国际化的理论和国际经验 ... 21
　第一节　货币国际化的理论基础 ... 21
　第二节　货币国际化的条件和效应 ... 24
　第三节　货币国际化的国际经验 ... 29

第三章 人民币国际化的历程、现实背景和前景 ... 59
　第一节　人民币国际化的历程 ... 59
　第二节　人民币国际化的现实背景 ... 76
　第三节　人民币国际化面临的前景 ... 84

第四章 人民币国际化的现状分析 ... 93
　第一节　跨境贸易人民币结算 ... 93
　第二节　人民币金融交易 ... 101
　第三节　全球外汇储备中的人民币 ... 110
　第四节　人民币汇率及中国资本账户开放 ... 115

第五章 人民币国际化与货币安全研究·················125
第一节 人民币国际化进程中的货币风险·················125
第二节 人民币国际化进程中的国际收支失衡风险·················135
第三节 人民币国际化进程中的风险防范·················148

第六章 人民币国际化与中国经济·················157
第一节 人民币国际化与"一带一路"建设·················157
第二节 人民币国际化与国际货币体系·················165
第三节 人民币国际化与上海自贸试验区金融改革开放·················166

第七章 人民币国际化的推进与发展·················177
第一节 推进人民币国际化的战略步骤·················177
第二节 推进人民币国际化的具体步骤·················186

参考文献·················209

第一章 人民币国际化的内涵和意义

20世纪90年代以来，人民币的使用范围扩大，并逐渐作为交易货币和国际清算手段。特别是近几年来，在我国与周边国家和地区开展的边境贸易活动中，人民币已经被普遍作为支付和结算的硬通货，在这些国家和地区，人民币可以与当地的货币实行自由兑换。在东南亚地区，人民币的自由流通甚至受到了"第二美元"的待遇，一些国家和地区的居民还把人民币作为一种储藏手段。

第一节 货币国际化及其程度界定

当前的国际金融领域，货币国际化成了一个热点议题。国际货币是货币国际化的结果，当一种货币的积极因素发生较大的变化时，就会取代原有的国际货币，从而形成新的国际货币，国际货币格局就会形成新的平衡。货币国际化涉及各国的经济利益和世界金融格局，因而各国都非常重视货币国际化问题。各主要资本主义国家的货币国际化道路各不相同，各有特点。

一、货币国际化的内涵

截至目前，货币国际化没有十分严格的定义，主要是指国别货币在世界范围内发挥计价结算、国际储备及交易流通等职能的经济活动。货币的一般等价物职能超越了国界的范围，以发挥国际货币的职能。货币国际化是一个动态的转变过程，在这个过程中，新、旧国际货币会形成一个相对的平衡。

(一) 货币国际化的定义

学术界关于货币国际化（Monetary Internationalization）还没有形成一个严格、统一、权威的定义。为了研究的方便和口径的统一，我们对货币国际化的定义如下：货币国际化是指一国货币能够在国际范围内执行货币的基本职能，即充当国际支付手段、国际购买手段和财富的国际转移手段，使国别货币越出国界，在世界范围内发挥媒介作用，作为支付工具和国际储备工具作用的一个动态运动过程，以及由此运动过程所形成的一个相对稳定状态。

货币国际化可从静态和动态两个角度去理解：从静态的角度看，货币国际化是指一国货币作为兑换货币，被各国政府用作国际储备货币，被世界各国居民持有，其具有完全性、充分性和高度自由性，在国际货币体系中发挥媒介作用；从动态的角度看，是指在货币发行国的允许和政策目标引导下，一国货币走出国界，在世界范围内实现自由流通、交易和兑换，在国际贸易结算、国际借贷和国际储备方面成为国际记账单位，并被国际社会广泛接受的主观和客观经济过程，这一过程属于国际货币运动的范畴。

(二) 货币国际化的本质和国际货币发行的价值基础

1. 货币国际化的本质

货币国际化的起源是用于商品交换的货币，随着经济的不断发展，其在很大程度上对经济的发展过程产生着控制和牵动的作用。而货币本身又在不断地演进，是对一国经济发展历程的深刻印证。商品交换扩大与发展可以说是促进货币国际化产生的必要条件，这是从具体商品到一般等价物的自然演变过程。在货币产生初期，货币以其载体自身的价值为基础，充当商品交换的一般等价物。以货币为媒介的商品交换并不需要信用的帮助，因为获得货币就等于同时取得了换回相应价值的产品或劳务的权利。货币的流通不带有丝毫的强制性质，因此可被称为自然货币。"自然货币（Natural Currency）是指在交易中自然产生、自由使用的货币，一般是指国家货币产生之前的原始货币或由该时期商人或银行家们自由发行、在特定范围内自由流通的货币"。但商品生产的增长要求开发更有效的交换媒介，以满足商品的交换和分配。于是，随着国家的产生，为了增加国家铸币收益，扫除贸易的货币阻隔，调节与控制经济运行，政府开始以国家名义垄断货币发行，自然货币由此逐步过渡到国别货币。"国别货币（National Currency）是指由国家发行和组织流通的货币，它以政府法令形式强制使用，而在该国完全排除其他货币的存在。国别货币是相对于自然货币而言的"。

货币具有一般等价物职能，如果超越了国界的范围，就发挥国际货币的职能。最初国际货币职能的发挥是由金属货币来承担的，它抛弃了各国政府的官方记号，具有一般性的特征。其一般性体现在它以贵金属的自然形状来发挥作用，不带有任何国别的特征，因而能够作为无差别的人类劳动的代表与世界商品劳务相对应，从而被世界各国所接受。纸币取代金属货币后，国别货币的流通就受到了国界的限制。一国货币能否成为国际货币，其根本决定因素在于货币发行主体国家的经济实力，然后才是诸如政治等其他因素，只有那些价值稳定并可自由兑换的国别货币才有可能作为国际货币被使用。在这个基础上，纸币不但能代表金属货币流通，而且是购买力的临时寄所，可以在流通中断时退出流通，成为闲置状态的货币，具有储备货币的作用。但严格地说，纸币没有价值贮藏职能，只有变相的储备货币职能。金属货币具有价值贮藏职能是由于其稳定不变的内在价值，而储备纸币保存的则是其购买力，金属货币的内在价值会随着纸币发行量或物价水平的变动而变化。

货币具有一般等价物的永恒的性质，也正是在这一基础上，货币才具备了计价、媒介和储藏三大功能，并能够实现货币职能的区域延伸。从自然货币到国家货币再到国际货币，货币的一般等价物性质呈现出逐步上升的过程。国家货币是政府信用对自然货币在一般等价物性质基础上的延伸，而国际货币相对于国家货币而言，则是货币一般等价物职能的进一步强化。

国际货币打破了国内流通界限，在世界市场上发挥着一般等价物的作用。国别货币的国际化其实质是货币各种职能在国外的延伸，是货币发行国经济实力的体现。国别货币充当国际货币，也是货币一体化过程，经济联合体之间的合作与依赖关系随着国际贸易发展而突破国界，这种突破将对货币信用提出更高层次的要求。尽管货币的发行存在着国界，但当一种货币因经济发展而能够稳定地体现商品价值时，它就可能突破国界而成为在国际上进行商品交换的媒介工具，从而突破国别货币的信用范畴，以现有货币成为国家之间进行交易的价值载体，进而上升为国际货币。

一国经济社会生产力发展到一定阶段必然会发生质变，而货币的国际化正是社会生产力发展的结果，是一国经济国际化的产物。正如马克思所指出的：只有对外贸易，只有市场发展成为世界市场，才能使货币发展为世界货币。国际货币的形成对世界经济的发展，特别是国际商品交换，起着巨大的促进作用。

2. 国际货币发行的价值基础

19世纪早期，英国的李嘉图学派及通货学派认为，国家纸币不过是黄金的符号。要使纸币保持价值，就必须使其与货币发行当局的黄金储备保持固定的比例关系，在黄金储备增加时增加纸币的发行，在其减少时减少纸币发行。布雷顿森林体系下的美元，其价值和黄金挂钩，在其作为国际货币流通的背后，有着一定的黄金基础。随着布雷顿森林体系的瓦解和黄金非货币化的完成，目前世界各国所使用的都是不兑现的信用纸币，它的发行和流通并不再以黄金作为其价值保证。现代银行制度的发展，特别是中央银行制度的发展，加上国家政权力量对于社会经济生活中信用规则的认同和保护，使得纸币的发行不再需要足额的商品性货币价值支持，非足额准备的国别性货币也就能够作为国际性货币发挥作用。

在现代国别性货币制度下，黄金不再作为一国发行的国别性货币的直接价值基础，而是把本国的商品与劳务和经济实力作为价值基础。一个主权国家在所发行货币上的国家信用支持着其货币作为流通手段等功能，也就是说，国家承诺并保证货币持有者能够自由地兑现货币所标明的商品或劳务的价值。第二次世界大战后，世界经济的区域化、全球化和一体化日益增强，相对稳定的国与国之间的信用关系，以及国际公认的一些货币支付制度与规则，使得国别性货币的运动有了新的表现。国别性货币不再受制于足额黄金价值基础的束缚，缓和了国别性货币特征与国际货币职能发挥之间的矛盾。价值让出一方对于价值的回归更多地依靠信用制度的力量，依靠国际上某种成形的制度和惯例，而不是依靠黄金货币"物"的真实性。正因如此，一些经济实力强大国家的货币也就具有了国际性货币的某些功能，并且哪个国家的货币能够暂时地成为国际货币是很不确定的，这完全取决于该国的经济实力与国际信誉，取决于各种国别性货币市场价值的相对稳定程度。

一般来说，在主权范围内，相比于一国的经济实力，政府的强有力的实力更能够作为货币价值的支撑力量，但也增加了信用货币的"虚幻性"特征，这种"虚幻性"把货币稳定置于持有者对政府的预期之上。该预期的不确定性成为货币波动的潜在因素，因而也在一定程度上对货币职能国际化扩展产生了阻碍。尽管黄金作为国际货币的地位已大大下降，但其地位至今没有丧失。国际货币的发行也根本不能脱离真实的价值基础，从经验看，目前还没有任何一个国家或地区不储备黄金。从理论上讲，对于任何国别性的制度货币，它被人们所接受的基础就是它对于发行国商品与劳务的索取权，因此，国别性货币本身必须是代表价值的。

对于货币国际化本质和国际货币发行的价值基础的研究，使我们不能一味强调货币本身的国际化，而对货币本身具有的真实价值基础视而不见。

二、货币国际化程度的界定

一国货币是否作为国际货币并没有统一的标准去衡量，与主权国家发行的国别货币相比，一国货币作为国际货币除了在发行国使用外，还可以在世界范围内发挥作用。货币国际化的程度主要由货币发挥的职能来衡量，一般从该货币在国际储备中的占比、金融市场交易中用作标价货币的占比以及私人财富保存使用该货币的多少等方面来衡量。

（一）国际货币的职能

在国内货币理论中，货币有三种职能：国际记账单位、国际交换媒介和国际价值储存（见表1-1）。当一国货币走出国境后，同样要在国际上发挥这三种职能，我们可以从国际经济的范畴来解释国际货币的选择。

表1-1　国际货币的职能

职能	来源	私人	官方
国际记账单位	信息成本	开具发票标值货币	钉住货币、平价
国际交换媒介	交易成本	媒介货币	干预货币、政府结算货币
国际价值储存	价值稳定	投资货币	储备货币

表1-1总结概括了国际货币的三种职能：国际记账单位、国际交换媒介和国际价值储存。

1. 国际记账单位的职能起源于信息成本

当各种产品在世界范围内以通用的国际货币标价时，这些产品价值的相关信息就传递得更快。由于国际货币在与其他货币相比时具有信息优势，所以私人部门在国际贸易合同中使用国际货币用于出票业务，作为开具发票的标值货币，在国际贸易中发挥记账单位的作用。在官方，国际货币还被作为其他钉住汇率的基础货币，作为其他国际货币的定值单位发挥平价作用。国际货币的国际记账单位职能，使国际货币在世界范围内发挥价值尺度的作用，并成为各国货币的共同尺度。

2. 国际货币充当一般等价物

国际货币在世界范围内可充当一般等价物，而其他货币则不具备这种职能。国际货币的交换媒介职能来源于交易成本。以国际货币作为中介，其他货币相互进行转换的成本就比它们之间直接进行转换所花费的成本要小。同时，使用国际货币作为交易中介的效率高，因此被作为私人（主要指银行同业）交易的中介。这也意味着中央银行在干预外汇市场以达到目标汇率水平时也主要使用国际储备货币，因为它是私人（主要指银行同业）之间买卖非储备货币的中介，能够被私人部门所接受。发挥国际交换媒介作用的国际货币的选择，取决于货币发行国经济规模的大小及其他一些因素。一国货币作为国际交换媒介，即被用作资产货币和外汇市场上的交易货币，则这种货币不仅可作为保值手段，而且可作为交换手段、计算单位，从而产生良性循环。

3. 国际货币价值的稳定性

国际货币的价值储藏职能来自其价值的稳定性。未来价值的确定性会增强货币的购买力储藏的职能。同时，只有价值稳定的货币才能够被用作国际货币。在私人部门，价值储藏的职能使得国际货币能够被用作国际存款、贷款和债券发行的标价货币，在官方则被用作国际储备货币。

从规模效应的观点来看，具有多种职能的国际货币为数极少，有时只有唯一的一个。表1-1中的多种职能可以由不同货币来承担。在金本位制度下，黄金和英镑曾分担了政府部门方面的职能和民间方面的职能。20世纪中期，美元被作为储备货币和干预货币使用。实行浮动汇率制后，德国马克和日元逐渐被作为保值手段。目前，欧元、英镑和日元以及其他货币作为区域性的国际货币，对美元起到补充的作用，从而形成国际货币格局的多元结构。

(二) 货币国际化程度的衡量

一种货币的国际地位的强弱，主要看它在发挥国际货币职能方面起多大的作用。前面说过，货币国际化是一个动态的演变过程，是一个从量变到质变的过程，因此，货币国际化的衡量只有相对的标准而没有绝对的标准，在这里使用层次划分的方法也许是一种可行的办法。

对照上述国际货币功能，一种货币充当国际货币必须在国际贸易计价结算中发挥普遍的作用；必须能够成为国际货币市场的借贷货币，作为国际债券面值货币，在国际资本市场中发挥作用；必须能够充当国际储备。因此，货币的国际化应从以下方面来衡量：国际贸易结算、标值国际金融流动、作为小国货币钉住的目标、中央银行和外汇贸易的储备。当然，这个标准并不是绝对的。按照这样的标准，货币国际化的程度可从不同的角度划分为不同的层次。

1. 从国际货币在国际储备中所占份额大小的角度进行衡量

从国际货币在国际储备中所占份额大小的角度，可分为主要国际储备货币、补充国际储备货币和较少具备储备职能的准国际货币，如表1-2、表1-3所示。

表1-2 在确定的官方外汇持有总量中各国货币所占的份额

单位:%

年份 币种	1977	1981	1985	1989	1993
美元	80.3	73.1	65.1	51.4	55.6
英镑	1.8	2.2	3.2	2.3	2.9
德国马克	9.3	13.4	15.5	17.8	14.0
法国法郎	1.3	1.4	1.2	1.4	2.2
瑞士法郎	2.3	2.8	2.4	1.4	1.1
荷兰盾	0.9	1.2	1.0	1.1	0.6
日元	2.5	4.3	7.6	7.2	7.7

金融大时代：人民币国际化发展研究

续表

币种＼年份	1977	1981	1985	1989	1993
非指定货币	1.6	1.4	3.9	6.6	7.3
欧洲货币单位	—	—	—	10.8	8.6

资料来源：《国际货币基金组织年度公告》(1988)。

表1-3 已分配国际储备中各国货币所占份额

单位：%

币种＼年份	1997	1998	1999	2002	2007	2008	2009	2012	2013	2014	2015	2016
美元	65.1	69.28	71.01	66.50	63.87	63.77	62.05	61.47	61.25	65.21	65.79	65.30
欧元	—	—	17.9	23.65	26.14	26.21	27.66	24.05	24.20	21.18	19.09	19.15
人民币	—	—	—	—	—	—	—	—	—	—	—	1
日元	5.77	6.24	6.37	4.94	3.18	3.47	2.90	4.09	3.82	3.54	3.74	3.98
英镑	2.58	2.66	2.89	2.92	4.82	4.22	4.25	4.04	3.98	3.70	4.71	4.34
澳元	—	—	—	—	—	—	—	1.46	1.82	1.59	1.76	1.73
加元	—	—	—	—	—	—	—	1.42	1.83	1.75	1.77	1.96
瑞士法郎	0.35	0.33	0.23	0.41	0.16	0.14	0.12	0.21	0.27	0.24	0.27	0.16
其他货币	3.86	4.50	1.60	1.58	1.83	2.20	3.04	3.26	2.84	2.80	2.87	2.39
德国马克	14.48	13.79										
法国法郎	1.44	1.62										
荷兰盾	0.35	0.27										

资料来源：IMF DATE. Currency Composition of Official Foreign Exchange Reserves, COFER, IFS.

一国货币能否和在多大程度上为各国政府或中央银行所持有决定了国际储备货币职能的发挥程度，决定了其是否可以作为外汇平准基金干预外汇市场，如图1-1所示。

第一章 人民币国际化的内涵和意义

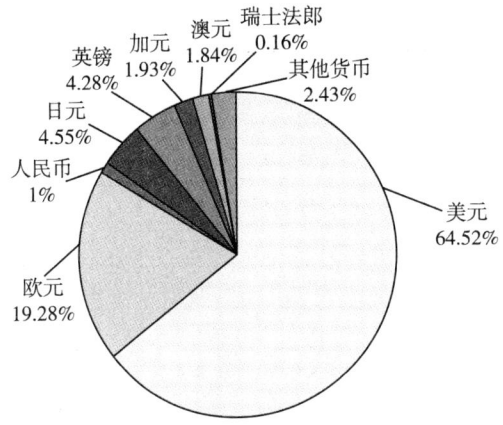

图1-1 2017年第一季度已分配国际储备中各国货币占比

2. 从发挥国际交换媒介职能的程度进行衡量

从发挥国际交换媒介职能的程度来看,可分为主要金融交易货币和辅助金融交易货币两个层次。

一国货币在国际金融产品交易中所占份额,即一国货币在作为国际存款、贷款、投资、债券发行和金融衍生产品的面值货币中所占的份额,表明了一国货币国际化的程度,如表1-4、表1-5所示。

表1-4 相对份额（基于外部资本市场数据）

单位:%

序号	类别	1981~1984年平均值	1985年	1986年	1987年	1988年	1989年
1	日元	5.9	18.5	16.1	10.8	5.6	5.3
	美元	83.3	62.5	67.0	65.1	69.9	77.0
	英镑	3.1	3.4	6.4	14.7	14.1	6.4
	欧洲货币单位	1.3	7.1	2.2	2.4	2.8	4.6
	德国马克	1.7	2.1	3.0	2.4	2.2	3.2
	瑞士法郎	1.2	3.0	2.1	0.7	0.3	0.4
	其他	3.5	3.4	3.2	3.9	5.1	3.1
	总计	100.0	100.0	100.0	100.0	100.0	100.0

续表

序号	类别	1981~1984年平均值	1985年	1986年	1987年	1988年	1989年
	外部债券发行量的货币标价						
2	日元	5.7	9.1	10.4	13.7	8.4	8.3
	美元	63.2	54.0	53.9	38.8	41.2	51.9
	瑞士法郎	14.7	11.3	10.7	12.9	11.1	7.5
	德国马克	6.3	8.5	8.0	8.0	10.1	6.4
	英镑	3.4	4.0	4.6	7.8	9.4	6.8
	加元	1.6	1.6	2.3	3.4	5.7	4.0
	欧洲货币单位	1.7	5.2	3.4	4.0	4.9	5.2
	澳元	—	1.6	1.5	4.9	3.4	2.3
	法国法郎	—	1.1	1.7	1.3	1.3	2.1
	荷兰盾	1.8	1.3	1.3	1.1	1.2	0.9
	其他	1.6	2.3	2.2	4.1	3.3	4.6
	总计	100.0	100.0	100.0	100.0	100.0	100.0
	欧洲货币存款的货币标价						
3	日元	1.8	3.4	4.5	5.8	5.5	5.5
	美元	74.0	67.9	63.5	58.2	60.1	59.7
	德国马克	11.4	114	12.8	14.2	13.3	13.9
	瑞士法郎	5.8	6.4	7.2	7.7	5.4	4.9
	英镑	1.4	2.0	2.1	2.8	3.4	3.1
	法国法郎	0.9	12	1.2	1.4	1.3	1.3
	欧洲货币单位	0.5	2.6	2.6	2.8	3.0	3.2
	其他	4.3	5.0	6.0	7.0	7.9	8.4
	总计	100.0	100.0	100.0	100.0	100.0	100.0

资料来源：转引自《新帕尔格雷夫货币金融大辞典》（第一卷）。

表1-5 欧洲债券市场的发行货币构成

单位：%

年份	1985	1986	1987	1988	1989	1990	1991	1992	1993	1994	1995	1996
美元	70.9	62.9	41.3	42.4	55.2	38.9	31.6	37.4	37.4	40.6	38.9	442
日元	4.8	9.9	16.1	8.9	7.3	12.7	13.9	12.2	11.3	18.3	17.4	7.0

续表

年份	1985	1986	1987	1988	1989	1990	1991	1992	1993	1994	1995	1996
英镑	4.5	5.6	10.7	12.2	8.7	11.6	10.0	8.4	10.8	8.3	5.8	8.8
德国马克	7.0	9.1	10.7	13.3	8.0	10.2	7.9	12.2	13.9	8.6	19.6	17.1
欧洲货币单位	5.1	3.8	5.3	6.4	5.9	9.9	12.7	7.7	1.8	2.1	1.9	0.8
年份	2005	2006	2007	2008	2009	2010	2011	2012	2013	2014	2015	2016
美元	46.5	53.2	38.5	31.6	40.7	48.7	53.6	50.3	54.2	56.8	58.2	—
日元	10.6	17.5	13.4	9.6	10.4	11.6	13.9	14.2	16.3	18.3	17.4	—
英镑	11.3	10.4	12.7	14.2	10.7	11.8	100	8.4	11.8	10.3	6.8	—
欧元	8.0	9.5	11.7	8.3	8.0	10.3	6.9	7.2	13.9	8.6	16.6	—
瑞士法郎	2.1	3.4	1.4	47	3.9	2.5	2.3	1.7	3.8	2.2	1.2	—
加拿大元	3.2	4.5	6.3	7.8	6.4	7.0	10.5	5.4	2.1	1.8	2.4	—

资料来源：OECD 统计。

金融交易货币和辅助金融交易货币两个层次的典型划分是美元作为主要国际金融交易货币，欧元、日元、英镑和瑞士法郎作为辅助国际金融交易货币。从表 1-4、表 1-5 可以看出，在外部银行贷款标值中，美元占据着绝对优势地位，排在第二位的是英镑和日元，而德国马克和瑞士法郎所占份额则较小；在债券面值货币中，美元仍有很强的优势，欧元、英镑和日元的占比也较大，而其他货币的份额则很小；在欧洲货币存款标价货币中，美元仍是最主要的标值货币，而德国马克的份额则大大高于日元、瑞士法郎和英镑。可见，在以上三种国际金融交易职能中，美元都占据了绝对的优势，是最主要的媒介货币。而其他货币则在不同的市场上表现各有差异。

3. 从国际货币在国际贸易出票业务中所占的比重进行衡量

从在国际贸易出票业务中所占的比重来看，国际货币可分为主要出票货币和有限出票货币。出票货币是指在国际贸易中用于贸易标值和结算的货币。有关对国际发票使用的研究证明：发达国家之间的制成品贸易中，开具发票时多用出口国货币；在制造周期较长的差异性制成品的贸易中，开具发票大多用出口国货币；除了经常使用美元外，发达国家与欠发达国家之间的贸易大多用发达国家货币计价；初级产品贸易一般用美元计价，在较小的范围内用英镑计价。据调查，目前美元仍是最重要的出票货币，即一种既非出口商也非进口商的货币，在国际贸易计价结算中发挥着主要作用。

4. 从职能作用发挥的地域范围进行衡量

从职能作用发挥的地域范围来看，国际货币可分为全球性国际货币和地区性国际货币。据调查，美元在全球各个地区都占有相当大的优势，但它占有压倒性优势、影响力最大的地区还是北美及中南美洲地区，欧元的势力范围在欧洲，同样地，日元主要的影响范围局限在亚洲。

5. 从一国货币被作为其他国家汇率钉住目标的国家数量

从一国货币被作为其他国家汇率钉住目标的国家数量看，可分为普遍的钉住货币和非普遍的钉住货币。作为钉住货币的主要因素是一国和储备货币发行国在政治、经济及贸易往来方面的密切程度，如表1-6所示。

表1-6 主要货币用作其他国家的汇率钉住目标

年份	被钉住总计（个）	钉住下列货币的国家货币（%）						
		美元	法郎	特别提款权	英镑	（西班牙）比塞塔	德国马克	其他被钉住国家货币
1975	80	57.5	16.2	12.5	8.8	1.3	0	3.7
1979	74	56.7	18.9	18.9	1.4	1.4	0	2.7
1980	72	54.2	19.4	20.8	1.4	1.4	0	2.8
1981	72	52.8	19.4	20.8	1.4	1.4	0	4.2
1982	71	53.5	18.3	21.1	1.4	1.4	0	4.2
1983	64	51.6	20.3	20.3	1.6	1.6	0	4.7
1984	63	54.0	20.6	17.5	1.6	1.6	0	4.8
1985	62	50.0	22.6	19.4	1.6	1.6	0	4.8
1986	61	52.5	23.0	16.4	0	0	0	8.2
1987	65	58.5	21.5	12.3	0	0	0	7.7
1988	63	57.1	22.2	12.7	0	0	0	7.9
1989	58	55.2	24.1	12.1	0	0	0	8.6
1990	51	43.1	24.1	10.3	0	0	1.7	8.6

资料来源：转引自《新帕尔格雷夫货币金融大辞典》（第一卷）。

第一章　人民币国际化的内涵和意义

从表 1-6 可以看出，以美元作为钉住汇率目标的国家数量占有很大优势，但法郎的表现也不错，而钉住英镑国家的数量则呈明显的下降趋势。

需要注意的是，各类分类方法所界定的货币国际化程度并不是完全一致的。总体来看，在对有关货币国际化的测验中，美元综合排名第一，在全球及各金融领域活动中都占据绝对主导地位。美元在国际贸易和银行同业市场中被广泛使用，并被用作国际储备资产。世界贸易中约有半数用美元计价，约有65%的外汇储备以美元持有；排在美元之后的是欧元，欧元作为工具货币作用的发挥，仅次于美元，但欧元主要在欧洲范围及欧洲与其他地区的贸易中发挥作用，带有一定的地区性色彩。而第三层次的国际货币则是英镑和日元，它们在不同的领域有着不同的表现。由于日本对国内金融市场的种种限制，相对来说，日元很少被用作媒介货币。澳元、加元、瑞士法郎和人民币则作为第四层次的国际货币，在特定区域和特定经济金融领域发挥作用。

从上面的资料还可以看出：不同的国际货币各自有自己的优势，英镑在外汇贸易和对外银行贷款方面表现良好。欧元启动之前，法国法郎在那些把本币钉住它们的国家里保持了汇率稳定。2002 年欧元启动后，相对于美元在国际货币中的重要地位，欧元的国际地位主要取决于其在金融市场作为国际投资货币及外汇交易周转货币的地位，其在官方储备中作为国际储备货币的作用及在商品市场作为国际贸易结算货币的作用则相对较弱。

第二节　人民币国际化的内涵

一、人民币国际化的含义

人民币国际化可以从货币职能、货币空间范围两个方面来定义。依照 Kenen（1983）的定义，货币国际化是指一种货币的使用超出国界，在发行国境外可以同时由本国居民或非居民使用和持有。Hartmann（1998）列出了国际化货币所具备的职能。根据其列表，国际化货币能够为居民和非居民提供交换媒介、记账单位和价值储藏的功能。具体来讲，它可用于私人用途的商品贸易和金融交易的载体货币、替代货币、投资货币，同时可以作为官方的外汇市场干预的载体货币，以及其他货币的锚。从货币职能角度对货币国际化的定义如表1-7所示。

表1-7 国际货币职能

货币职能	私人使用	官方使用
交换媒介	载体货币 ①商品贸易 ②金融交易	外汇市场的干预货币
记账单位	报价货币	本币钉住汇率的驻锚
价值贮藏	货币投资，替代货币	国际储备货币

根据功能定义的标准，目前人民币在国际上的职能如表1-8所示。

表1-8 目前人民币在国际上的职能

职能	私人使用	官方使用
交换媒介	①边境贸易 ②外汇交易（规模小）	无
记账单位	①边境贸易 ②一般贸易（试点企业）	无
价值储藏	香港的人民币存款和债券	柬埔寨、菲律宾、韩国的储备货币

通过表1-8可以看出，现阶段人民币主要是在私人领域的局部范围内具有国际货币功能。

（1）在货币职能上，主要是作为边贸记账工具和跨境贸易人民币结算试点企业的结算工具。虽然在外汇市场中的人民币交易总量迅速上升，但相对规

第一章 人民币国际化的内涵和意义

模仍非常有限。

（2）在结构上，主要表现为即期交易和远期交易，即期交易为主体。与其他币种相比，这一结构反映出人民币在外汇市场交易中与其他的一般国际货币相比其活跃程度较低，这也体现出人民币在国际金融市场中的参与度较低，由此引致的金融交易需求较少。

二、人民币国际化的动力

近年来，我国经济稳健增长，汇率企稳回升，"一带一路"倡议全面推进，国际合作有序开展，金融开放更进一步，市场信心显著增强，为人民币国际化夯实基础、触底反弹提供了强劲动力。

（一）中国经济稳健增长，新动能注入新活力

2017年，面对内外部复杂局势，我国经济实现稳健增长，景气情况明显上升，超预期实现6.9%的GDP增速。全球经济同步复苏改善了外部需求，供给侧改革进一步缓解了过剩产能，推动了结构优化、动力转换和质量提升，经济活力、动力和潜力不断释放，稳定性、协调性和可持续性明显增强。新动能逐渐成为我国发展的重要引擎，不断推动经济质量和效益提升，对GDP增长的贡献超过30%，对城镇新增就业的贡献超过70%。一批重大科技成果加速涌现，新兴消费增速达32%，战略性新兴产业、高技术产业、装备制造业增加值增速均保持在10%以上，分享经济、数字经济、平台经济迅速成长，市场主体的积极性得到充分调动。在创新战略引领下，我国新旧动能持续深度转换，实体经济焕发出新活力，2017年对全球经济贡献率约占到1/3，位居世界首位，为人民币国际化长远健康发展奠定了坚实的基础。

（二）人民币汇率企稳回升，市场预期回归理性

2017年，在美元走弱、我国经济基本面向好等因素共同作用下，人民币对美元即期汇率（CNY）和离岸价格（CNH）分别上涨6.7%和7.0%，扭转前期单边贬值态势与市场恐慌情绪。同时，人民币汇率形成机制更加完善，调整报价参考时段，引入"逆周期因子"，进一步稳定汇率预期，缓解跨境资本

流出压力。相较于美元、欧元、日元等主要货币，人民币汇率保持基本稳定，CFETS人民币汇率指数在92~95间窄幅波动，为贸易、投资发展创造了良好条件。从整体上来看，2017年人民币汇率波动呈现出较稳定的状态，市场摆脱恐慌情绪，回归双向波动的理性预期，微观主体汇率风险管理意识与能力均有所增强，人民币国际使用信心显著反弹。

（三）"一带一路"建设全面推进人民币融通

"一带一路"倡议涉及的领域众多，主要包括基础设施建设、国际产能合作等，承载了庞大的贸易、投融资需求，为人民币的国际使用提供了强大的动力支持。"一带一路"国际合作高峰论坛进一步达成全球共识，一系列重大项目开工建设，对外开放新格局日益巩固，为人民币国际化向更深层次、更高水平发展搭建了使用与流通的广阔平台。随着"一带一路"区域合作的深化，我国在沿线6个国家建立了清算安排，哈萨克斯坦等沿线国家和地区人民币使用呈现较快增长势头，逐渐形成资本输出与贸易回流的良性通道。同时，我国通过货币互换机制向沿线21个经济体提供人民币流动性支持，对沿线小货币直接报价交易增多，人民币的锚货币职能显著增强。

（四）金融市场稳步开放，人民币作为国际货币的吸引力持续上升

开放的金融市场环境不仅有助于增强人民币贸易计价结算职能，而且是实现人民币金融交易功能、巩固储备货币地位的关键一环。2017年，我国多措并举，在防控风险的基础上稳步推进金融开放。债券市场开放取得突破性进展，"债券通"正式上线运行，实现内地与香港债券市场互联互通。同时，国家外汇管理局发布《国家外汇管理局关于银行间债券市场境外机构投资者外汇风险管理有关问题的通知》，规定人民币对外汇衍生品业务向银行间债券市场境外机构投资者开放，为外资投资境内债券市场提供了完善的风险管理渠道。我国债券市场位列全球第三，基于实体经济、利率水平与安全性，对国际各类投资者具有较强的吸引力，将大大增强人民币国际金融计价交易职能。另外，放宽金融机构外资持股限制，稳妥推进金融业对外开放。金融开放的广度与深度进一步拓展，为人民币国际化注入了新能量。

第一章 人民币国际化的内涵和意义

第三节 人民币国际化的意义

一、促进中国经济快速发展

从 2010 年开始，中国的 GDP 超过日本成为世界第二经济大国，但经济大国并不代表就是经济强国。按照贝洛赫的计算，1840 年鸦片战争时中国 GDP 是世界的 37%，比美国和欧洲的总和还要多，而号称"日不落帝国"的英国 GDP 只占世界的 5%。即使考虑人口因素，中国人均 GDP 也与世界平均水平相同。因此，中国如何从经济大国发展成为经济强国，需要我们认真思考，努力谋划。

改革开放以来，我国经济和金融取得了快速发展，工业化和城镇化的速度也在不断加快，在国际分工中处于越来越重要的地位。在可预见的未来，中国将由世界第二大经济体转变为世界第一大经济体。那时的第一大经济体与 19 世纪 40 年代的第一大经济体将具有质的区别，因为到时中国不仅是经济大国，而且是经济强国，更是金融强国。目前中国金融结构还不合理，金融市场对内外开放程度还有待提高，金融体系服务实体经济的能力还需加强，从以量取胜的金融大国发展成以质取胜的金融强国，还有艰难的一段路要走。

为此，需要我们在资本账户开放和人民币汇率政策的基础上，推进人民币国际化，推动人民币成为可兑换、可自由使用的货币。因为它既可以帮助我们锁定经济转型和金融改革的成果，又将对我们在未来经济改革和发展中的突破予以有力的支持。

二、提高中国国际地位

货币国际化是一国综合国力发展到一定程度的结果。从全球范围来看，美元、欧元、日元等货币之所以可以充当国际货币，主要是源于美国、欧盟、日本的强大的经济实力和较高的国际信用地位。人民币实现国际化后，中国就在一定程度上掌握了发行和调节一种国际货币的权利，加大人民币使用国家对中国经济的依赖性，这些国家的发展生产也会受中国的经济发展状况和经济政策变化的影响，中国在国际事务中将具有更大的发言权和影响力。

目前我国的国际地位和我国的经济规模不对称，通过人民币国际化，可以提高我国在国际货币体系中的话语权，从而使我国在国际金融市场中占有重要地位，进而增强我国国际地位和国际影响力。人民币国际化也将会逐渐改变现有的货币体系格局，使得国际货币体系更加多元化，有利于国际货币的稳定，在市场竞争中，人民币将更多地发挥积极作用。

三、维护全球金融稳定

人民币国际化在全球发展过程中扮演着重要的角色。第二次世界大战后，布雷顿森林体系的崩溃表明，黄金汇兑本位制不能再很好地对维持全球金融稳定起作用。一方面，其后形成的以单一货币为主导的国际货币体系难以避免"特里芬难题"；另一方面，美元利用其周期性升贬攫取全世界财富，使得全球金融非常不稳定，许多国家损失很大。国际货币多元化成为历史的呼唤。人民币在过去十多年已成为维护全球金融稳定的重要力量，突出表现在以下几方面：

（一）缓解金融危机的冲击

1997年，亚洲爆发了金融危机，受此影响，东南亚各国的货币在不同程度上相继出现了贬值的状况。中国对外公开承诺人民币不贬值，这在很大程度上使各国抵御危机冲击的信心得到增强。2008年国际金融危机期间，人民币不但没有贬值，还保持了一定的升值，这对促进世界经济的稳定发展起到了很好的作用。中国稳定的社会政治环境、快速的经济增长、平衡的财政收支、较低的外债水平和庞大的外汇储备，为维持汇率的稳定奠定了基础，较大程度上维持并提升了人民币可信任度。

（二）降低国际汇率风险

当今世界，美元占国际储备货币的比重高达60%以上，而全球范围内的大宗商品交易、资本流动、直接投资也主要使用美元。这导致美国可以依据自身利益随时调整金融政策，从而引发国际金融市场动荡。随着中国与世界各国经贸往来日益密切，国际上产生了以人民币进行计价结算、规避汇率风险的广泛需求。人民币实现国际化，将成为国际贸易结算与投资支付货币，分散各国的金融风险，让国际金融安全多一份保障。

（三）提高国际货币体系的公平性

在当前国际货币体系下各种矛盾凸显。通过人民币国际化有利于国际货币体系的多元化，从而在国际金融市场形成良性竞争，这有利于提高国际货币体系的公平性和稳定性，也有利于构建一个制度更加完善、外部环境更加良好的国际金融市场，有利于促进世界的繁荣发展和金融稳定。

四、减少美元霸权危害

自布雷顿森林货币体系建立以来，美国作为事实上的全球银行管理者，利用美元为全球实体经济的发展提供了一段时间内较有效的服务，即美元管理机构通过它们的中介，将稀缺社会资源从低效率用途转移到高效率用途，从而导致一种新增财富在高效率实体经济领域被创造出来，全球经济出现了较快的发展。但是，随着美元长时间处于垄断地位，缺乏竞争对手，美元开始堕落成通过霸权方式，即不断通过市场操纵，在不改善资源配置甚至导致资源配置扭曲的情况下获取高额利润。在此过程中，商业银行或金融机构通过提高自身和整体经济的杠杆率，制造泡沫并获得高回报，而将泡沫破灭的风险转嫁给各国财政。欧元、日元等作为世界通用货币尽管也能部分地影响美元霸权获取超额利润，但是这两种货币由于其"先天缺陷"，无法承担起准国际货币的职能抵御美元霸权横行，目前唯有寄希望于人民币国际化。因为只有人民币有条件、有力量让美元霸权不敢放肆地为所欲为，但人民币国际化还有一段很艰难的历程。

五、分享国际货币铸币税

随着世界经济一体化的加速发展,对国际化货币的需求量会越来越大,国际货币的铸币税会越来越多。作为一项公共资源,铸币税理应由承担国际责任的国家共享。随着中国逐渐走向世界舞台的中心,中国承担的国际责任越来越重,为其付出的成本也会越来越高,这些成本当然可以由国内民众承担,但世界上既然有国际货币铸币税这项公共资源,我们就应得以分享以减少国家财政的负担。同时,分享国际货币铸币税的过程也是一个更好地承担国际责任的过程,要分享国际货币铸币税,人民币国际化就是必然的选择。中国不会放弃自己的正当权益,但决不会以牺牲别国利益为代价来发展自己,因此不会在人民币国际化后,利用人民币的循环,获取铸币税以外的不道义收益。

第二章 货币国际化的理论和国际经验

货币可以作为衡量一个国家的经济实力的因素。货币国际化进程既是国际经济格局重新布局的过程，也是各国实力此消彼长相互制衡的过程，是一个客观的市场进程。尽管一国可以制定政策为推进国际化提供更好的条件，但终究不能取代市场的作用和选择。综合分析各国货币的国际化进程情况，可以知道实现货币国际化是一个漫长而艰难的过程。对于我国来说，可以从各国货币化进程中汲取一些先进经验，有序推进国际金融市场深化和金融制度改革，维护人民币币值稳定，并进行有效的风险防范，从而稳定推进人民币成为区域货币和国际储备货币。

第一节 货币国际化的理论基础

一、货币国际化的发展

货币国际化是货币的部分或全部职能，从一国的使用区域或原使用区域扩张到周边国家、区域乃至全球范围，最终演化为区域货币乃至全球通用货币的动态过程。按照不同的划分标准，可以对货币国际化进行分类。按照货币使用区域，货币国际化包括货币周边化、货币区域化及货币全球化。按国际货币提供主体，货币国际化包括单一国家货币国际化以及区域货币一体化。根据货币职能划分，国际货币有执行部分职能和全部职能的差异，当一种货币国际化后，便在国际上流通，跨越国界执行计价标准、支付手段以及储藏手段职能。但并不是每种国际货币都必须承担以上三种职能，由于每种货币自身的特性及不同的历史机遇，所执行的国际货币职能会有所差异。

人类社会发展到今天，广泛公认成功实现货币国际化的有"三个半"货币，这里剔除了已被欧元替代了的德国马克。它们是英镑、美元、欧元，另外半个指的是日元。

简单总结历史，实现货币国际化的路线大概有四条：一是通过战争以及建立殖民地的方法，将宗主国的货币推广于殖民地，然后再影响到世界各国，这是英镑之路；二是成为国际货币体系的核心货币，继而成为国际贸易和投资的流通和支付手段，这是美元之路；三是通过货币可兑换的若干阶段成为国际货币，这是日元之路；四是几个经济实力相当、经济结构相似的国家联合起来，实行统一的货币，通过经济一体化策略，形成区域内的单一货币，这是欧元之路。

这些路径有共同之处，也有各自特点。衡量货币国际化的标准主要看经贸规模、金融市场、货币价值的信心、历史惯性四个因素。

二、货币国际化的影响因素

货币国际化的历史表明，政治上的强大和稳定、经济规模、国际贸易和投资的市场份额、金融市场的发达程度、货币价值的稳定等是影响一国货币国际化的重要因素。而且，货币国际化不是一成不变的，是一种动态的过程，会面临其他国际货币的竞争，而要保持其竞争力，巩固甚至提高其在国际市场上的地位，也受许多条件的制约。

由于货币是经济的"衍生产品"，经贸规模是影响货币最主要的因素。货币发行国或地区的经济、贸易和金融市场规模在全球的地位是货币能否成为国际货币的天然条件。经贸规模是决定对该国或地区货币结算需求的最重要因素之一。

以经济和贸易规模衡量，美国是世界上最大的经济体，其次是欧元区，再就是中国。一个国家或地区的经济规模及增长率，是其货币需求的重要决定因素，也是决定其货币国际化的最重要因素之一。此外，一个国家或地区的贸易规模也是决定其货币国际化的另一重要因素。一个国家或地区的对外贸易额越大，对其货币的结算需求越大，其货币的国际价值也将相应提高。诚然，经贸规模是货币国际地位最主要的决定因素之一，但研究表明，货币的国际化程度并没有与其经济规模保持严格的正向关系。

金融市场的发达程度是决定货币国际化的又一重要因素。要成为国际货币，货币发行国（地区）的金融市场不仅要自由开放，而且需要有一定的深度和广度。长期以来，纽约和伦敦的金融市场因美元和英镑的国际地位受益匪浅。同时，金融市场在维持美元和英镑的国际地位中扮演着十分重要的角色。而欧元或之前的德国马克就没有与其金融市场形成如此顺畅的良性循环。因此，美元与英镑的国际地位一直难以撼动，欧元的国际地位提升却比较缓慢。

金融市场的各个组成部分如股票、债券、外汇等市场的深度和广度皆对该国货币的国际地位有重要影响，外汇市场的活跃程度是衡量货币国际地位最重要的一个指标。

对于某种货币的信心实际上是对该货币币值稳定的预期。对一种货币价值的信心来自该货币价值的稳定性，特别是该货币发行国通货膨胀的温和程度。20世纪70年代，日本、德国和瑞士货币当局保持了比美国更低的通货膨胀水平，对于这些国家货币国际地位的提升有着明显的正向作用。20世纪80年代，美国通货膨胀率的平均值和均方差皆高于以上3个国家，同时低于英国、法国、意大利等其他发达国家。尽管20世纪90年代美国通货膨胀温和，但是当时人们对于通货膨胀的关注程度已经明显下降。如今影响美元国际地位最重要的负面因素是美国巨大的国内和国际债务。即使美联储试图运用通货膨胀来稀释美国债务，美国巨额的双赤字依然是美元走弱的关键因素。因此，除通货膨胀水平外，对于货币价值的信心受到相应国家或地区贸易和财政盈余状况以及国际收支状况的影响。

货币存在价值的重要条件是人们的使用。货币的历史地位，或者该货币在历史上的使用惯性对其国际价值有重大的影响。研究表明，货币国际地位决定因素较小的变化不会对其在国际储备货币中的比重产生立竿见影的影响，其影响往往在之后很长一段时间才表现出来。英镑近百年来国际化功能的演变是货币历史惯性的最好案例。美国 GDP 早在 1872 年就首次超过英国，成为世界最大的经济体。然而经过了两次世界大战，美元仍然没有取代英镑成为全球最主要的储备货币，1950 年全球外汇储备中英镑储备资产仍然高达 55%，朝鲜战争的爆发才使得美元资产在国际储备资产中的占比迅速提升。

第二节 货币国际化的条件和效应

一、货币国际化的条件

一国货币实现国际化，必须具备一定的条件和基础，人民币也不例外。货币的国际化是由内在因素与外在因素共同推动的。

（一）前提条件——稳定的政治

稳定的政治是一国货币国际化的前提。第一，政治的稳定是经济稳定、货币稳定的基础，一国政治的不稳定，会引起经济的不稳定、货币的不稳定，甚至会威胁到国内外居民持有的以该国货币形式表现的金融资产的安全性，如果一国的政治状况不稳定，那么在世界范围内该国的货币就不能获得普遍的认同。因此，一国政治的稳定性是其货币国际化的前提。第二，该国在国际社会中具有较强的政治地位。一国具有较强的世界政治地位，就能较好地保护本国利益免受其他国家的侵害，就能较好地保障国内外居民以本国货币形式持有的金融资产的安全。一国在全球政治事务中的广泛参与，也可以带动和促进该国投资、贸易、金融走出国门，进而推动一国货币的国际化。

（二）基础条件——强大的经济实力

强大的经济实力是一国货币国际化的基础。第一，强大的经济实力并保持宏观经济稳定是基础。货币发行国要能随时提供国际流动资产，这就要求有充足的储备资产。第二，该国的货币价值必须相对稳定。如果一国的货币价值不稳,其通货膨胀率比较高而变化无常,会导致名义汇率的贬值和不确定。这就会增加获得信息和对贸易商品及资本资产进行有效计算的成本,从而影响该国货币作为国际记账单位、价值储藏手段和交换媒介的职能。较高的通货膨胀会降低该国货币的购买力,增加持有该国货币的代价,因而也会影响该国货币作为国际价值储藏手段和交换媒介的职能。第三,一国的外贸出口必须在世界总出口中占有较高的比重。一国出口在世界总出口中所占的比重越大,与其他国家的贸易联系越广,出口商品结构中差异性制成品所占的比例越高,该国货币国际化的程度也就越高。

(三) **主体条件——跨国银行**

跨国银行是货币国际化的主体。最早的跨国银行可追溯到古希腊、古罗马时代,那时已经出现了经营国际货币业务的机构。到12世纪,意大利的威尼斯首先出现了商人银行,即威尼斯银行。这些银行不仅经营货币汇兑与存贷款业务,也直接从事国际商品贸易。到13世纪,这类银行开始在意大利其他地区出现。这类银行除了经营国内业务外,还从事外国与本国之间按标准成色与质量进行货币兑换及向有实力的商人提供中、长期贷款,银行的形态在此时已基本成型。到14世纪,一些国际性商业银行在货币兑换的基础上开始对进出口贸易提供融资服务。到15世纪和16世纪,地中海的商业开始衰落,银行业也不例外。此后,货币中心转移,德国南部城市的银行开始兴旺起来。到17世纪和18世纪,银行业开始向荷兰与英国转移,这与当时的海运业有关。

在近代银行(1815~1918年)的发展中,英国起到"领头羊"的作用。在拿破仑时代,大量资金涌入英国,伦敦很快成为欧洲最活跃的金融中心。拿破仑战争结束后,当时的巴林兄弟与罗斯柴尔德家族分别组织巨额辛迪加贷款,向受到拿破仑战争创伤的法国、普鲁士、俄罗斯、奥地利、葡萄牙、西班牙等国提供了大量重建贷款。

第一次世界大战结束后,美国的银行业迅猛发展,形成了现代银行(1918~1945年),纽约取代了伦敦。外国政府在美国发行的债券已经远远超过在英国发行的债券。美国银行也迅速增加了在海外分行的数目。到20世纪20年代后期,美国海外分行的数目已达81家,但是1933年的经济大危机及第二次世界大战的爆发,使银行破产案不断发生。

第二次世界大战结束后的10年间，欧洲和日本致力于医治战争创伤，重建资金主要来源于世界银行、国际货币基金组织、美国的马歇尔计划与道奇方案下的政府资金。自20世纪60年代以来，跨国银行迅速发展起来。20世纪六七十年代，美国银行独领风骚。1960年，美国银行的海外分支机构为124家，海外资产为35亿美元。1970年达到535家，海外资产增加到526亿美元。20世纪70年代后，德国、日本、加拿大等国银行的国际化也迅速发展。日本银行的海外分支机构由20世纪60年代末期的70家增加到80年代的465家；日本金融机构的对外贷款金额1980年末达到了425亿美元。联邦德国金融机构在20世纪60年代中期只有15家海外分支机构，到80年代已增加到75家。英国的海外机构为1101家，法国为39家，加拿大为295家。到20世纪90年代，日本银行的海外分行达到了1091家，美国银行的海外分行为1000余家。与此同时，新兴工业化国家也纷纷在海外拓展业务。中国工商银行、中国建设银行、中国农业银行、中国银行、交通银行、中信实业银行等金融机构也相继在海外设立机构。

（四）发展契机——离岸金融市场

离岸金融市场的发展为货币国际化提供了契机。货币国际化离不开金融市场特别是离岸金融市场的发展。离岸金融市场萌发于20世纪50年代初，由于第二次世界大战期间东西方关系恶化，苏联和东欧一些国家将持有的美元存入欧洲国家银行，以防美国冻结其账户，这就是最早的欧洲美元。这标志着货币经营所在地与货币发行国相分离，离岸金融市场得以产生。

随着各国生产和资本的进一步国际化，跨国公司和跨国银行的活动日益增加，活动范围不断扩大，欧洲美元市场也随之发展起来。20世纪60年代中后期，欧洲美元市场借贷活动已超过了美元范围，陆续出现了瑞士法郎、欧洲英镑等。这一市场被统称为欧洲货币市场。离岸金融市场也出现在亚洲、拉美及北美，如新加坡、中国香港、东京、巴林等国家和地区。离岸金融市场为货币国际化提供了通道。

（五）制度保障——金融自由化

金融自由化浪潮为货币国际化提供了制度保障。一直以来，金融业可以说是风险性比较高的行业，所以，世界上很多国家对金融立法都抱有非常重视的态度，强调对银行业的监管，尤其是以英、美的监管为最甚。自20世纪90年代初起，美国在金融创新的压力下被迫修改条款，放松对利率的管制，开始了金融自由化，许多发达国家也加入了这一行列。金融自由化程度的加深，从放松利率管制到放松金融业务管制，再到放松资本项目管制等措施，促进了金融机构的竞争和综合化发展。进入20世纪90年代，很多的发展中国家也相继加入了金融自由化的浪潮。资本项目下的自由兑换促进了资本的自由流动，从而使货币的国际运作空间能够得到很大程度的拓展。

二、货币国际化的效应

（一）货币国际化的正面效应

1. 获得铸币收入

铸币税原指中世纪西欧各国统治者对送交铸币厂用以制造金、银铸币的贵金属所征的税。在现行的国际货币体系中，美元的特殊地位有利于其获得铸币税收益，从而进一步巩固美国的经济地位。当其他国家国际收支经常账户不平衡时，都不得不进行一番痛苦但必要的国内政策调整，如削减公共支出和降低进口等。美国则不然，因为美元是国际储备货币，美国政府可通过印刷美钞来弥补赤字，维持国际收支的平衡。简言之，其他国家必须"挣外汇"，美国则可利用自身的国际支付手段，支配他国创造的财富，这正是美国长期国际收支逆差的实质。当然，转移到外国持有者手中的美元并不是无息贷款。获取美元的外国中央银行可以将其投资于美国国库券或其他流动资产以赚取市场利率。美国可以很容易地用美元在世界资本市场发行债券，从而换取海外资产，或用来支付经常账户赤字。

2. 对他国国际储备的低成本使用

获得铸币收入之后，储备货币发行国还可以以较低的成本使用其他国家存放在本国的储备。具体来说就是，世界各国为避免或防止意外事件的发生，都要进行外汇储备，这部分外汇储备如果放在国内，既不会取得无利息收入，也不利于对外支付，所以，储备货币的大部分都要存入国际货币发行国银行，而该储备可供其发行国借用转而对他国进行投资。一般商业银行存款利率较低，而投资利润率则比较高，这样相当于为储备货币发行国提供了一种低成本资金来源。结果，其他国家积累的外汇并没有用于国内的经济建设，却提供了充足的资金用于货币发行国的经济发展。对外投资的收益率与本国银行的利差是储备货币发行国享受的纯利，储备货币发行国可获取国内外资产收益率的差额利益。

3. 有利于国际货币发行国的国际贸易和对外投资

由于国际货币被广泛用于国际的计价、支付和结算，绝大多数跨国货币收支，如国际贸易中的货款结算、国际金融市场上的资金借贷和本息偿还，都是用国际货币来进行的。这使得国际货币变成非常紧缺的资源。而如果要得到这种资源，其他国家就必须与国际货币发行国之间开展贸易，进行经济合作。在对外经济往来中直接用本币计价、结算，简捷方便，有利于增强这个国家的对外影响力和提升其国际地位。

（二）货币国际化的负面效应

1. 国内货币政策效力减弱甚至失效

货币国际化使该国的经济与世界经济紧密联系在一起，由于取消了货币壁垒，经济危机、通货膨胀产生的影响在向世界各个角落蔓延，可随时传递到国内，在金融自由化、大量资本在国际自由流动的今天表现得尤为明显。国外大量持有本国短期资产，国外货币偏好的变化，往往会引起资本的大规模流动，会对本国经济造成一定程度的冲击。同时，由于利率与国际市场相连，资本流动特别是短期游资会影响利率和汇率的稳定。由于连带效应，在国际金融市场中的任何波动都会对国际货币发行国经济金融产生一定的影响，使金融环境的不稳定性增强，风险加大，也可能引起经济金融动荡，甚至引发政治风险。

2. 使国际货币发行国背上沉重的债务负担

输出本国的货币是一个国家的货币成为国际货币的必要条件。从理论上说，输出货币无非通过两种途径，一是贸易逆差，二是资本外流。为了满足世界各国对储备货币的需求，储备货币发行国本身的国际收支必须为逆差，因此，国际货币发行国大多处于净债务国的地位。

3. 面临更大的货币需求和汇率波动

一国货币一旦成为国际货币，其货币将被许多国家使用，对本国货币平均需求的增加,将会面临更大的货币需求波动,导致中央银行对货币存量的控制更加困难。如果中央银行不干预外汇市场,那么这个问题就不会出现,但很有可能会造成汇率的波动和货币供给的变化,这非常不利于该国货币维持供求平衡。对于一个国家来说,国际上持有其货币的数量越大,国内金融政策执行起来难度相应也就越大。

第三节 货币国际化的国际经验

一、英镑国际化的经验

(一) 英镑国际化的基础

英国工业革命完成以后,英国的生产力水平迅速得到提高,市场产品极大丰富。当英国本国市场达到饱和、产品过剩的状态时,英国资产阶级开始另寻其他途径,用商品和大炮寻找、开拓海外市场,并在全球范围内建立了"日不落帝国",从而形成了统一的世界市场。

随着英国经济的发展,国际贸易的规模不断扩大,英国在国际贸易中积累了巨额的财富。国际贸易分工有垂直型分工和水平型分工:垂直型的国际分工以贸易的互补性为基础;水平型的国际分工以贸易的替代性为基础。根据传统的斯密的绝对成本说、李嘉图的比较成本说以及赫克歇尔—俄林的要素禀赋说,处于垂直型的国际分工中的各国之间不存在竞争关系,且生产是完全专业化的。19世纪,工业国同初级产品生产国间的贸易具有互补性。在这一互补性贸易结构中,当时的英国凭借工业革命、在劳动生产率方面具有比较优势和海上霸权,不断地从海外进口原材料加工成品,然后向海外出口。当时,英国在以劳动与自然资源的比率为核心的垂直型分工格局中占有优势,这种分工所引起的交换本身,虽然形式上看似平等,但事实上是不平等的,同时,这种分工格局由于其资源自然属性而缺乏流动,难以重新整合,因而拉大了贫富国之间的差距。那些专门提供自然资源的国家,由于自然资源的不可再生性,开发成本呈递增趋势。起初,那些国家凭借资源的优势,能够从分工格局中获取好处,但随着开发成本的增加,只能出口更多的产品来获取原先相同的收益。19世纪英国的发展,就是建立在这种以互补性交易为基础的劳动与自然资源型分工格局上的。这种分工显然是难以为继的:其一,依靠自然资源出口的国家,其产品的价格弹性程度较工业制成品要低,因而这些国家的交易条件处于不利的位置,况且自然资源的不可再生性,也使出口难以为继。之后不是债务的加重,便是进口数量的减少,这同样也不利于依靠劳动出口的国家维持经济的持续增长。虽然19世纪的英国凭借海上军事霸权,可以用炮火摧毁任何抵御其进口的城堡,但无疑增加了贸易摩擦。其二,19世纪的劳动与自然资源型分工大多建立在殖民地与宗主国之间,宗主国对殖民地的掠夺最终会激起殖民地的强烈反抗。一旦殖民地独立,那么这种分工格局就不会存在了。

(二) 英镑国际化的发展历程

1. 金本位制的确立

国际贸易的不断发展、世界市场上国家间物物交换的不便呼唤着统一的交换媒介——共同货币的出现。黄金以其天然的优势和内在的价值被不同国家所接受,并在全世界范围内流通。

1694年,英格兰银行开始发行银行券。银行券是一种信用货币,以贵金属作为发行基础。银行券替代贵金属进行流通,与贵金属具有可替换性。贵金属的蓄水池作用,保证了银行券信用的稳定。1793年的法国大革命使法国的金、银大量流入到英国,同年,英国对法国开战。为了满足军需,银行券大量发行,战争的恶化使银行挤兑现象逐渐严重,英格兰银行的准备金因而不断减少(从1794年2月的700万英镑金币降至1797年2月的100万英镑金币)。到1797年2月20日,纽卡斯尔各银行因不能满足兑现需求而宣布停业。英格兰银行的挤兑压力骤增,一周之内,英格兰银行每天被提走的金币达10万英镑。2月25日,英格兰银行宣布停止纸币兑现。这样,信用货币就不受金币的约束,主要以贴现票据和为政府提供贷款业务的英格兰银行的信贷从1798年的1410万英镑增加到1815年的4140万英镑。银行数量因此也骤增,从1797年到1809年,乡村银行由230家骤然增加到755家。英国政府通过立法手段介入银行业，以抑制信用货币的过度增长。1797年，《银行限制法》出台；1821年，英国以法律的形式在英国确立了金本位制。英国的繁荣和强大鼓励了世界其他国家的效仿，在这之后的半个多世纪里，世界各主要工业国相继采用了金本位制，于是黄金便成了统一的世界货币。国际货币体系也走入它的第一个阶段——国际金本位时代。

1873~1896年，欧洲经济出现了大萧条，在这期间，英国的势力有所减弱，英镑的地位开始动摇。到1914年第一次世界大战爆发，金本位被迫中断。英国于1925年恢复了金本位。但由于黄金的不足，战后恢复的金本位已是一种变形的金本位即金块本位制。第二次世界大战以后，美元取代了英镑的地位，但伦敦仍然是国际金融中心之一。牙买加体系确立后，英镑成为普通的国际货币。

2. 英镑贬值与欧洲货币体系（EMS）危机

自20世纪70年代起，英镑已明显存在着汇率高估现象。英国政府为了挽救英镑，曾采取提高英格兰银行短期贴现率的办法，由此导致了英国国内经济的衰退及出口竞争力的下降。1970年11月，欧洲货币体系（EMS）成立。鉴于本国当时的内外经济状况，英国并没有加入欧洲货币体系。1990年，英国加入欧洲货币体系，但对是否加入《马斯特里赫特条约》（以下简称《马约》）持观望的态度，因而并未决定加入欧洲货币联盟（EMU）。正当英国对是否加入欧洲货币联盟举棋不定时，一场以英镑贬值为主的欧洲货币汇率危机发生了。英镑在欧洲货币体系中本来就属于弱势货币，与里拉、比塞塔处于同等地位。这些弱势货币最易受到国际游资的冲击。1992年8月，英镑等受到攻击，一些国家的中央银行联手进行干预，但时逢《马约》的表决，欧洲货币体系国家又不可能通过汇率变动来消除投机空间，因此，欧洲货币体系中的有关国家在与国际游资的较量中一开始就处于被动地位。投机者更是抓住了汇率体系僵化的特点，狂抛弱势货币。1992年9月13日，英镑对马克的汇率跌至1∶2.7836，投机者在抛售弱势货币的同时，大肆吸进强势货币。为了减轻投机压力，挽救英镑继续贬值的命运，英国于当日宣布英镑暂时与欧洲汇率机制脱钩，并两次提高利率，使其达到15％，以阻止英镑汇率的进一步下跌，但却收效甚微。随着投机者进一步抛售巨额英镑购入马克的加剧，英格兰银行宣布英镑对马克贬值10%。1992年9月17日,英镑正式脱离欧洲货币体系。

3. 英镑升值之势

进入20世纪90年代以后,英镑对美元的比价在逐年提高。1989年,1美元可以兑换0.627英镑;1997年,1美元可兑换0.608英镑。英镑出现了稳中有升的趋势,这与英国的内外经济状况及金融市场情况相适应。同时,英国对加入欧元区的态度有所转变。1999年2月23日,英国前首相布莱尔就英国准备加入欧元区的问题发表声明,公布了英镑准备加入欧洲货币体系的计划,承诺最晚在2000年5月就加入欧元区问题进行全民公决。英国态度的这一转变,主要出于自身在欧盟地位的考虑。但是,英国民众对加入欧元区并不热衷,商界人士欢迎加入欧元区,但普通百姓仍然留恋英镑,不愿意就此看到曾经辉煌的印有英国女王头像的英镑被一个由众多国家合成的货币所替代,英国王室在百姓心中的位置素来是圣洁的,也是值得景仰的。最终,英国还是未加入欧元区。

(三) 英镑国际地位变化的原因

1. 经济地位的变化

(1) 1914年以前。自14世纪起,英国先后通过圈地运动、对殖民地的剥削、海盗式的掠夺、奴隶的贩卖,开始了漫长的资本原始积累。1830年以前,在没有经历工业革命的境况下,英国古老形式的手工工场充斥于全国。自圈地运动以来英国人在海运贸易中最引以为豪的行业是棉纺织业,其早期的带金属零件的木制织机依然通用,金属制造的走锤精纺机发明较晚,而且只有在比较先进的纱厂中才使用,直到1840年,地毯织工仍然是按照古老的方法用手把梭投过织机。尽管有机器梳毛的各种试验,但精梳这个主要的设备工序还只是一种工艺。19世纪中叶,英国的工业进程加速。到19世纪末,英国凭借它的海上霸权,占领了比它本土大150倍的殖民地,成为"日不落帝国",英国经济处在全盛时期。

(2) 1914~1945年。随着资本主义发展的不平衡,英国工业产值在19世纪80年代和20世纪前10年间,先后被美国和德国超过,从而丧失了其在世界工业行业的垄断地位。第一次世界大战后,大英帝国也失去了海上霸权地位,其赖以支撑英镑体系的国际分工格局也发生了改变。1929~1933年的大危机使英国经济遭到了沉重打击。

（3）1945~1980年。第二次世界大战后，英国经济发展缓慢，货币供应量增长较快，因而导致零售物价水平居高不下，进出口贸易额出现持续逆差。此外，英国的国际收支波动也较大。

国际收支的变动，在货币完全兑换的条件下，最终表现为国际储备的变动，政府调节国际收支的最后手段就是动用国际储备。当一国国际收支盈余时，其外汇储备就会增加，反之，就会减少。固然，盈余本身表明储备量的自动累积，但从另一角度看，盈余的增加使动用储备存量来平衡国际收支的做法成为不必要。第二次世界大战以后，英国国际储备的变动与国际收支变动相一致。

可以看出，英国当时的国际储备结构发生了明显的变化。黄金储备比重在不断增加，这反映了牙买加体系之后英镑国际地位的下降，英镑在国际货币储备总量中只占1%。为了稳定英镑，提高黄金、特别提款权在储备资产中的比重就显得特别重要。尽管随着布雷顿森林体系的瓦解，黄金非货币化，但黄金相对于其他储备货币而言，其价值要稳定得多。在浮动汇率时代，增加黄金储备与特别提款权的比重是维持一国货币价值稳定的良方。

20世纪80年代以后，英国经济渡过了第二次世界大战后的最困难时期。90年代以来，英国经济状况有所好转，英国的工业生产指数年均增长1.29%，工业产品的竞争力也有所提升。

（4）20世纪90年代至今。英国产品国际竞争力的不断下降，使得英国重新审视曾经引以为豪的经济发展道路。1998年，英国前首相布莱尔所倡导的"第三条道路"在英国政治、经济、传统价值观等方面均引起了很大反响。根据1998年3月的1998~1999年度预算报告，工党政府本着"按劳取酬"和鼓励企业的宗旨，加大了对税收和社会福利制度的改革力度。1998年，由于受到内外部紧缩的影响，英国经济增长速度放慢。就内部影响来说，一是政府大幅度削减预算；二是利率居高不下，1998年6月4日，英格兰银行再次提高利率0.25个百分点，利率达到7.5%，这是自1997年5月以来英国央行连续第6次上调利率。就外部影响而言，英镑的持续坚挺损害了英国的出口竞争力。1998年，英国对东亚国家的制造业出口比上一年同期减少了20亿英镑，而英国政府的数据显示总出口每减少1%，制造业的总产量就减少0.4%。为了避免衰退，工党政府开始调整经济政策目标，在其后5年内，增加公共借贷110亿英镑。从1998年10月8日开始，英格兰银行下调利率，从原先的7.5%降至当年12月初的6.75%。自2006年以来，英国一直未曾有过加息行动。2007年12月至2009年3月，即全球金融危机期间，英国利率一直保持在0.5%不变。

2. 金融市场的变化

（1）金融机构的发展。在第二次世界大战期间，由于金融机构主要致力于为政府筹措战争经费，所以国债成了第二次世界大战后英国政府的主要融资工具。第二次世界大战后，金融发展主要体现在金融机构、金融工具和金融市场的结构变化上。虽然当时的英国与美国都实行分业银行制，但在金融中介机构的定义和划分上，英国更加严格。英国学术界对金融中介的划分是根据各类金融机构的职能即所经营业务的性质来划分出银行与非银行金融机构的。银行是结算中介，而非银行中介则是储蓄中介。《1979年银行法》明确规定，凡从事银行业务的机构，必须向英格兰银行申请从业资格。该银行法还对可接受存款的机构实行两级认可制度，将该类机构分为承认银行和许可接受存款银行。前者可以全面经营银行业务，而后者在业务上则受到一些限制。1987年，《银行法》出台，其主要变革之一就是用单一认可制代替两级认可制。于是，英国银行数量大大增加，这些银行又可以分为零售性银行和批发性银行。零售性银行有21家，如巴克莱银行、劳埃德银行、国民西敏寺银行和米德兰银行。零售性银行业务资产负债结构在第二次世界大战后发生了很大的变化，这些变化包括：第一，中长期存款的增长远远高于活期存款的增长。第二，银行资金来源批发性业务逐渐增大。第三，非英镑存款增长很快，占存款总额的比重达30%左右。第四，贷款开始向私人部门倾斜，其中住房抵押贷款比重增长迅猛。英国的批发性银行增长较快，且出现了全能化趋势。批发性银行主要从事票据承兑业务。1987年承兑行委员会撤销后，票据承兑业务占银行总体业务的比重变小。此外，还有一个贴现行，最初的业务是贴现商业票据。最大的贴现行是英格兰银行，英格兰银行控制着市场的贴现率，代理着经营国库的职责。

第二次世界大战后,英国的住房协会有了很大的发展,住房贷款和与之有关的存款构成住房协会的基本业务,它的资金来源基本是零售性的,负债主要是个人股金和存款,不仅具有流动性,而且付息免税,其非营利性质使存款利率高,贷款利率低,所以吸引了众多的小额储蓄者。20世纪70年代,英国金融创新浪潮出现以后,住房协会利用自身不受英格兰银行约束的优势,积极进行股金与存款户类型的创新。20世纪80年代,面对零售市场竞争激烈的局面,住房协会开始提供支票户头、信用卡和ATM服务,开辟存款证、可转让债券等业务。在非银行金融中介中,保险公司和养老基金的发展最引人注目,其吸收的存款总额比所有银行还要多。由于养老基金流动性较低,因而主要是对政府证券和公司证券的投资。

(2)监管制度的变化。英国的金融管制主要表现在货币发行及其与之有关的问题上,这可能与英国自19世纪以来一直充当世界主导货币供给者的历史有关。货币发行在原则上的僵化导致了自20世纪以来英国国力下降但英镑汇率却始终居高不下的局面。1844年,英国国会通过《银行特许条例》(即《比尔条例》),赋予英格兰银行发行的货币为法币的地位,而且只有当英格兰银行获得了同等价值的黄金时才能够增发货币。每当国家发生严重的金融危机或经济危机时,这种严格的限制就会显示出巨大的弊端。真正具有革命性意义的法案是1939年赋予英格兰银行按黄金市场平均价格每周重新估计黄金价值的权力,但是第二次世界大战打乱了这一发展趋势。1946年的《英格兰银行法》把英格兰银行置于财政部指导之下。从此,作为英国中央银行的英格兰银行,它和政府的关系与其他国家相比就显得别具一格。英格兰银行作为中央银行,其中一个重要职能就是监督和充当最后贷款人。它在执行这一职能时具有鲜明的特点:不是直接帮助各银行,而是通过再贴现行提供帮助。由于英格兰银行用于援助贴现行的利率高于国库券贴现率和货币利率,因而它只能被用作最终来源。20世纪五六十年代,对一级银行的信用控制使得一些自称为银行的金融机构迅速发展。因此,《1971年竞争和控制规定》将英格兰银行的监督权扩大到二级银行,但这并没有防止20世纪70年代中期的信用危机。迫于欧共体各成员国的压力,1976年,《对接受存款人的许可与监督白皮书》要求:要严格限定许可银行的信贷活动,并为存款设立保险基金。随着美国金融管制的放松及世界各国普遍出现的金融自由化,英国也逐渐开始放松金融管制,包括废除信贷限制和对交易的管制以及允许银行和金融机构进入股票市场等。在英国推行金融自由化的一系列政策中,伦敦证券交易所的变革最为突出。在金融改革以前,伦敦股票交易所的三大支柱是单一资格交易系统、最小佣金的经济商交易系统、股票交易所会员制。进入20世纪80年代以来,伦敦股票交易所面临的压力日益增大,伦敦股票交易所没有明显的竞争优势。自1979年英国解除外汇管制以后,资本的自由流动使英国投资者的海外投资环境得到了改善。1986年,伦敦股票交易所对三大支柱进行了变革:取消单一资格交易系统;废除最小佣金制度;解除交易所会员制的限制。为了适应国际股票交易市场电子化的潮流,伦敦股票交易所也采用了自动报价系统,这种报价系统大大提高了股票交易的范围、品种、数量、风险。这些变化极大地改变了英国的货币和金融发展。1979年,英国颁布了第一部银行业监管法,明确规定了英格兰银行的权力和责任。进入20世纪90年代以来,英格兰银行的独立性得到了加强,货币政策工具也从80年代的货币供给变为利率调节。90年代英国发生的两起银行倒闭案件促使英格兰银行会同国际清算委员会制定了一系列有效防范金融风险的措施,主要是建立了骆驼评级(CAMEL)管理制度,设立了RATE风险监控系统并加强了现场监管。

二、美元国际化的经验

美元崛起于美国实行金本位制之后,经过与其他主要国际货币的反复较量,美元最终取代英镑成为国际货币。以美元为中心的布雷顿森林体系的建立是美元国际化的标志,超强的经济实力为美元国际化奠定了坚实的基础。

(一)美国国际地位的提升

早在1873年,美国的工业产值就已经超越了英国,成为世界第一。而"一战"中美国为同盟国提供融资和战争物资,崛起成为世界上最先进的工业化国家,美国经济实力的提升为美元在国际舞台上的霸权地位打下了坚实的基础。到1923年,美国的黄金储备约占世界的44%。资本的大规模积累和良好的国际收支情况,使得美元成为当时世界上最稳定的币种。1933年伦敦世界经济会议充分体现了新时期美国的话语权,正是美国拒绝维持汇率稳定导致了会议的最终失败。

金本位制度瓦解之后,分别以美、英、法为首的美元区、英镑区和法郎区开始形成,这也体现了三国在世界货币体系中的话语权。以英联邦成员为主的不少国家跟随英格兰银行放弃了金本位制度,转而钉住英镑,形成了英镑区。而法国及部分西欧国家、美国及其影响范围内的拉丁美洲还在坚持金本位制度。由于生产力的发展与金本位制度的固有矛盾,坚持金本位制度的国家在贸易条件上相比可以自由贬值的国家存在巨大劣势,致使国际收支恶化问题不断出现在金本位制度的国家,最终美国也于1934年放弃了金本位制度,这使得菲律宾、古巴及中美洲的一些国家跟进,形成了"小美元区"。至此,只有以法国为首的一些西欧国家还在坚持金本位制度。由此,基本形成了英镑区、美元区、法郎区和其他一些实行严格外汇管制的地区四大集团。因此,英、美、法三国的货币协调就会对国际金融格局产生重大的影响。

20世纪30年代以来货币竞相贬值、货币制度混乱,长此以往必将对各国不利。在这样的背景下,1936年9月25日,美、英、法三国财政部发表了内容大致相同的声明,即《三方货币稳定协定》。《三方货币稳定协定》提出:英国、美国同意法国"适度调整其货币",也就是接受法郎适度贬值,以及通过各国的合作来保证汇率的最小波动。黄金价格将围绕35美元1盎司的价格浮动,同时如果英国和法国遭遇危机,美国的汇率稳定基金将在国际市场上进行操作并给予黄金支持以协助维持汇率稳定。

《三方货币稳定协定》是一个具有时代转折性的协定,在这个协定中已经出现了黄金与美元挂钩、英镑和法郎以美元的黄金价格作为定值基础的提法,这种类似于"双挂钩"的国际货币安排,是后来的布雷顿森林体系的基础。在美国经济实力提升、国际政治地位占主导的情况下,《三方货币稳定协定》所体现的国际协调充分反映了美国的政治诉求:以美元为中心、美国在三国汇率政策协调中占领导地位。对于英、法而言,《三方货币稳定协定》也是一个妥协的结果,虽然不能够完全解决英法国内货币混乱和信用缺失的问题,但这个协定在短时间内稳定了币值,对于受到"一战"和大萧条冲击的欧洲来说,提供了多年的喘息空间。在美国反对的情况下,英国、法国都没有采取单方面违反协定的行为。从《三方货币稳定协定》开始，美元实际上已经奠定了准霸权地位。

随着第二次世界大战的爆发，战争对欧洲各国都造成了严重的摧残。美国作为远离欧洲大陆的国家，一方面本土大部分地区没有受到战争的骚扰，另一方面通过军备贸易再发战争财。自第二次世界大战之后，美国与欧洲各国的经济实力差距再一次拉大，美国的工业制成品产量占世界总产量的一半，出口贸易额占全世界的1/3以上，黄金储备约占资本主义国家总储备的59%。同时，由于第二次世界大战期间的"租借法案"和第二次世界大战结束后的"马歇尔计划"，美国在国外的投资额大幅增加，一方面，通过对外投资将美元输出到其他国家，扩展了美元的国际使用，这是布雷顿森林体系平稳推行的前提；另一方面，美国一跃成为世界上最大的债权国，配合其经济军事实力，美国在国际舞台上的声音完全压过了英国、法国等国，在资本主义世界的话语权已经无可匹敌。

（二）第二次世界大战后布雷顿森林体系的确立

1. 布雷顿森林体系的建立

1944年7月1日，44国政府在美国的布雷顿森林召开了布雷顿森林会议。会议通过了以"怀特方案"为基础的《国际货币基金组织协定》和《国际复兴开发银行协定》，二者并称为布雷顿森林协定。布雷顿森林协定中规定：美元与黄金挂钩；其他国家货币与美元挂钩；实行"可调整的钉住汇率制度"；各国货币自由兑换，会员国不得对国际收支经常项目的支付或清算加以限制；美元处于等同黄金的地位，成为各国外汇储备中最主要的国际储备货币；会员国发生国际收支逆差时，可用本国货币向基金组织按规定程序购买（即借贷）一定数额的外汇，并在规定时间内以购回本国货币的方式偿还借款。

布雷顿森林体系的形成体现了美国主导下的大国货币协调的结果，而"双挂钩"的国际货币安排使美元成为其他货币的定值基础，从国际法的角度确立了美元的霸权地位，英国作为美国的债务人在世界经济和贸易市场上的地位受到严重削弱。1945~1946年美国以英国放弃英联邦制度、向美国开放所有市场为附加条件对英国发放了总额为50亿美元的贷款，扫清了进入拉丁美洲国家和亚洲国家的最后障碍。

2. 美元荒与"马歇尔计划"

由于第二次世界大战对欧洲大陆的破坏严重，为了重建需要从生产能力基

第二章　货币国际化的理论和国际经验

本没有遭到破坏的美国进口大量的食物、燃料、原料和其他产品，对美元的巨额需求使得一度出现"美元荒"。新成立的国际货币基金组织和世界银行难以负担重建欧洲的巨大资金需求。为了阻止西欧共产主义势力的崛起，尽快帮助西欧国家走出困境，美国从自身的政治和经济利益出发，于1947年提出了"马歇尔计划"。美国以财政预算形式拨款向本国企业购买物资，然后运输给受援国。美国在特殊账户上计入采购的总费用，而受援国以本国货币支付货款，并将支付款投入本国的对等基金账户。受援国不用立即向美国归还款项，而是将它编入财政预算。此外，"马歇尔计划"还有关于"有条件援助"的要求，即当一国向另一国购买货物但缺乏支付手段时，由美国向后者提供等额的美元贷款，而在前者的对等基金账户上计入账款。从1948年杜鲁门签署对外援助法案到1952年"马歇尔计划"基本结束，美国一共向欧洲提供了131.5亿美元的援助，其中90%为赠款。

"马歇尔计划"以及伴随的大规模美元输出对于美元的国际化具有重要的意义。

首先，"马歇尔计划"进一步推动了美国的经济发展，确立了美国无可撼动的资本主义世界政治和经济上的领导地位。随着第二次世界大战的结束，美国在战时所形成的巨大生产能力出现了过剩，政府减少了订货，在生产扩大的同时市场缩小了，加上军人复员可能导致大量失业。通过实行"马歇尔计划"，一方面，美国将信贷援助转化为商品输出，为国内过剩的生产能力找到了市场，避免了战后危机的出现；另一方面，大量的出口拉动了经济的增长，促进了美国对外贸易的发展，在维持美国战后的经济繁荣方面起到了重要作用。

其次，"马歇尔计划"和它所带来的美元输出增强了美元在国际结算、外汇储备等方面的国际地位。在第二次世界大战结束之初，欧洲各国的外汇储备基本都在战争中消耗殆尽，这时"马歇尔计划"为欧洲国家提供的美元援助和信贷几乎成为欧洲各国外汇储备的唯一来源。到"马歇尔计划"完成为止，大规模美元输出的结果是欧洲各国都储备了大量的美元外汇，这大大提高了美元作为国际主要储备货币的地位。此外，"马歇尔计划"给美国带来了大规模的商品和资本输出，极大地提升了美国在国际贸易中的市场份额和美元在国际

· 39 ·

贸易中作为交易媒介的地位。不仅如此，"马歇尔计划"通过在欧洲建立的多边支付体系和将汇划结算与"马歇尔计划"的"有条件援助"相结合的政策，使美元得以全面介入欧洲的国际结算环节。美元成为欧洲的国际结算货币大大提升了美元作为国际支付手段的地位。

最后，"马歇尔计划"强化了美国的国际政治地位。"马歇尔计划"解决了欧洲的"美元荒"问题，支持了西欧国家的重建，欧洲国家内部的支付体系由美元承担，为布雷顿森林体系的正式实施打下基础。另外，"马歇尔计划"一方面加强了欧洲对于美国的依赖，遏制了欧洲社会主义的崛起，稳定了资本主义世界，为美元的国际化创造了稳定的国际环境。另一方面，它也激化了资本主义和社会主义的对立。它将苏联和东欧国家排除在布雷顿森林体系乃至世界市场之外，形成了布雷顿森林体系只对西方世界发挥金融调节功能的格局。这确立了美国在资本主义世界和全球经济中的霸权地位，确保了美元作为唯一霸权货币的地位。

3. 布雷顿森林体系的维持

布雷顿森林体系存在其固有的矛盾"特里芬难题"，即为了维持美元和黄金的固定官价和美元与其他货币的固定汇率制度，需要美国保持经常账户顺差或平衡，而为了满足全球经济贸易的扩张而产生的对美元的需求，又需要美国的经常账户保持逆差从而将美元输出到世界各国。1959年爆发了第一次美元危机，黄金的价格一度上涨至40美元/盎司，而在1960年美国的国外负债首次超过其黄金储备，这都在不断地侵蚀着人们对于美元的信心。

为了应对"特里芬难题"，美国不断利用自身的国际霸权地位对国际货币体系进行修复，但是单方面考虑自身的利益而忽视其他国家的利益和诉求，终将导致国际协调的失败。由于美国长期海外驻军、参与朝鲜战争以及在20世纪60年代初卷入越南战争，巨大的政府开支使财政赤字不断加大。第二次世界大战后至20世纪50年代中后期美国始终处于贸易逆差状态则更是雪上加霜。为了应对这种危机，美国开始大量发行美元来弥补赤字，导致了"美元灾"，使得美元的稳定受到了威胁。而与之相对的是，德国、日本等国家在战后的经济发展速度远超美国，由于支持美元稳定开始影响到国内的物价稳定及其他经济目标，它们开始渐渐反对美国。而作为1956年苏伊士危机中的利益受害者，法国更是全力反对以美元为中心的布雷顿森林体系，在十国集团中美国开始成为少数派。

1961年，美国联合英国、瑞士和欧洲共同体（简称欧共体）一起出资建立了黄金总库，以共同分担维持黄金价格的成本。由于美国拒绝让其他政治经济目标屈从于保卫美元的黄金价格这一目标，其他国家对于黄金总库的协调成果十分不满，而其他成员国不仅提供的黄金储备较少，还不断地从中提取以增加本国的黄金储备，法国甚至退出了黄金总库。最终，随着1968年第二次美元危机的爆发，黄金总库机制崩溃。此时，美国的黄金储备已经降低到全球的25%。在美国的压力下，1971年十国集团签署了《史密森协定》，美元对黄金贬值，美国试图依靠信用维持布雷顿森林体系，但美国拒绝向外国中央银行出售黄金，使得布雷顿森林体系下的金本位制已经名存实亡。随着1973年欧洲共同体国家的货币对美元联合上浮，布雷顿森林体系崩溃。

纵观布雷顿森林体系的国际货币安排，虽然"特里芬难题"的存在是内生的不稳定性，但是美国忽视其他国家的利益进行"霸权"协调是加速布雷顿森林体系崩溃的重要原因。法国总统戴高乐对于美元不对称的特权地位有一段著名的批判，他认为美国出现危机时可以通过过度发行美元来度过危机，而其他国家在发生危机时却因为货币钉住美元而无法调整汇率，遭受更大的损失。美国在享受货币收益的时候却不顾其他国家的经济政治诉求，各方在不满情绪下难以达成牢固可靠的国际协调方案，最终美国也为此付出了一定的代价。虽然美元的世界货币地位遭到了一定的挑战，但美国经济的领先地位和美元的霸权地位没有改变。

（三）美元汇率浮动时代

1971年8月，布雷顿森林体系崩溃，美元与黄金脱钩。但是，美元的国际地位并没有因为缺少了黄金的背书而下滑，反而略有上升。1977年美元在国际外汇储备中的比例达到79.2%的最高点，美元依然是国际货币体系的中枢。

美元主导的重要原因是军事霸权和石油美元。1973年10月，随着第四次中东战争爆发，阿拉伯石油输出国组织开始针对美国等西方国家实行石油减产、禁运政策。它们收回了石油定价权，并大幅提升了石油价格。这导致了第一次石油危机,对整个资本主义世界的经济都产生了重大冲击。为了保证石油供给的稳定,美国选择了阿拉伯国家中最大的石油产出国沙特阿拉伯作为盟友。美国不仅向沙特阿拉伯出口大量的武器装备,还通过各种方式增加两国的经济、文化、军事联系,增强沙特阿拉伯对于美国的依赖性。此外,美国还与沙特阿拉伯签署协定,确定把美元作为石油的唯一定价货币,并得到了其他欧佩克成员国的同意。这使得美国在国际石油贸易计价中获得了垄断地位。通过扶持沙特阿拉伯成为"海湾双柱"之一的经济支柱,美国不仅获得了较为稳定的石油进口,增加了沙特阿拉伯等欧佩克组织成员国再次实行石油禁运和提升石油价格的成本,还稳固了石油—美元体系,通过石油—美元回流政策加大了阿拉伯产油国对美国金融市场的依赖性。这样,美元在国际大宗商品交易中的地位得到了稳固和提升,美元的国际霸权进一步得到了稳固。

20世纪60年代欧洲美元市场的逐步形成给很多国家的国内监管带来了威胁和挑战,随着第四次中东战争的爆发和1974年德国赫斯塔特银行的倒闭,各国政府和央行普遍意识到单纯依靠宏观监管和一般性货币政策难以防范金融机构和国际市场变动带来的冲击。在布雷顿森林体系崩溃后,为了维护国际金融体系的问题,各国央行达成共识要建立防范机制,对金融机构的组织架构和经营稳健进行监管。这直接促成了巴塞尔银行监管委员会(BCBS)的成立,不仅对金融机构的微观经营行为进行国际统一框架的监管,还对欧洲美元的运作进行干预。1982年的拉美危机爆发,墨西哥等拉美国家的资本流入瞬间停止,导致了普遍的经济危机的出现。拉美危机暴露了美国银行资本储备不足的问题,而单方面提高美国的资本充足率会使美国的银行在国际竞争中处于劣势。显然,美国凭借自身的国际地位不会放任这种情况发生,时任美联储主席沃尔克在十国集团央行行长会谈中提出建议统一标准的资本充足率,并得到了巴塞尔银行监管委员会的支持。

20世纪80年代,美国的货币政策出现了大转向,美联储大幅提高利率以应对通胀。紧接着,里根政府上台,通过减税计划刺激国内的购买力,这一系列措施在压低通胀的同时避免了产出的下滑。低通胀高增长不可避免地带来了美元的升值压力,强美元对美国制造业造成了负面影响。遵循放任自由政策的里根政府,并没有及时对外汇市场进行干预,使得贸易赤字和美元升值持续存在。美国政府的更替改变了政策走向,从1985年的《广场协定》开始,美国开始联合其他国家阻止美元的升值,并取得了显著成效。此时,拉美危机依然在持续,3/4的拉丁美洲国家得到了国际货币基金组织的贷款救助,可这只是延缓了危机的爆发,在债务负担不断堆积的80年代末期,新一轮危机若隐若现。美国财政部部长布雷迪提出解决发展中国家债务问题的关键是解决国内经济发展的问题,联合国际货币基金组织和世界银行,将发放新贷转向债务减免来促进债务国的结构改革和经济增长。

20世纪的最后10年是区域危机频繁爆发的10年,其间发生的大事件有苏联解体、英国和丹麦退出《马斯特里赫特条约》、墨西哥金融危机和东南亚金融危机。美国置身事外,享受了10年飞速发展的新经济时代,并通过联合国、国际货币基金组织和世界银行等国际组织和机构对区域事务进行协调参与。不过好景不长,21世纪初互联网泡沫破裂、伊拉克和阿富汗战争消耗了美国长期积累的财政盈余,美元贬值、货币宽松,美国经济初现崩溃的迹象。长期的货币宽松带来的低利率环境是房地产市场和金融衍生品市场发展的沃土,并最终导致了2007年次贷危机的爆发。次贷危机最终演变成一场全球性的金融危机,美国政府的三轮量化宽松又将资产泡沫传导到发展中国家,使世界对单一美元霸权的国际货币体系产生不满,开始寻求国际货币体系的变革。

(四) **美国霸权下的国际政策协调**

1. 多边协调机构的出现

根据1944年7月1日布雷顿森林会议上通过的《国际货币基金组织协定》和《国际复兴开发银行协定》,1945年12月27日国际货币基金组织和国际复兴开发银行在华盛顿成立。美国对于战后的构想是建立一个取消所有国际货币流动限制的国际架构,从而为投资和贸易创造机会。通过国际货币基金组织调节国际收支,通过世界银行帮助欧洲国家重建。虽然世界银行之后的职能和作用发生了较大的变化,但总体来说,国际货币基金组织和世界银行的创立是为了维持布雷顿森林体系,实现美国所希望的自由贸易。

国际货币基金组织在布雷顿森林体系时期的职能主要有三个:维持"可调整的钉住汇率制度";对各成员的国际收支情况进行监督并提供资金支援;协助各成员间多边贸易的发展并消除汇率管制,解除对于经常账户支付的限制。在布雷顿森林体系时期的前期，国际货币基金组织和世界银行为"马歇尔计划"的实施提供了辅助支持，美国"马歇尔计划"对于欧洲的援助和贷款基本都是通过国际货币基金组织输入欧洲的。而欧洲所建立的欧洲支付同盟，也是对国际货币基金组织调节国际收支功能的补充。起初欧洲各国为了保障进口紧缺的生活和重建物资，采取外汇管制，并将汇率固定在1944年的水平。而经济合作总署和国际货币基金组织认为汇率定在1944年的水平实际上是偏高的，这会在欧洲各国造成紧缩效应，不利于欧洲的重建。因此，1949年，美国督促国际货币基金组织对西欧诸国进行了大规模的汇率重组，包括英国、法国、联邦德国在内的30多个国家先后进行了货币贬值。这次汇率的重新定值改善了欧洲的贸易条件，促进了欧洲的复兴。到1958年，西欧主要工业化国家积累了足够的美元外汇储备，于1959年1月正式履行布雷顿森林协定"双挂钩"的承诺，西欧主要国家的货币也开始同美元自由兑换，布雷顿森林体系开始正式发挥调节整合西方世界货币金融制度的功能。

20世纪60年代不断爆发的美元危机使得各国对于美元的信心不足，不愿再增加新的美元储备。1958年，各国的外汇储备总额约占国际贸易总额的57%，而到了1967年，这个比例下降到36%。为此，有必要提出一种新的储备货币来补充各国的外汇储备。经过长期的讨论，在1969年，特别提款权正式创立，但美元仍是最主要的国际储备货币，特别提款权只是对美元和黄金的补充。

在布雷顿森林体系建立和维持的过程中，国际货币基金组织最重要的职能就是维护各国之间汇率的相对稳定。在1958年之前，国际货币基金组织提出了各国建立平价制度和取消外汇管制两大重要措施。在布雷顿森林体系崩溃之后，国际货币基金组织这一功能和作用几乎不复存在。但国际货币基金组织作为许多国家的最后贷款人，还是存留了下来。这时它的工作重点也逐渐转变为致力于全球经济金融治理。1974年国际货币基金组织成立了一个临时委员会，由20个主要成员的部长级代表组成，用于研究国际货币制度问题。这个临时委员会在1976年签订了《国际货币基金组织协定第二修正案》，对黄金、汇率、储备资产、国际收支等问题提出了诸多建议，确定了浮动汇率、黄金非货币化等重要议题，实际上为布雷顿森林体系崩溃之后混乱的金融体系重新制定了规则,这后来被人们称为"牙买加体系"。不过,国际货币基金组织的制度也并非尽善尽美。在国际货币基金组织中,各成员都占有一定的份额。这些份额决定了其在国际货币基金组织中发言权及投票权的大小,以及在国际货币基金组织中可获得贷款的最高额。而美国所占有的较大份额使它对国际货币基金组织的影响力较强,使国际货币基金组织做出的决定有时会存在不公,缺乏代表性。

世界银行包括最初成立的国际开发银行和于1960年成立的国际开发协会,这二者和后期成立的国际金融公司、国际投资争端解决中心、多边投资担保机构合称为世界银行集团。世界银行刚成立时,美国拥有其36%的投票权,而根据世界银行的规定,会员赞成票超过65%时才能修改世界银行的章程,这表明美国拥有单边否决权,在制度上控制了世界银行。美国一方面利用世界银行的特权在政治上增强自己的影响力和控制力,另一方面利用世界银行协助各国重建和发展经济,以期建成一个更有利于美国的开放性的世界经济市场。世界银行成立的最初的直接目的是帮助欧洲国家从战争废墟中复兴并过渡到和平时期。从20世纪60年代开始,世界银行的贷款重点开始转为亚非拉地区的发展中国家,美元通过世界银行贷款输入到更多的发展中国家之中。

2. 国际经济政策协调

布雷顿森林体系崩溃之后,不少国家开始实行浮动汇率制。在这种混乱的国际货币金融体系下,1976年,国际货币基金组织召开国际货币制度临时委员会,达成了《牙买加协定》,基本确立了牙买加体系。在牙买加体系下逐渐形成了以美国为中心的七国集团的国际协调格局。七国集团最早可以追溯到1975年,美、英、法、德、意、日六国首脑在法国小城郎布依埃第一次以"炉边谈话"的形式商讨了资本主义经济面临的问题与挑战。1976年在美国圣胡安召开了首脑会议,加拿大总理也加入进来,六国变为七国。从这次会议开始,每年一度的七国首脑会议作为一种制度固定下来,轮流在各国举行。由于七国集团国民生产总值超过全球国民生产总值的一半,因此也被称为"富国俱乐部"。

在全球经济金融治理中,由于大国占全球经济金融的比重较高,它们的政策往往会关系到世界经济的繁荣稳定。因此,大国在全球经济金融治理中肩负着重大的责任。在布雷顿森林体系崩溃之后，有必要重新考虑建立协调主体和平台，在新的货币格局下发挥稳定器的作用。在这种情况下，七国集团应运而生。事实也证明这种国际协调机制在当时对于稳定世界经济环境起到了关键作用，最著名的例子是波恩会议、《广场协定》和《卢浮宫协定》。

此时，美国深陷越南战争泥潭，巨大的国防支出导致大量的预算赤字和贸易逆差，在浮动汇率制度实行的前6个月美元兑马克就贬值了30%。而美国认为欧洲国家蓄意追求顺差，提出制定"储备指标"，强迫欧洲国家买入美元，但以德国为代表的欧洲国家反对这一做法，认为这将带来通货膨胀。20世纪70年代的石油危机更是让美国雪上加霜，为了防止造成1929年大萧条时同样的后果，各国采取增发流动性的方式弥补财政赤字，为进口石油埋单，结果造成了70年代普遍的通货膨胀。各国一方面担心通货膨胀问题，另一方面也希望限制货币的不稳定。

在这样的大背景下，1977年美国的卡特政府采取的宏观经济刺激政策激起了美元通货膨胀的预期，导致美元再次贬值。尽管德国国家银行向美联储的外汇稳定基金提供了特别信贷，但收效甚微。因为美元贬值的根本效应在于通胀预期，卡特政府希望其他国家同样采取扩张性政策，但日本和欧洲由于担心通货膨胀问题而拒绝这样做。为了稳定美元的汇率，1978年七国集团召开了波恩会议。美国宣布采取削减政府支出和工资的反通胀措施，与此相对应，日本和欧洲实行扩张性政策，日本增加了政府支出并降低了贴现率，德国则增加了政府支出并减少税收。不过，波恩会议起到的效果不是很好，因为20世纪70年代末期出现的"滞胀"使各国在宏观政策的选择上存在两难，单纯的扩张政策或反通胀政策并不能完全解决当时的困境。但至少通过这些措施，主要货币间的汇率得到了暂时稳定。

《广场协定》签订的背景可追溯至里根政府奉行供给学派，推行里根经济学，削减个人所得税并增加国防支出，而中央银行通过高利率政策压低货币供应以抑制通货膨胀，从而振兴了美国经济、缓解了滞胀。但它导致美国陷入了经常收支赤字和财政赤字的所谓"双胞胎赤字"的泥潭，而高利率政策导致大量外资流入美国，使美元于20世纪80年代初期持续升值，这进一步扩大了美国的贸易逆差。以1982年的不变价格计算，美国贸易差额从1981年的500

第二章 货币国际化的理论和国际经验

亿美元盈余变成了1986年的1500亿美元以上的赤字。美国企业和工人受到强势美元的冲击，要求政府采取行动制止和扭转美元的升值势头。为了改善美国的经常账户，阻止美元进一步升值，美国希望采取一次联合干预的行动。而对于欧洲和日本来说，美元估值的确太高了。美元持续升值使得它们不得不采取高利率政策来避免资本外流。而对于日本来说，日元兑美元的汇率的确偏低，日本也希望借此机会让日元汇率恢复到正常水平。于是，1985年9月，五国集团的财政部部长和中央银行行长在纽约的广场饭店举行了秘密会晤，同意共同促使美元汇率下降。随后五国共同发布了一份公告，表示将"有序推动非美元货币升值"，这就是《广场协定》。

在《广场协定》签订之前，1985年1月的五国集团会议上已经达成了一些干预美元汇率的协定，美元从1985年2月开始持续贬值。日元、德国马克和其他欧洲货币相对价值的急剧上升，使日本和欧洲的出口量和利润下降。到1986年底，日本和欧洲各国政府都面临着巨大的国内压力，要求停止美元贬值。1986年9月，美国和日本达成了一项双边协议，日本将采取扩张性的财政政策来拉动内需，与之相对的美国将重点稳定汇率。

1987年2月，七国集团的财政部部长在卢浮宫举行了会议。各国同意将美元汇率稳定在当前状态，日本将采取进一步的刺激措施，德国将继续削减税收，而美国也将采取一定的措施。但美国不愿意改变国内的政策，冲销干预没有得到美国国内政策的支持，结果在1989年下半年，美元再次贬值。但是经过这几次国际经济政策协调，美国的经常账户得到了改善，到20世纪90年代初期基本上实现了平衡，美元的霸权地位得到了稳定和维持。美元在外汇储备中的比重回升，逐渐占到国际储备的2/3左右。

从七国集团的国际协调机制来看，美国占据了主导地位，其主要解决的问题是美国国内经济政策的副产品和外溢性。在协调过程中，美国为了维护单一的本国利益，利用在国际协调机制中的强话语权，以损害日本、欧洲的贸易竞争力为代价，来修复本国的贸易赤字，并且自身并不配合国际协调政策进行改变。但是，从《卢浮宫协定》的签订来看，美国在国际协调中也不可能完全忽视其他国家的利益，在七国集团的协调机制下最终目的还是要满足其中所有国家的合理诉求。从美国的单一主导国际协调，到七国集团的国际协调机制，美国的地位已经受到了一定影响，形成了"一超多强"的国际政治格局。

3. 国际政策协调机制

七国集团是一个超国家、超集团、不局限于某一经济领域或某一地区、集团之内的国际协调机制。对于国际经济的协调，参与方必须拥有一定的经济基础和影响力，而七国集团成员都拥有雄厚的经济实力，从而保证了协调的结果不仅可以在七国范围内起到作用，而且可以影响整个世界。它的灵活性强，范围广阔，讨论的议题并不局限于某个方面，可以根据当前的国际形势及时调整，应变能力很强。同时，协调程度加深，有时甚至上升到政治层面，这是之前的国际经济协调所不曾有过的。尽管七国集团的协调机制存在一些局限性，诸如缺乏惩戒机制、监督机制，有时效率较为低下等，但不可否认的是，七国集团在20世纪七八十年代的国际协调中起到了重要作用。如1978年的波恩会议、1985年的《广场协定》，1987年的《卢浮宫协定》，在遏制全球性通货膨胀、促进国际金融体系的稳定、减轻各种危机对于世界经济的冲击方面都起到了一定的作用，此外，它在维持美元的霸权方面也起到了重大作用。

随着发展中国家已经成为国际政治中的一种重要力量。全球治理当然也离不开发展中国家的参与。1999年12月，七国集团邀请了全球新兴经济国家的财长和央行行长在柏林召开了第一次非正式会议，这意味着二十国集团的正式成立。二十国集团在建立之初的近10年里起到的作用不大。第一，二十国集团只是部长级别的对于具体问题进行磋商的功能性平台，缺乏强有力的政治支持；第二，二十国集团的双部长会议仅仅是一个协商的论坛，会议成果以声明形式发表，缺乏约束力；第三，二十国集团商讨议题宽泛，有些议题超出与会部长的职权范围，而会议中七国集团又掌握着对于议题的控制权，大部分议题基本都是发达国家所关注的，与发展中国家的福利相关的议题基本没有进展；第四，二十国集团面对成熟的七国集团很难发挥作用。最初的10年中，二十国集团主要起到了将七国集团的倡议和政策合法化的作用，对于国际经济金融治理鲜有贡献。直到2008年美国金融危机的爆发大大削弱了国际货币基金组织的话语权，打击了七国集团的地位，才为二十国集团的迅速成长提供了空间。

自2008年领导人峰会以来,二十国集团在很多领域都起到了显著的作用:在应对短期危机方面,达成了诸多协议,推进了经济复苏;在宏观方面,建立了新的国际财政及货币政策协调标准和机制;在加强金融部门的监管和协调方面,协调各国共同加强宏观审慎监管,并推动了《巴塞尔协议Ⅲ》的实施;在国际制度方面,加强和改革国际经济组织职能和结构,将金融稳定论坛扩大至二十国集团全体成员,并将其更名为金融稳定理事会,之后又进一步强化金融稳定理事会的能力、资源和治理。

4. 美国参与的区域经济政策协调

随着20世纪80年代欧洲共同体和日本的经济实力不断增强,美国的相对竞争优势被削弱了。美国想要保持自己的政治经济霸权,也必须建立一个国际贸易经济体,与新兴经济体抗衡。因此在80年代末期,美国和加拿大签署了《美加自由贸易协定》,之后作为发展中国家的墨西哥也加入谈判,并于1992年8月签署了《北美自由贸易协定》,旨在通过在自由贸易区增加投资机会、扩大贸易来增加就业机会,促进经济增长。

美国为了调控本国经济,除了在本国成立和组织参与自由贸易协定等区域政策协调外,还在世界范围内多方参与区域政策协调。在冷战时期美国参与协调的主要目的是对抗苏联社会主义,所以在世界范围内有很多盟友,还构建了北约军事同盟。在冷战结束之后,其参与协调的主要目的是维持美国在当地的利益以及与盟友的关系。

(五) 美元国际地位变化的原因

1. 布雷顿森林体系下美元国际地位变化的原因

在布雷顿森林体系下,美元的国际货币地位衰落的直接原因是国际收支赤字不断恶化,根本原因是美国经济实力持续削弱和国际经济力量对比出现了重大变化。这是世界经济发展不平衡规律的具体表现,也是美国对外扩张政策的必然结果。同时,布雷顿森林体系不可调和的内在矛盾和制度因素影响也不可忽视。

(1) 直接原因——美国国际收支状况的恶化。导致美元危机频繁爆发和美元国际货币地位衰落的直接原因是美国国际收支的连年逆差,造成巨额国际收支逆差的主要因素包括美国海外军事开支不断扩大、对外资本输出持续增加、对外贸易由顺差转为逆差。

美国对外资本输出包括国家资本和私人资本。1946~1970年，除军事援助外，美国政府的对外投资和经济援助共达946亿美元。20世纪50年代和60年代，美国私人国外直接投资年平均增长分别为27亿美元和56亿美元。当然，其他资本主义国家的资本也流向美国，但数额有限。因此，在私人资本输出与输入方面，美国每年都有巨额的逆差。

美国对外贸易的长期顺差是弥补国际收支逆差的重要资金来源。1946~1970年，美国对外贸易顺差总计达963亿美元。然而，随着经济实力的削弱，美国商品的国际竞争能力下降，对外贸易状况急剧恶化。从20世纪60年代中期开始，不但贸易顺差逐渐减少，而且1971年还出现了逆差，此后逆差的增长速度相当快，1972年美国对外贸易逆差由上年的20亿美元增至64亿美元。对外贸易原来是弥补国际收支逆差的重要来源，现在转变为扩大逆差的新因素。这种变化使美国国际收支状况更加恶化。

（2）根本原因——美国经济实力的削弱。造成美国国际收支的连年逆差的根本原因是美国经济实力的削弱和国际经济地位的下降。

美国超强的经济实力得益于两次世界大战中财富的积累。第二次世界大战后，美国总体上实行的是扩张性的政策。对内实行国民经济军事化和膨胀性的财政金融政策；对外寻求扩大商品和资本输出，向盟国提供大量军事和经济援助并进行侵略扩张。美国的扩张政策，在一定时期和程度上可以刺激经济及增加就业，从而起到推迟与缓和经济危机的作用。但从长期看，却给美国经济带来了更加严重的后果：其一，它没有消除经济危机，却使国民经济发展更加失衡，经济危机频频爆发；其二，它削弱了美国商品的国际竞争力，加剧了国际收支的失衡；其三，它给美国带来了严重的财政金融危机。美国在第二次世界大战后的28年内有19年存在财政赤字，累计超过1500亿美元。庞大的财政赤字带来巨额的国债。总体上看，美国的扩张性政策不但不能克服经济危机，反而使危机更加频繁和严重，而且还引起了严重的财政金融危机。经济危机、财政金融危机交织并发，使美国陷入进退维谷的困境，从而大大削弱了美国的经济实力，也动摇了美元的国际货币地位的经济基础。

而同时代的欧洲及日本，逐渐医治了战争的创伤，开始走上了恢复和发展之路。美国的扩张政策和争霸世界的战略也为欧洲、日本经济的恢复提供了资金、技术、市场及安全环境等方面的有利条件，促使世界政治、经济力量对比发生重大变化。1948~1972 年，美国在世界工业生产中的比重从 53.9% 降为 40.9%，西欧"共同市场"则从 12.7% 增至约 19%，日本从 1.2% 上升为 9.9%。美国在世界出口的比重下降更多，从 1947 年的 32.5% 降至 1972 年的 13.4%，同期联邦德国和日本分别从 0.5% 和 0.4% 上升到 12.6% 和 7.8%。在黄金储备方面，美国远远被抛在联邦德国和日本之后。

随着经济实力对比的变化，美国与其他西方国家在货币金融领域的争夺加剧。各国之间货币战的实质是国际货币地位的争夺，焦点主要集中在美元能否兑换黄金，货币升值、贬值、汇率及世界货币制度的改革等问题上。布雷顿森林体系下美元的国际货币地位反映了第二次世界大战后初期美国经济政治的绝对优势。由于美国经济实力的削弱，美元的这种绝对优势已不复存在，美元的国际货币地位随着美国国际经济地位的下降而衰落。

2. 牙买加体系下美元国际地位重振的原因

20 世纪 70 年代年末特别是 90 年代以来，美元的国际货币地位得以维持且在一定程度上得到恢复和加强，原因如下：

（1）战略因素。布雷顿森林体系瓦解后，为维护美元地位，美国根据国内外形势变化调整了战略，采取了灵活的政策措施，并且取得了一定成效。20 世纪 70 年代中后期，特别是 80 年代前半期，美国把反通货膨胀作为首要的宏观经济目标，实行超高利率政策，使得美元汇率出现了布雷顿森林体系解体后的首次大幅升值，通货膨胀也得到了有效控制。

（2）合作因素。在牙买加体系下，经济全球化加速发展，美元汇率的变动将世界各国的经济捆绑在一起。使用和保留美元储备及持有美国债权的国家，要想保住手中美元的价值，就必须支持美国经济的繁荣。持有的美元越多，对美国的支持力度就越大。此外，非经济因素在维护美元国际货币地位的国际合作中也起了不可忽视的作用。美元不仅是世界经济活动的标杆，也是美国实现世界政治企图的工具。多年来，美元虽不再与黄金挂钩，但是逐渐与政治挂钩。"冷战"前，美国出于同苏联"冷战"的需要，在与欧洲和日本等盟国展开经济竞争的同时，也在相当程度上照顾了它们的经济利益；欧洲和日本则从政治利益考虑，尤其是在自身综合经济实力尚不足以取代美国的情况下，在货币领域并不急于挑战美元霸权，甚至还配合维护美元地位。

（3）惯性因素。国际货币具有某种自然垄断的性质。一种货币一旦成为主要国际货币，就拥有规模经济、网络效果及公众长期形成的货币使用习惯等优势，这被称为惯性。美元在第二次世界大战后确立了国际货币的霸主地位，一旦这种地位确立起来，除非出现非常大的冲击，或者另一种货币能够比美元更好地承担国际本位货币的责任，否则它在国际经济活动中具有先天的优势，其他货币很难与之进行平等竞争。

牙买加体系只是对布雷顿森林体系的修正和发展，并没有从根本上影响美国对国际货币体系的控制和支配。从某种意义上说，美国对国际货币体系的两大金融机构——国际货币基金组织和世界银行的控制和影响力，非但没有削弱，而且有所加强。对美国来说，既可继续享有美元作为主要国际货币带来的诸多利益，又可不承担维护美元汇价稳定的责任与义务，摆脱在布雷顿森林体系下的通过国际收支持续逆差来提供国际清偿手段的尴尬境地。

三、欧元国际化的经验

欧元是世界货币史上第一个既不依赖黄金又不依赖单一国家的国际区域货币。欧元的出现是一种全新的国际经济、政治现象，为国际货币制度安排提供了崭新的发展空间。欧元的产生是欧洲历史发展的惯力、国际环境的压力、欧盟成员的推力等共同作用的结果，是欧洲谋求共同利益的一种表现。

第二次世界大战之后的欧洲支离破碎，为了完成战后的重建，欧洲各国需要大量进口商品，进口与出口的不协调使欧洲各国产生了"美元缺口"，各国出现了严重的国际收支不平衡。于是，欧洲各国协商于1950年组建欧洲支付同盟（EPU），这是欧洲货币一体化的开端，欧洲货币合作就此拉开帷幕。

（一）欧元诞生

"欧元"的起名，源于比利时居民、世界语学者杰明·帕罗特（German Pirlot）的建议。1995年8月4日，他写信给当时的欧盟委员会主席雅克·桑特，建议把计划中的统一货币命名为"cumo"（欧元），后在1996年12月16日的西班牙马德里欧盟理事会会议上被正式采用。欧元的特定标志（€）来自于希腊字母伊普西龙（εpsilon，ε）。这是希腊语的第五个字母，意为"简单"。欧盟曾考虑过32种设计。在最后选出的两种标志中，欧盟由4位专家组成的小组，选择了由比利时图像设计师艾伦·毕力特（Alain Billiet）设计的€，因其来自于欧洲文明的摇篮（古希腊），也是欧洲（Europe）一词的第一个字母，在该标识中腰的两条平行线，则表示欧元的稳定。这一标志由欧盟委员会于1996年12月12日公开发表。至此，名为"欧元"的货币取代了一篮子货币"欧洲货币单位"。1999年1月1日，欧元正式启动。从1999年1月1日到2002年1月1日，经过3年过渡期，欧元完成了从启动到流通的全过程。欧元的成功问世是欧元区各国经济、货币与政治协调与合作的结果，作为超主权国家的信用货币，欧元是货币国际化的创新，是国际货币发展史上的里程碑。

（二）欧元国际化

2002年第一季度，欧元的纸币和硬币取代了原12个成员国的12种货币，开始作为区域内唯一合法货币开始在这些成员国内流通。目前，欧元区有德国、法国、意大利、荷兰、比利时、卢森堡、爱尔兰、希腊、西班牙、葡萄牙、奥地利、芬兰、斯洛文尼亚、塞浦路斯、马耳他、斯洛伐克16个成员国。欧元区总人口超过3.2亿人。依靠货币主权联邦制的强制力以及欧元区的综合经济实力，欧元成为完全意义上的国际货币。

（三）欧洲主权债务危机

1999年起步初期，欧元在一定程度上存在着被高估的情况，欧元兑美元的汇率一度从1999年1月1日的1欧元兑1.18美元下跌至2002年10月的0.82美元，是历史最低点。在以欧洲中央银行为代表的欧元区经济金融政策的管理下，欧元区经济稳定增长，欧元汇率基本稳定，基本上可以维持在0.9美元兑1欧元。

欧元启动后，欧盟经济开始进入缓慢增长区间。为此，各成员国政府纷纷实施扩张性财政政策，以刺激经济增长。2001年，欧元区主要国家的财政赤字和债务总量开始持续增加。在经济所占比重中，德国、希腊、法国、意大利和葡萄牙这五个欧元区国家的GDP总量占欧元区经济总量的75%以上，对欧元区的整体财政状况有着绝对的决定性地位,而在2005年,这五个欧元区国家的财政赤字超过GDP的3%,致使整个欧元区财政状况随之突然恶化。

2010年,近50%的欧元区国家财政存在着无法持续的风险,欧元区国际收支赤字占GDP比率为6.66%,净债务率达74.6%,并因此引发"欧元区主权债务危机"。"欧元区主权债务危机"在很大程度上对欧元在人们心中的地位造成了影响,使人们对欧元的信心开始动摇,甚至出现了"欧元崩溃"的悲观论调。

总体上看,由于继承了德国马克、法国法郎以及意大利里拉等货币的国际化成果,同时又依托更为强大的欧元区经济体,欧元自诞生之日起就成为世界第二大国际货币。1999年,欧元占全球中央银行外汇储备的比重为13.5%,2010年迅速上升到24.1%,远超德国马克的历史最高值。同时,欧元在全球贸易计价及储备货币的份额也迅速增长。欧元的崛起对美元在国际货币体系中的地位构成了真正的挑战,并可能在未来几十年内超越美元,成为国际货币体系的主导货币。

四、日元国际化的经验

(一) 日元国际化

明治维新之前,日本还处在德川幕府的封建统治之下。当时的货币体系是复杂的复本位制。1871年5月,日本颁布了《新货币条例》,在法律上确立了以黄金为基础的货币制度,规定新货币的名称为"Yen",每1元含1500毫克纯金,并以此为标准铸造金币。这就是日元(Japanese Yen)的诞生。1894~1895年中日战争之后,日本从中国得到了大约3亿日元的赔款,这一数额相当于日本国家预算的3倍,为日本提供了足够的黄金储备,使日本得以在1897年实施真正的金本位制。19世纪90年代初,日本已走上现代经济增长之路。第一次世界大战带来了对军需品旺盛的出口需求,刺激了日本经济的增长。1931年12月,日本大藏省宣布禁止黄金输出,停止日本银行券兑换黄金。第二次世界大战期间,日本为了满足战争的需要,不仅掠夺亚洲邻国的资源,而且在国内大量发行纸币,造成了严重的通货膨胀。由于战争的破坏,第二次世界大战后初期日本的通货膨胀进一步加剧，日元的币值极度疲软。1949年4月23日，日元和美元的比价定为360日元兑换1美元，这一汇价保持了20多年。

1945年8月日本宣布投降，日本经济在60年代开始了快速增长。1950年6月25日，朝鲜战争爆发。当订单集中在特殊用品和军需品上时，出现了世界范围的需求增大，日本的出口得以迅速增加，大量存货消失，贸易收支得以改善。1964年，日本宣布日元可在经常项下自由兑换。1973年2月日本正式采用浮动汇率，这与其他工业化国家是同步的。之后，日元对美元开始升值。

20世纪70年代后期，由于日元升值和美元危机的发生，世界各国开始出现了日元需求。日本金融市场的逐步开放，对日元的国际化有一定的积极作用。第二次世界大战期间的管制立法使战后的金融体系受到严格控制，来自海外的压力一直要求日本金融市场实现自由化和国际化。由于受到的压力和发展国内金融体系的需要，日本金融市场逐步开放。1986年12月，建立了与国内金融市场分离并独立于国内税收体系的东京离岸金融市场。在这一系列因素的作用下，日元开始逐步国际化。

日本与出口产品的竞争力密切相关的批发价格指数很稳定，因而在国际收支的经常项目下积累了大量盈余。随着第二次世界大战以后日本经济的高速增长，其总体经济实力稳步上升，20世纪80年代，日本坐上了世界第二大经济实体的交椅，仅次于美国。加上国际外汇市场上日元汇率持续坚挺，致使日元的国际地位不断提高，成为世界上受到普遍欢迎的"强币"。20世纪80年代后期，经济繁荣有力推动了日本经济的国际化，日元国际化也出现了迅速发展的局面。作为计价单位和交换媒介，1990年出口中以日元达成的交易占37.5%，但在进口中比例为14.5%。同年，欧洲债券发行总额中有13%是以日元发行的，1989年日元资产在各国的外汇储备中占7.9%。由于在日元国际地位上升的过程中美元的国际地位相对下降，所以，世界就出现了美元、日元和德国马克"三极通货体制"的发展格局。

20世纪90年代以后，由于泡沫经济崩溃及长期经济停滞的影响，日本经济由盛转衰，开始了长达10多年之久的经济萧条，在日本经济国际化和金融国际化遭受挫折的情况下，日元国际化也出现了停滞和倒退，日元在国际外汇市场上的"抢手"程度大大减弱。1998年10月,大藏省提出了《关于推进日元国际化的政策措施》,日元国际化再次成了日本政府的政策课题。

尽管日元在市场驱动和政府推动下走向国际化,但日元国际化程度并不高,日元远没有取得与日本经济相应的地位。进入1998年之后,日元汇率下跌步伐开始明显加速,特别是4月以后,在国际外汇市场抛售日元风潮的推动下,日元对美元的比价急剧下跌。日元汇率之所以出现暴跌之势,其主要原因是:其一,日本经济由于日元的不断升值而导致了国内经济的衰退,日本经济形势的持续恶化且恢复前景不明,使众多的投资者对日本经济失去了信心,纷纷退出日本资本市场,将资金投到经济形势较好的美国,从而加大了外汇市场对美元的需求。其二,日、美两国的银行存款利率相差悬殊,美元储蓄利息几乎相当于日元的10倍。1998年4月以后,日本开始实行新的外汇管理法,废除了以往的种种限制,允许日本企业和国民在日本国内外自由地进行外汇交易。这为日本企业和国民把日元换成美元,甚至不惜借入日元换成美元而后存入美元账户提供了条件,从而导致日元汇率的进一步下跌。其三,日元汇率的下跌有利于扩大日本的出口,弥补国内的经济衰退,所以日本政府对汇率的下跌采取不干预的态度,这在一定程度上对日元汇率的暴跌起到了推波助澜的作用。时隔不久,日元汇率又逐步回升。1999年以后,日元回升的步伐急剧加快,日本银行不得不多次干预外汇市场,但这并未改变日元汇率继续走高的趋势。此后,在美国召开的七国财长和央行行长会议上,与会者虽然对日元升值表示担忧,但美国自然很高兴看到日元的升值。日元的持续升值,对本已处在经济衰退的日本无疑是雪上加霜。

(二) 日元国际化的基础

1. 持续的贸易顺差

第二次世界大战之后,日本的经济逐渐恢复正常。1950~1967年这段时期,日本的国际收支经受了巨大的考验。到1965年,贸易收支顺差未曾超过10亿美元,但此后,出口大幅增加,顺差幅度开始扩大。同时,资本输出明显增加,日本从此成了资本输出国,日元开始走向硬通货。日本经济力量的增强是日元坚挺的基础。日本在经济快速发展时期所进行的旺盛的现代化投资,使它具备了与欧美不相上下的技术设备,设备投资的增加成了经济高速发展的基本动力,同时带动了出口的增加。出口的稳步增加对日本经济的发展起到了很大作用,外汇收入急剧增加,同时使扩大原材料和生产资料的进口成为可能。

2. 金融自由化的推进

第二次世界大战以来,日本金融市场和金融机构一直处于严格控制和监督之下。20世纪60年代,随着日本经济结构的深刻变革,金融体制受到了日益强烈的冲击,被迫逐步开放和放宽管制。日本金融市场自由化的推动力量是20世纪70年代中期开始实行的"赤字开支"政策。从1975年开始,日本政府为了弥补政府预算中不断增加的赤字大量发行公债。但是,这些公债的发行并不是通过公开的资本市场,大部分公债是由银行团、有价证券公司和其他金融机构投资者按低于市场利率认购的,之后银行又通过公开的资本市场转让公债。随着公债数额越来越大,银行对这种摊派做法的反抗也日益强烈。于是,在20世纪70年代末,日本采取了一系列自由化措施,改善了银行进入公开证券市场的条件。

20世纪70年代以来,日本金融机构在国外金融活动中心的迅速扩张得到了日本政府的支持。在国际资本流动方面,20世纪70年代末以前,资本输出和输入一直受到严格的限制。自1983年以来,东京的利率几乎同伦敦的利率完全一致。金融的自由化,使得国内金融市场与国际金融市场的联系越来越密切,国际上使用的日元也不断增加,这促进了日元的国际化发展。

日元的国际化主要表现在以下几个方面:

(1) 日元债权的发行。起初发行的日元债券,全都限于外国国债及国际开发机构发行的债券,规模也较小,它们是在日本发行外债时以日元计价发行的债券。1973年曾经发行过以日元计价的世界银行债券。同年美洲开发银行的债券也以日元计价发行。进入1976年以后,日元债券发行量和发行频率均开始增加。到20世纪80年代中期,日本的债券市场规模已接近美国的扬基债券市场。此外,石油输出国组织的一些国家对日元债券的兴趣亦开始增加,海外投资者的净投资也在稳固上升。在积极发行日元债券的同时,以日元计价的中长期贷款也开始增多。最初是对菲律宾的日元贷款。日本向发展中国家的放贷中,日元贷款较多。20世纪80年代使用日元的国家及其在欧洲银行贷款的数量和比重都有很大的提高。在进口信贷方面，也出现了使用日元的倾向。过去，日本的进口信贷几乎都是用欧洲银行及美国银行的短期贷款来提供。日本当局采取了将欧美银行的短期贷款变为用日元来提供的方针，进口信贷开始转为使用日元。此外，由于受到日本股票市场和日元相对坚挺的吸引，国际投资者开始投资日本的股票市场。1985年，日本股票市场已经发展为世界第二大股票市场，它占世界股票市场投资总额的15%。

（2）有些国家开始将日元纳入外汇储备资产。20世纪70年代末，将日元作为储备资产的国家很少。1976年3月初，尼日利亚抛售了币值越来越不稳定的英镑，将日元作为外汇储备。马来西亚、韩国、新加坡以及澳大利亚等与日本经济关系较密切的太平洋地区的国家也开始以日元作为储备资产。1976~1984年，日元在各国官方储备中所占的比重明显提高，日元已成为继美元和德国马克之后的第三重要的储备货币。

（3）日元作为货币计价单位的职能和支付手段的职能得到了发挥，过去用美元进行的贸易结算，现在一部分开始以日元计价。20世纪80年代初，日本的出口有近20%是以日元计价的，到1985年前后，日本出口贸易中已经有40%以日元计价。

第三章 人民币国际化的历程、现实背景和前景

人民币国际化是时代的要求,也是国内外经济金融发展的必然趋势,是水到渠成的过程。一方面,随着经济的不断发展,世界各国联系更加紧密,经济全球化、金融一体化不断深入,而伴随着世界经济格局的转变和国际经济关系的发展,现有维系各国经济金融互通的国际货币体系的弊端也在逐步显现,急需新的货币、新的规则来进一步充实和完善现有体系;另一方面,中国经过改革开放以来的长期快速发展,综合国力不断增强,国内软硬件基础设施和市场体系建设逐步完善,人民币的国际使用增加,国际地位也得到明显提升。在党中央、国务院正确部署下,中国人民银行作为具体执行部门,在时任行长周小川带领下,审时度势,抓住难得机遇,利用国际金融危机后的有利时间窗口,会同有关部门积极推动人民币跨境业务试点和中央银行间货币互换,有力地提升了人民币的国际地位,人民币国际化发展进入了"快车道"。

第一节 人民币国际化的历程

一、起步阶段

(一)人民币国际化的提出

2009年7月跨境贸易人民币结算试点之后,各类报刊媒体、学术文章都

使用了"人民币国际化"的提法。但官方大多数情况下使用"人民币跨境使用"或者"跨境人民币业务"的表述，原因一是目标尚远，二是要考虑国际反响，避免误解。2011年3月发布的"十二五"规划纲要中明确"扩大人民币跨境使用，逐步实现人民币资本项目可兑换"。直到2014年的中央经济工作会议，才在公报中第一次提出要"稳步推进人民币国际化"。

(二) 起步阶段制定人民币国际化措施的考虑

人民币国际化的推进既要顺应国内外市场需求，又要契合自身经济发展情况。在起步阶段，中国人民银行和相关部门做了大量的研究和准备工作，确定了相关措施。

(1) 推动跨境贸易人民币结算，降低汇率风险，促进地区贸易和经济发展。发展跨境人民币结算要有配套的税务规则，中国人民银行积极推动税务部门调整系统，允许为出口企业人民币结算办理退税。

(2) 支持贸易融资、账户融资及设立人民币同业往来账户和非居民人民币结算账户，为跨境贸易人民币结算提供资金来源，建立清算渠道。

(3) 拓展香港人民币业务，促进内地、香港经济融合和共同发展，巩固香港金融中心地位，发挥其在内地发展中的作用，并降低内地、香港企业与居民的汇率风险。

(4) 允许境外机构参与境内金融市场，为境外机构提供人民币回流渠道，实现保值增值。

二、人民币国际化的推进

(一) 贸易起步：从货物贸易到服务贸易，再到所有经常项目

2009年7月，上海市和广东省广州市、深圳市、珠海市、东莞市五市率先启动跨境贸易人民币结算试点，境外地域范围暂定为中国港澳地区和东盟国家。同时，中国人民银行明确了办理跨境贸易人民币结算业务的操作细则。

为满足企业对跨境贸易人民币结算的实际需求，2010年6月，中国人民银行等六部委联合将试点地区扩大到北京、天津等20个省（自治区、直辖市），不再限制境外地域范围。试点业务范围包括跨境货物贸易、服务贸易和

其他经常项目人民币结算,企业可按市场原则选择使用人民币结算。2011年8月,国家领导人访港期间宣布将跨境人民币结算试点扩大至全国,业务范围涵盖货物贸易、服务贸易和其他经常项目结算,境外地域没有限制。

企业通过开展跨境贸易人民币结算业务,不仅能够降低使用外币结算带来的汇兑损失,还可以降低企业因使用外币结算带来的结售汇成本、汇率风险管理成本等不必要的费用,有效提升了境内企业参与国际贸易的竞争力,支持实体经济发展。

(二)参与主体:从企业到个人

1. 企业:从"正面清单"到"负面清单"

为切实防范风险,企业跨境货物贸易人民币结算试点初期采取总量控制原则,选择信誉良好的企业建立"正面清单",进行首批试点。试点初期,经试点地区省级人民政府推荐,中国人民银行会同有关部门审核确定365家企业作为首批试点企业。要求试点企业将进出口报关信息和人民币资金收付信息通过其境内结算银行报送管理系统。2010年6月扩大试点后,在总量控制原则下选择出口货物贸易人民币结算试点企业。截至2010年末,审定试点企业达67000多家。2012年2月,企业出口货物贸易人民币结算改为"负面清单"管理。至此,境内所有具有进出口经营资格的企业均可在进出口贸易和其他经常项目中使用人民币结算,同时,将近两年在税务、海关、金融等方面有比较严重违法违规行为的企业列入重点监管名单。对重点监管企业名单实行动态管理,每年进行调整,名单内企业出口人民币收入不能存放境外。2014年3月,重点监管企业名单审核权限交由中国人民银行省级分支机构会同相关部门确定后上报中国人民银行通过后实施,流程进一步简化。

2. 个人:先行试点逐步推广

2011年初,国务院批准在浙江义乌市设立国际贸易综合改革区,允许义乌开展个人跨境贸易人民币结算业务试点。2012年12月,中国人民银行批复同意中国人民银行杭州中心支行关于浙江省个人跨境贸易人民币结算试点管理有关事项,浙江省个人跨境贸易人民币结算试点正式在浙江省义乌市开展。

2012年12月以来,经国务院批准,江苏昆山深化两岸产业合作试验区、上海自贸区、云南及广西沿边金融综合改革试验区、苏州工业园区和天津生态城等也陆续开展个人经常项目跨境人民币业务等创新业务试点，如表3-1所示。

表3-1 个人经常项目跨境人民币业务试点情况

地区	试点时间	备注
浙江义乌国际贸易综合改革区	2012年12月	
江苏昆山深化两岸产业合作试验区	2013年7月	
上海自贸区	2014年2月	
云南、广西沿边金融综合改革试验区	2014年4~11月	
苏州工业园区	2014年6月	2016年4月扩展到苏州全市
天津生态城	2014年7月	2016年4月扩展到天津全市
重庆市	2016年3月	
天津、广东和福建自贸试验区	2016年4月	

试点政策带动了当地跨境人民币业务发展。自2014年6月开始，中国人民银行及时总结试点经验，将个人货物贸易、服务贸易跨境人民币结算业务扩展至全国。

(三) 跨境直接投资和跨境融资：从试点到推广

1. 对外直接投资（ODI）和外商直接投资（FDI）

对外直接投资人民币结算业务和外商直接投资人民币结算业务都经历了从个案试点到全国推广的过程。

(1) 对外直接投资。随着跨境贸易人民币结算试点的深入开展，境内机构使用人民币到境外直接投资的需求日益强烈。为探讨开展人民币对外直接投资的可行性，2010年中国人民银行在新疆试点开展了境内企业人民币对外直接投资业务。2011年1月，在充分总结试点经验的基础上，允许跨境贸易人民币结算试点地区开展对外直接投资人民币结算业务。随着2011年8月跨境贸易人民币结算试点范围扩大到全国，人民币对外直接投资业务也扩大至全国范围。

(2) 外商直接投资。2011年10月，中国人民银行和商务部共同规范了外国投资者使用人民币来华直接投资业务的管理。2012年6月,中国人民银行进一步明确了相关管理制度,包括开立账户、前期费用、资本金、并购、股权转让和"投注差"内从境外借款等。

总的来说,现行对外直接投资和外商直接投资人民币结算业务保持与现行对外直接投资和外商直接投资管理制度的衔接,突出监管部门间的信息共享和监管合作,在有效防控风险的基础上便利银行和企业开展业务。

2. 人民币跨境融资

(1) 人民币跨境贸易融资。人民币跨境贸易融资业务是伴随跨境贸易人民币结算业务开展的,业务办理流程简便,融资成本低。早在2009年7月跨境贸易人民币结算业务试点开始之时,中国人民银行就明确境内结算银行可以按照有关规定逐步提供人民币贸易融资服务,融资金额以贸易合同金额为限。2011年6月,中国人民银行明确人民币贸易融资(包括跨境贸易人民币结算相关的远期信用证、海外代付、协议付款、预收延付等)不纳入外债管理。

(2) 外商投资企业"投注差"模式借款。2011年10月,中国人民银行明确了外商投资企业境外人民币借款的总体管管理原则,外商投资企业向其境外股东、集团内关联企业和境外金融机构的人民币借款和外汇借款应当合并计算总规模,即在"投注差"模式下,外商投资企业增加了人民币借款的选择。

(3) 全口径跨境融资。为推进人民币资本项目可兑换,逐步改变外债逐笔审批核准的前置管理模式,上海自贸区的分账核算境外融资管理模式探索了跨境融资规模与资本实力挂钩并可逆周期调节的新型管理方式,实现了本外币跨境融资的全覆盖,并将跨境融资管理由事前审批改为事中事后监督。以此为基础,2016年1月,中国人民银行扩大全口径跨境融资宏观审慎管理试点,选择27家具有系统重要性的金融机构和注册在上海、天津、广东、福建四个自贸区的企业先行先试,对试点企业和金融机构,中国人民银行、国家外汇管理局不实行外债事前审批,建立宏观审慎规则下基于微观主体资本或净资产的跨境融资约束机制。本外币跨境融资宏观审慎管理体系基本建立。2016年5月,全口径跨境融资宏观审慎管理在全国范围内实施。中国境内的非金融企业(不包括政府融资平台和房地产企业),以及经中国人民银行、银监会、证监会和保监会批准设立的各类法人金融机构,均可在以其资本或净资产为基准计算的跨境融资风险加权余额上限内自主开展本外币跨境融资。

将本外币一体化的全口径跨境融资宏观审慎管理试点扩大至全国范围，是中国人民银行针对跨境资本流动管理推出的重要举措，是完善我国宏观审慎政策框架的关键一步，顺应了市场主体从境外融入本外币资金的诉求，提高了跨境融资效率和资源配置水平，既具有中国特色，也是当前全球跨境资本流动宏观审慎管理的开创性实践，为新兴市场经济体探索以宏观审慎政策主动应对跨境资本流动提供了重要借鉴。

（4）境外项目人民币贷款。从2009年11月起，中国人民银行先后批准国家开发银行、中国进出口银行、中国工商银行等9家银行开展境外项目人民币贷款试点，取得了良好的经济效益和社会效益，受到银行和企业的欢迎，也积累了一定经验。2011年1月，中国人民银行在规范境外直接投资人民币结算试点管理时明确，境内银行可向境内机构在境外投资的企业或项目提供人民币贷款，可直接发放，也可通过境外分行或代理行发放。2011年10月，为更好地满足市场需求，规范业务操作，防范业务风险，在总结试点经验的基础上，境外项目人民币贷款业务正式推广到全国，所有境内银行都可以按规定开展境外项目人民币贷款业务。

（四）跨境人民币证券投融资：稳步开放

1. 境外机构投资银行间债券市场

2005年，中国人民银行分别批准泛亚基金和亚债中国基金进入银行间债券市场，打开了境外机构进入我国银行间债券市场的大门。随着人民币跨境和国际使用的领域和范围逐步扩大，国内债券市场对外开放的步伐不断加快。2010年以来，中国人民银行先后允许符合条件的境外央行或货币当局、主权财富基金、国际金融组织、人民币境外清算行和参加行、境外保险机构、RQFII等机构进入银行间债券市场。2015年5月，获准进入银行间债券市场的境外人民币业务清算行和境外参加银行可以开展债券回购交易（包括债券质押式回购交易和债券买断式回购交易），且回购资金可调出境外使用。随后中国人民银行放开境外央行、国际金融组织、主权财富基金等机构在银行间市场的额度限制和投资范围，将审批制改为备案制。2016年2月以来，中国人民银行进一步完善相关配套政策，将境外投资主体范围扩大至境外依法注册成立的各类金融机构及其发行的投资产品,以及养老基金等中长期机构投资者,并对境外机构投资者的投资行为实施宏观审慎管理。

2. 熊猫债发展历程

境外(含我国香港、澳门和台湾地区)机构在我国境内发行的人民币债券称为熊猫债。2005年10月,国际金融公司和亚洲开发银行作为国际开发机构先后获准在我国银行间债券市场发行了11.3亿元和10亿元人民币债券,开启了熊猫债发行的先河。此后,这两家国际开发机构又分别于2006年和2009年发行了第二期熊猫债(8.7亿元和10亿元)。2013年,境外非金融企业在境内债券市场筹集人民币资金的渠道建立,境外非金融企业在银行间市场交易商协会注册后可在银行间市场发行熊猫债。2014年3月,德国戴姆勒股份有限公司在我国银行间债券市场发行5亿元非公开募集熊猫债,标志着熊猫债发行主体由国际开发机构延伸至境外私人机构。为便利境外机构在境内发行人民币债务融资工具跨境人民币结算事宜,2014年9月,中国人民银行对境外机构在境内发行人民币债务融资工具跨境人民币结算事宜进行了规范。2015年,随着利率市场化、汇率形成机制改革以及资本账户开放等方面推出重大改革措施,人民币国际化取得重要进展,熊猫债市场也迎来了新的发展契机,发债主体类型进一步扩展,发债规模也实现了大幅增长。仅2015年一年就有累计6家国外机构在我国银行间债券市场发行了熊猫债,发行总金额达到155亿元。为统一熊猫债账户开立、资金存管、跨境汇划和数据报送的规则,2016年12月,中国人民银行进一步完善境外机构在境内发行人民币债券跨境人民币结算业务政策框架,构建关于熊猫债的数据统计监测和宏观审慎管理体系。截至2016年末,我国债券市场境外发债主体已包括境外非金融企业、金融机构、国际开发机构以及外国政府等,累计发行1484.4亿元熊猫债。

3. 境内机构到境外发行人民币债券

人民币点心债(DimSun Bonds)是指各类机构在香港发行的以人民币为计价结算单位的债券。初期单笔发行规模较小,受市场欢迎程度高,因香港人喜欢吃点心,故而被市场称为点心债。近年来点心债市场发展迅速,成为香港人民币离岸中心最重要的业务之一。2007年,为统筹利用两个市场、两种资源,国务院批准内地金融机构在香港发行人民币债券,国家开发银行、中国进出口银行、中国银行、中国建设银行及交通银行先后成功在香港发行人民币债券。2010年以来，跨境人民币业务政策不断推出，为人民币点心债的发展注入了新动力。从2012年5月开始，境内非金融机构经批准可以赴港发行以人民币计价、期限在1年以上（含1年）、按约定还本付息的债券，至此，境内外金融机构和企业均可在香港发行人民币债券。2014年开始，中国台湾、新加坡、英国、卢森堡等地均加入发行离岸人民币债券行列。截至2016年6月，离岸人民币债券发行数量已达1791只，发行额共计9614亿元。

4. RQFII业务与RQDII业务

RQFII是人民币合格境外机构投资者（RMB Qualified Foreign Institutional Investors）的简称。2011年8月，时任国务院常务副总理李克强在香港举办的国家"十二五"规划与两地经贸金融合作发展论坛上宣布，允许香港人民币境外合格投资者投资境内证券市场。2011年12月，RQFII试点工作正式启动，对于推动我国资本市场对外开放、推进人民币跨境使用以及支持香港离岸人民币业务中心建设提供了有力支持。随着人民币国际化的深入推进，RQFII管理不断简化，RQFII试点逐步扩展到英国、新加坡、法国、韩国、德国、卡塔尔等国家。2016年6月，在中美第八轮战略与经济对话会期间，中国人民银行宣布给予美国2500亿元人民币RQFII额度，仅次于中国香港。截至2017年8月末，RQFII试点已扩展至18个国家和地区，批准总额度达到1.74万亿元，如表3-2所示。

表3-2 截至2017年8月末RQFII试点分布情况

序号	国家或地区	总额度（亿元）	宣布时间
1	中国香港	200	2011年8月
		500	2012年4月
		2000	2012年11月
		2300	2017年7月
2	英国	800	2013年10月
3	新加坡	1000	2013年10月
4	法国	800	2014年3月

第三章 人民币国际化的历程、现实背景和前景

续表

序号	国家或地区	总额度（亿元）	宣布时间
5	韩国	1200	2014 年 7 月
6	德国	800	2014 年 7 月
7	卡塔尔	300	2014 年 11 月
8	加拿大	500	2014 年 11 月
9	澳大利亚	500	2014 年 11 月
10	瑞士	500	2015 年 1 月
11	卢森堡	500	2015 年 4 月
12	智利	500	2015 年 5 月
13	匈牙利	500	2015 年 6 月
14	马来西亚	500	2015 年 11 月
15	阿联酋	500	2015 年 11 月
16	泰国	500	2015 年 11 月
17	美国	2500	2016 年 6 月
18	爱尔兰	500	2016 年 12 月
合计		17400	

合格境内机构投资者（Qualified Domestic Institutional Investors，QDII）境外证券投资自 2007 年 7 月 5 日起施行，QDII 制度正式建立。QDII 主要包括四类金融机构的对外投资业务：商业银行代客境外理财业务、保险资金境外运用业务、证券经营机构境外证券投资业务和信托公司受托境外理财业务。

2014 年 11 月，中国人民银行推出了人民币合格境内机构投资者（RQDII）制度，允许符合条件的境内机构以人民币投资于境外证券产品。RQDII 是与 QDII 相对应的一种制度安排，为便利相关金融机构开展业务，避免制度转换成本，以实现与 QDII 管理框架较好衔接。同时，突出简政放权和市场化改革要求。在 RQDII 准入资格、产品规模和发行、投资活动等方面，遵守银监会、证监会、保监会关于 QDII 的有关规定。

5. "沪港通""深港通"和"债券通"

2014 年 11 月，"沪港通"正式上线运行。"沪港通"是上海证券交易所

和香港证券交易所之间的互联互通机制,两地投资者通过当地证券公司(或经纪商)买卖规定范围内的对方交易所上市的股票。"沪港通"包括"沪股通"和"港股通"两部分,投资者均采用人民币买卖对方市场股票。"沪港通"是内地和香港股票市场双向开放、增强合作的重要举措,为内地和香港投资者开辟了新的投资通道。试点启动以来,市场运行平稳有序,投资者反映正面积极,为我国资本市场进一步双向开放积累了成功经验。在此基础上,2016年《政府工作报告》中明确提出适时启动"深港通",在记者招待会上进一步指出争取年内推出"深港通"。经过内地和香港有关部门的认真准备,2016年12月5日,"深港通"正式启动。深圳证券交易所和香港证券交易所实现了互联互通。"债券通"是一种境内外投资者通过香港与内地债券市场基础设施机构连接,买卖两个市场交易流通债券的机制安排。"债券通"包括"北向通"及"南向通",初期先开通"北向通"。经过内地和香港有关部门的通力合作,2017年7月3日,"债券通"顺利上线运行,"北向通"正式启动。

6. 基金互认

基金互认是指两个市场相互允许对方市场注册并受对方监管的基金在己方市场公开销售的行为。2015年5月,中国证监会发布香港互认基金管理相关规定,标志着内地与香港正式建立起基金互认安排。5月22日,中国证监会与香港证监会就内地与香港两地基金互认安排正式签署监管合作备忘录。为支持内地与香港公开募集证券投资基金互认工作,中国人民银行、国家外汇管理局发布了管理操作指引。

(五)外汇市场对外开放:与国际接轨

为推动我国外汇市场对外开放,2015年9月,中国人民银行允许境外央行(货币当局)和其他官方储备管理机构、国际金融组织、主权财富基金参与我国银行间外汇市场交易,交易方式包括询价和撮合,交易品种涵盖包括即期、远期、掉期和期权在内的各品种外汇交易,并且无额度限制。2015年12月,中国人民银行和国家外汇管理局发布公告,延长外汇交易时间并进一步引入合格境外主体。外汇市场运行时间由北京时间9:30~16:30调整至北京时间9:30~23:30,外币对和外币拆借交易系统运行时间由北京时间7:00~19:00调整至北京时间7:00~23:30。2016年5月20日,首批人民币购售业务境外参加行在中国外汇交易中心完成备案,正式进入中国银行间外汇市场。人民币购售业务规模较大、有国际影响力和地域代表性的境外参加行,由外汇交易中心按照市场自愿原则,依法具体实施市场准入,参与全部挂牌的交易品种的交易。

(六)业务办理流程的两次简化:提高贸易投资便利化水平

在总结前期业务开展经验的基础上,2013年7月,中国人民银行简化了经常项目下跨境人民币业务办理流程,切实提高了业务办理效率。为支持外贸稳定增长、促进进出口结构调整,2014年6月,中国人民银行进一步简化了经常项目下和直接投资项下人民币跨境结算业务办理流程,在全国范围内开展个人跨境货物贸易、服务贸易人民币结算业务,支持银行与非银行支付机构合作开展跨境人民币业务,如图3-1所示。

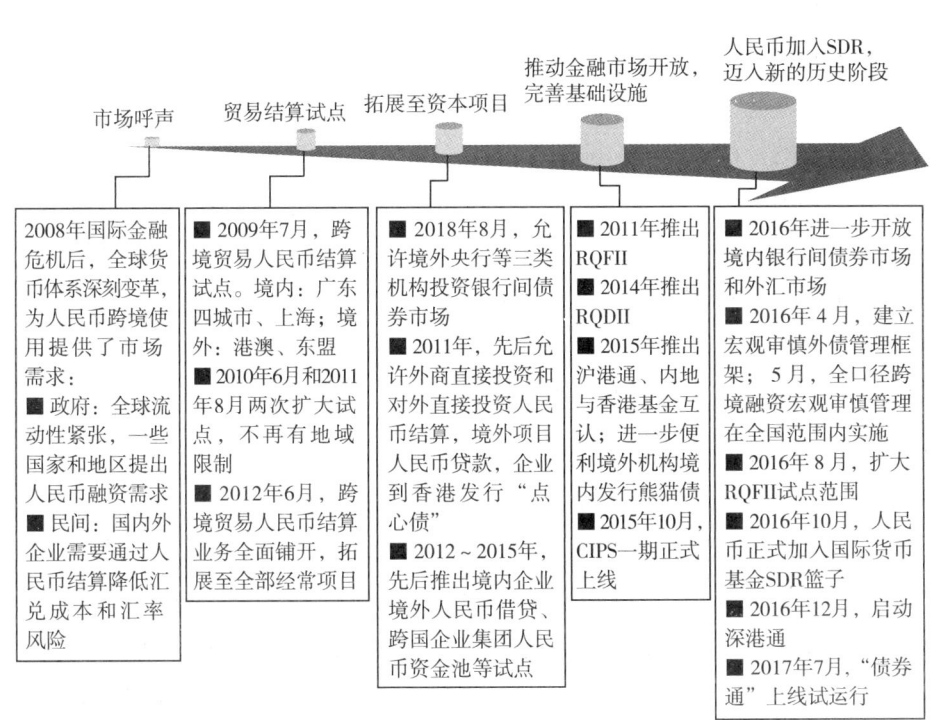

图3-1 人民币国际化推进总体过程

(七) 上海自贸区改革创新：探索可复制做法

2013年9月，党中央、国务院决定启动中国（上海）自由贸易试验区建设，其主要任务是"紧紧围绕面向世界、服务全国的战略要求和上海'四个中心'建设的战略任务，按照先行先试、风险可控、分步推进、逐步完善的方式，把扩大开放与体制改革相结合、把培育功能与政策创新相结合，形成与国际投资、贸易通行规则相衔接的基本制度框架"。

上海自贸试验区总体方案明确提出了要"加快政府职能转变、积极探索管理模式创新、促进贸易和投资便利化"。《中国人民银行关于金融支持中国（上海）自由贸易试验区建设的意见》就是中国人民银行从推动金融改革开放创新更好地服务实体经济角度出发而出台的举措。其中"创新有利于风险管理的账户体系""探索投融资汇兑便利"和"扩大人民币跨境使用"等都为在上海自贸试验区推进跨境金融服务领域管理体制机制改革和人民币国际化进程搭建了政策框架。

在具体落实中，自贸试验区内的跨境金融服务秉持了对标国际高阶贸易投资规则的原则，在"准入前国民待遇"方面，境外机构和主体开立的自由贸易账户与境内机构和主体开立的自由贸易账户接受完全均等的服务；在"公平竞争"方面，试验区内的所有资本背景的企业均按相同的政策框架接受跨境金融服务，如境外融资，不再因企业的资本背景不同而接受不同的金融服务；在"资金自由转移"方面，开立了自由贸易账户的主体均按账户内本外币资金同一规则下的可兑换接受服务；在"业绩要求禁止"方面，自贸试验区内的各项金融服务均未对企业的经营业绩提出要求或挂钩企业的经营业绩，只要求金融机构按国际通行的"了解你的客户、了解你的业务、尽职调查"，履行"反洗钱、反恐怖融资和反逃税"义务后提供。如自贸试验区内的跨境人民币双向资金池服务以及境外融资服务，均全面落实了上述高阶贸易投资规则。尤其是跨境人民币双向资金池服务被境内外企业点赞为"六星级"改革举措，解决了跨国企业集团内现金流管理中的瓶颈问题。全口径境外融资管理改革也切实为实体经济创造了与国际借贷惯例相吻合，对所有企业一视同仁且公平透明的管理规则，落实了试验区企业充分利用境内外两种资源、两个市场，实现跨境融资自由化的金融制度创新任务。目前，上海自贸试验区内的相关金融改革开放创新举措均已在一定程度上复制推广到全国。

与此同时,在跨境金融服务领域,上海自贸区正在探索建立以"金融审慎例外"①为负面清单的金融开放运行风险管理新模式。在此模式下,上海自贸区框架内金融服务实体经济层面的限制将被取消,金融服务业将实现对外对内开放,"金融审慎例外"将作为金融开放运行后风险管理的主要手段加以运用。上述各项金融改革创新措施将进一步扩大自贸区人民币跨境使用,拓宽人民币使用渠道,助推人民币国际化进程。

(八) 双边货币合作:深化拓展

1. 双边本币互换

2008年国际金融危机爆发及其后国际经济金融形势的发展变化,客观上为我国对外本币互换合作打开了时间窗口。2008年12月,中韩两国中央银行签署框架协议,决定开展货币互换合作。这不仅是危机以来我国与他国第一次决定开展双边本币合作,也是人民币首次以官方姿态迈出国门,具有重要意义和深远影响。2009年4月,两国中央银行正式签署了规模为1800亿元人民币/38万亿韩元的双边本币互换协议。

此后,我国与境外国家和地区的货币合作蓬勃发展。截至2017年9月,我国已先后与36家境外央行(或货币当局)签署了总额超过3.3万亿元的双边本币互换协议,如表3-3所示。

表3-3 中国人民银行和其他中央银行或货币当局双边本币互换一览
(截至2017年9月)

序号	国家和地区	协议签署时间	互换规模
1	韩国	2009年4月20日	1800亿元人民币/38万亿韩元
		2011年10月26日(续签)	3600亿元人民币/64万亿韩元(续签)
		2014年10月11日(续签)	3600亿元人民币/64万亿韩元(续签)

---

① "金融审慎例外"是指金融开放的负面清单措施,包括两个方面:一是金融开放后东道国可以出于审慎考虑而采取或维持有关金融服务的措施,包括保护投资者、储户、保险单持有人或者以金融服务提供者为受托人的信托委托人利益的措施,或者是确保金融体系完整和稳定的措施。二是金融开放后东道国中央银行或货币当局为追求货币政策及相关信贷政策、汇率政策目标而普遍运用的非歧视性的措施。

续表

序号	国家和地区	协议签署时间	互换规模
2	中国香港	2009年1月20日	2000亿元人民币/2270亿港元
		2011年11月22日（续签）	4000亿元人民币/4900亿港元（续签）
		2014年11月22日（续签）	4000亿元人民币/5050亿港元（续签）
3	马来西亚	2009年2月8日	800亿元人民币/400亿马来西亚林吉特
		2012年2月8日（续签）	1800亿元人民币/900亿马来西亚林吉特（续签）
		2015年4月17日（续签）	1800亿元人民币/900亿马来西亚林吉特（续签）
4	白俄罗斯	2009年3月11日	200亿人民币/8万亿白俄罗斯卢布
		2015年5月10日（续签）	70亿人民币/16万亿白俄罗斯卢布
5	阿根廷	2009年4月2日	700亿元人民币/380亿阿根廷比索
		2014年7月18日（续签）	700亿元人民币/900亿阿根廷比索
		2017年7月18日（续签）	700亿元人民币/1750亿阿根廷比索
6	新加坡	2010年7月23日	1500亿元人民币/300亿新加坡元
		2013年3月7日（续签）	3000亿元人民币/600亿新加坡元
		2016年3月7日（续签）	3000亿元人民币/640亿新加坡元
7	新西兰	2011年4月18日	250亿元人民币/50亿新西兰元
		2014年4月25日（续签）	250亿元人民币/50亿新西兰元
		2017年5月19日（续签）	250亿元人民币/50亿新西兰元
8	蒙古	2011年5月6日	50亿元人民币/1万亿蒙古图格里克
		2012年3月20日（扩大规模）	100亿元人民币/2万亿蒙古图格里克
		2014年8月21日（续签）	150亿元人民币/4.5万亿蒙古图格里克
		2017年7月6日（续签）	150亿元人民币/5.4万亿蒙古图格里克
9	哈萨克斯坦	2011年6月13日	70亿元人民币/1500亿哈萨克斯坦坚戈
		2014年12月14日（续签）	70亿元人民币/2000亿哈萨克斯坦坚戈
10	泰国	2011年12月22日	700亿人民币/3200亿泰铢
		2014年12月22日（续签）	700亿人民币/3700亿泰铢
11	巴基斯坦	2011年12月23日	100亿元人民币/1400亿巴基斯坦卢比
		2014年12月23日（续签）	100亿元人民币/1650亿巴基斯坦卢比
12	阿联酋	2012年1月17日	350亿元人民币/200亿阿联酋迪拉姆
		2015年12月14日（续签）	350亿元人民币/200亿阿联酋迪拉姆
13	土耳其	2012年2月21日	100亿人民币/30亿土耳其里拉
		2015年9月26日（续签）	120亿元人民币/50亿土耳其里拉

续表

序号	国家和地区	协议签署时间	互换规模
14	澳大利亚	2012年3月22日	2000亿元人民币/300亿澳大利亚元
		2015年3月30日（续签）	200亿元人民币/400亿澳大利亚元
15	乌克兰	2012年6月26日	150亿元人民币/190亿乌克兰格里夫纳
		2015年5月15日（续签）	150亿元人民币/540亿乌克兰格里夫纳
16	英国	2013年6月22日	2000亿元人民币/200亿英镑
		2015年10月20日（续签）	3500亿元人民币/350亿英镑
17	匈牙利	2013年9月9日	100亿元人民币/3750亿匈牙利福林
		2016年9月12日（续签）	100亿元人民币/4160亿匈牙利福林
18	欧央行	2013年10月8日	3500亿元人民币/450亿欧元
		2016年9月27日（续签）	3500亿元人民币/450亿欧元
19	瑞士	2014年7月21日	1500亿元人民币/210亿瑞士法郎
		2017年7月21日（续签）	1500亿元人民币/210亿瑞士法郎
20	斯里兰卡	2014年9月16日	100亿元人民币/250亿斯里兰卡卢比
21	俄罗斯	2014年10月13日	1500亿元人民币/8150亿卢布
22	卡塔尔	2014年1月3日	350亿元人民币/208亿里亚尔
23	加拿大	2014年1月8日	2000亿元人民币/300亿加元
24	苏里南	2015年3月18日	10亿元人民币/5.2亿苏里南元
25	亚美尼亚	2015年3月25日	10亿元人民币/70亿德拉姆
26	南非	2015年4月10日	300亿元人民币/540亿南非兰特
27	智利	2015年5月25日	220亿元人民币/22000亿智利比索
28	塔吉克斯坦	2015年9月3日	30亿元人民币/30亿索莫尼
29	摩洛哥	2016年5月11日	100亿元人民币/150亿迪拉姆
30	塞尔维亚	2016年6月17日	15亿元人民币/270亿塞尔维亚第纳尔
31	冰岛	2010年6月9日	35亿元人民币/660亿冰岛克朗
		2013年9月11日（续签）	35亿元人民币/660亿冰岛克朗
		2016年12月21日（续签）	35亿元人民币/60亿冰岛克朗
32	埃及	2016年12月6日	180亿元人民币/470亿埃及镑
	有效协议金额合计		30510亿元人民币
1	乌兹别克斯坦	2011年4月19日	7亿元人民币/1670亿乌兹别克苏姆
2	巴西	2013年3月26日	1900亿元人民币/600亿巴西雷亚尔
3	阿尔巴尼亚	2013年9月12日	20亿元人民币/358亿阿尔巴尼亚列克

续表

序号	国家和地区	协议签署时间	互换规模
4	印度尼西亚	2009年3月23日	1000亿元人民币/175万亿印尼卢比
		2013年10月1日（续签）	1000亿元人民币/175万亿印尼卢比
失效协议金额合计			2927亿元人民币

关于为什么要积极推进货币互换的问题，时任中国人民银行行长周小川曾在2010年5月中国人民银行高级研修班上指出："从2008年末到2009年夏天之前，我国在较短时间内签订了近1000亿美元的货币互换协议。之所以各方对此比较积极，是因为各方看到了货币互换在应对金融危机时是能够起到积极作用的。但也有问题，就是如果中国用美元与其他国家进行货币互换，就等于用外汇储备支援其他国家，这在国内就不太好解释。这与美国的情况截然不同。美国率先与墨西哥、瑞士、新加坡、韩国等签订了货币互换协议，其前提是这四个国家在危机中缺乏美元流动性，迫切需要美元，而美国用来实施货币互换的美元是可以印出来的，在某种程度上说可以源源不断地提供。但在我国，我们所持有的美元是出口商品和劳务换回来的，如果把挣到的美元拿出来与其他国家互换，在情理上就有点说不过去。何况我国受金融危机的冲击并不小，对外部环境的变化也没有把握，在这种情况下，直接用美元与其他国家进行货币互换不利于增强自身应对危机的实力。因此，中国提出用本币进行互换。目前人民币虽然还没有实现资本项目可自由兑换，但用人民币互换意味着对方国家可以用互换得到的人民币购买中国的商品，从而替代美元支出并缓解美元的流动性紧缺。此外，如果与当前正在推进的跨境贸易人民币结算试点结合起来看，用人民币进行货币互换的意义就更广泛些。总之可以看出，这也与储备货币的议题紧密相关。"

2. 双边本币结算协定

（1）双边本币结算协定签署情况。自20世纪90年代起，我国与周边国家开始签署双边贸易本币结算协定，允许在边境贸易或一般贸易中使用双方本币或人民币进行结算。我国和其他国家签署的本币结算协定主要分为两类：第一，边境贸易本币结算协定，允许在边境地区的双边贸易中使用双方本币或人民币进行结算;第二,一般贸易(和投资)本币结算协定,允许一般贸易(和投资)中使用双方本币或人民币进行结算。2009 年之前,我国和其他国家签署的本币结算协定均是边境贸易结算协定。2010 年以来,随着双边经贸往来的进一步深化,以及本币结算工作的开展,我国顺应市场主体的现实需求,在总结经验的基础上,开始和其他国家签署一般贸易(和投资)本币结算协定。截至 2017 年 10 月,我国共与 9 个国家签署了边境贸易或一般贸易(和投资)本币结算协定,其中,边境贸易本币结算协定包括越南、蒙古、老挝、吉尔吉斯斯坦、朝鲜五个国家,一般贸易(和投资)本币结算协定包括俄罗斯、尼泊尔、哈萨克斯坦、白俄罗斯四个国家,如表 3-4 所示。

表 3-4 中国人民银行和其他中央银行或货币当局双边本币结算协定一览

序号	国别	签署日期	结算货币	性质
1	越南	1993 年 5 月 26 日(签署)	双方货币	边境贸易
		2003 年 10 月 16 日(修订)		
2	老挝	2002 年 2 月 4 日	双方货币	边境贸易
3	吉尔吉斯斯坦	2003 年 12 月 18 日	双方货币	边境贸易
4	蒙古	2004 年 7 月 5 日	双方货币	边境贸易
5	朝鲜	2004 年 10 月 26 日	人民币	边境贸易
6	尼泊尔	2002 年 6 月 17 日	人民币	边境贸易
		2014 年 12 月 22 日(补充协议)		一般贸易
7	俄罗斯	2002 年 8 月 22 日	双方货币	边境贸易
		2011 年 6 月 23 日		一般贸易
8	白俄罗斯	2010 年 3 月 24 日	双方货币	一般贸易
9	哈萨克斯坦	2005 年 12 月 14 日	双方货币	边境贸易
		2014 年 12 月 14 日		一般贸易和投资

(2)双边本币结算协定的作用。签署双边本币结算协定,推动本币结算,具有多方面积极作用:第一,帮助微观主体降低汇兑成本,规避汇率风险,便利我国与有关国家贸易和投资;第二,规范结算行为和外汇市场秩序,抑制外汇黑市和地下钱庄的市场需求和生存空间,维护区域金融稳定;第三,带动边

境地区经济发展，深化我国与相关国家经济金融合作，促进人民币国际化。

(九) 人民币加入 SDR：国际化的重要里程碑

2015 年 11 月，国际货币基金组织决定将人民币纳入特别提款权（SDR）货币篮子。2016 年 10 月 1 日，人民币正式加入国际货币基金组织特别提款权（SDR）货币篮子，权重为 10.92%，在篮子货币中排名第三。

第二节　人民币国际化的现实背景

一、国际国内的现实需要

(一) 应对 2008 年国际金融危机及国际货币合作的需求

1. 应对全球流动性短缺的需求

金融危机往往伴随着前期的高杠杆和过度的信贷投放，以及由此导致的资产价格泡沫和金融市场泡沫。危机爆发一定意义上是对前期过于乐观行为的纠偏，表现为短期内泡沫破灭、快速降杠杆和信贷资产质量的急剧下降。在此过程中，伴随着金融机构惜贷行为的加剧，金融市场"现金为王"氛围愈加严重，全球流动性陷入正反馈的自我强化型短缺，而单一主权货币主导的国际货币体系则放大了这种短缺，突出表现为危机期间，投资者哄抢美元资产，全球美元回流美国，美元利率不降反升。以此次国际金融危机为例，虽然美联储实行了三轮量化宽松政策，但危机期间，全球美元流动性仍极其短缺，即使美联储及时与多国中央银行开展货币互换提供美元流动性，也未能缓解这一局面。这种反常情形凸显了全球货币体系多元化的需求，而人民币作为世界第二大经济体的货币被寄予了更多的期望。如本轮金融危机之初，韩国资本外流问题比较突出，希望和中国进行货币互换以增强流动性和信心。中国作为 G20 的重要成员，有义务落实 G20 共同携手抵御危机的共识，对周边国家提供一定支持，加快与其他国家或地区中央银行或货币管理当局签署双边本币互换协议的步伐,从 2008 年末到 2009 年夏天之前,中国人民银行在较短时间内签订了超过 6000 亿元的货币互换协议。

2. 深入开展国际货币合作的需求

中央银行间货币互换是现代中央银行管理流动性和稳定币值的手段之一,在突发事件或金融危机对金融市场造成显著影响,可能导致汇率大幅波动和市场流动性紧张的情况下常被使用,目前已经成为各国间货币合作的主要形式。早在布雷顿森林体系时期,为了阻止黄金储备的流失,美联储便在 1962 年同法国中央银行签订首个双边货币互换协议,至 1967 年已与 14 家中央银行和国际清算银行签订货币互换协议。

2008 年国际金融危机爆发后,全球经济受到冲击,各国金融市场均出现一定程度的流动性不足,在国际市场流动性整体趋紧的情况下,中央银行间货币互换成了各国暂时解决流动性不足的重要手段,全球货币互换迅速发展,并且逐步成为各国中央银行间日常合作的方式。如美联储在金融危机后便先后与欧盟、瑞士、日本、英国、加拿大、澳大利亚、瑞典、挪威、丹麦、新西兰、巴西、墨西哥、韩国和新加坡等国家和地区的中央银行或货币当局签订了货币互换协议,并多次展期。东亚地区内的部分国家也开始超越区域金融合作框架,转而采取由各自中央银行签署双边协议、以本币换本币的形式相互提供流动性。

3. 人民币参与国际合作的需求

1997 年东南亚金融危机让亚洲各国深刻认识到维护区域金融稳定的重要性,2000 年东盟十国与中国、日本和韩国在泰国清迈财政部长会议上通过了《建立双边货币互换机制》的倡议(以下简称"清迈倡议"),号召东盟各国与中日韩三国在自愿的基础上,根据共同达成的基本原则建立双边货币互换协议;2003 年温家宝提出"清迈倡议"多边化(CMIM),2007 年"10+3"财长会上各方一致同意通过建立自我管理的外汇储备库来实现"清迈倡议"多边化。在"清迈倡议"的货币互换机制下我国开始了第一次货币互换,2001 年,中国人民银行与泰国中央银行签署了金额为 20 亿美元的货币互换协议,随后又分别同日本、韩国、印度尼西亚、马来西亚、菲律宾等国中央银行签署了总金额为 145 亿美元的货币互换协议。

(二) 国际货币体系多元化的内在要求

1. 当前国际货币体系的内在缺陷和系统性风险

2008年国际金融危机的爆发与蔓延使各国再次面对一个长期以来悬而未决的问题，即什么样的国际货币体系才能保持全球金融稳定、促进世界经济发展。历史上的银本位、金本位、金汇兑本位、布雷顿森林体系都是解决该问题的不同制度安排，但此次金融危机表明，这一问题远未解决，反而由于现行国际货币体系的内在缺陷而愈演愈烈。理论上讲，国际储备货币的币值，首先，应有一个稳定的基准和明确的发行规则以保证供给的有序；其次，其供给总量还可及时、灵活地根据需求的变化进行增减调节；最后，这种调节必须超脱于任何一国的经济状况和利益。当前以主权信用货币作为主要国际储备货币是历史上少有的特例。此次危机再次警示我们，必须创造性地改革和完善现行国际货币体系推动国际储备货币向着币值稳定、供应有序、总量可调的方向完善，才能从根本上维护全球经济金融稳定。

2. 超主权储备货币的构想

2008年国际金融危机爆发以来，美国、欧洲、日本等主要发达经济体先后推出多轮量化宽松政策，其主权货币作为世界货币的公信力大大降低，现有国际货币体系被广为诟病。因此，超主权货币、恢复黄金货币属性等构想被提出。

2009年，时任中国人民银行行长周小川在G20伦敦峰会上提出，创造一种与主权国家脱钩并能保持币值长期稳定的国际储备货币，从而避免主权信用货币作为储备货币的内在缺陷，是国际货币体系改革的理想目标。超主权储备货币不仅克服了主权信用货币的内在风险，也为调节全球流动性提供了可能。由一个全球性机构管理的国际储备货币将使全球流动性的创造和调控成为可能，当一国主权货币不再作为全球贸易的尺度和参照基准时，该国汇率政策对失衡的调节效果会大大增强。这些能极大地降低未来危机发生的风险、增强危机处理的能力。

2010年11月，时任世界银行行长佐利克在《金融时报》发表文章表示，针对全球货币体系的无序化加剧以及各国汇率战的升级，应考虑实行经过改良的全球金本位制，为汇率变动提供指引，以建立一个"可能需要包括美元、欧元、日元、英镑,以及走向国际化、继而开放资本账户的人民币"的新的国际货币体系,"考虑把黄金作为通胀、通缩和未来货币价值之市场预期的全球参考点"。

(三) 国内国际微观主体的市场需求

推动人民币国际化并非政策上的主观愿望,而是顺应国内外微观主体的需求,尊重市场选择,对过去不合理状况的一种纠正。长期以来,我国的政策是把人民币同美元、欧元、日元等硬通货区别开来,存在着变相"歧视"人民币的政策。从相关贸易投资协定到各种文件,从宏观政策到公司内部经营规章,实际上是把美元、欧元、日元等视为可用于国际贸易与投资的硬通货,而把人民币的使用范围仅限于国内交易,实际上把人民币"歧视"为比较次等的货币。这种歧视性政策限制了微观主体的需求。

1. 企业规避汇率波动风险的需求

危机以后,市场对美元的信心受到较大冲击,各国尤其是新兴市场货币出现较大贬值压力,中国主动维持人民币汇率基本稳定。企业在贸易和投资领域使用人民币,可以减少对美元的依赖,有助于规避其他货币波动带来的各种影响,规避对贸易、投资活动造成的不必要的汇率风险。正是企业规避风险、降低成本的迫切需要激发出了使用人民币进行跨境贸易投资结算的强烈需求。2009年7月,跨境贸易人民币结算试点正式启动,后来又逐渐扩展到投融资领域,为贸易和投资提供了便利,支持了实体经济部门应对危机。

2. 全球投资者基于分散投资原则对中国金融市场进行投资的需求

随着我国经济的快速增长、国内金融市场化机制的不断完善、对外开放的持续推进以及人民币资本项目可兑换程度的不断提高,全球投资者基于分散投资原则对中国金融市场进行投资的需求不断增长。为顺应这一需求,2002年底中国启动合格境外机构投资者(QFII)制度,允许合格的境外机构投资者进入我国证券市场。2011年中国又启动人民币合格境外机构投资者(RQFII)制度,允许合格的境外机构投资者使用境外筹集的人民币资金进入我国证券市场。

二、人民币周边使用已有基础

(一) 边境贸易本币结算起步较早

20世纪50年代初,我国先后与苏联、越南、朝鲜、印度等周边国家签署了有关边境贸易协定,边境贸易逐步发展,但仅持续10多年便因国内、国际政治因素的影响而中断,货币跨境流通、结算被严格管制。

改革开放后,我国逐步恢复与周边国家和地区的贸易往来,边境贸易快速增长。1982年、1985年分别恢复与苏联、蒙古的边境贸易。据统计,1982~1987年我国边境贸易累计达1.5亿美元,这一时期主要是以货易货或者用瑞士法郎和美元现汇进行结算。1988年4月,我国开始支持黑龙江省对苏联的边境贸易和经济合作,我国的边境贸易发展再次提速。1992年,我国进一步积极发展与独联体各国经贸关系,对与周边国家开展的包括边境贸易在内的货物贸易给予特殊的优惠政策,并原则上放开除了粮食、钨砂、原油以及成品油外所有商品的进出口。随着国家对边境贸易的大力支持和鼓励,我国与周边国家的边境贸易急速增长,结算方式也逐渐多元化,人民币开始少量用于贸易结算。1996年,我国与越南开始鼓励双方边境地区商品和服务贸易使用本币结算,人民币开始通过边境贸易方式向毗邻国家或地区流动和跨境使用。

随着我国和周边国家或地区经贸往来的迅速发展,人民币逐渐被作为主要货币大量用于边境贸易结算,从最初的自发行为扩展到国家有意推动,人民币在边境贸易中的流动范围和使用规模不断扩大,推动人民币成为区域性货币。

(二) 港澳人民币使用有序发展

随着内地与香港、澳门间的经贸联系日益紧密,港澳地区对于人民币的使用需求逐渐增加。为便利两地居民互访和旅游消费、建立人民币有序回流的渠道,经国务院批准,中国人民银行自2003年开始为港澳人民币业务提供清算安排,促进了港澳人民币业务的快速发展。

经过多年的发展,香港、澳门人民币业务取得了明显成效。①参加行和清算行成功地成为中国人民银行跨行支付系统的参与者,实现了支付系统连通香港和澳门,建立了香港、澳门人民币资金回流渠道,实现了港澳人民币资金的有序回流。②建立了人民币现钞的跨境调运机制,设立了中国人民银行深圳市中心支行人民币发行基金中银香港代保管库,使之成为香港、澳门与内地资金清算渠道的重要组成部分。③三地金融管理当局逐步建立并不断完善对香港、澳门人民币业务的合作监管机制,确保资金清算渠道安全畅通。④便利内地居民与香港、澳门居民的互访和旅游消费,促进三地经济金融的共同发展。香港、澳门各项人民币业务的推出,进一步方便了三地居民的消费支付。从银行卡业务、汇款业务的快速发展来看,香港、澳门人民币业务对于促进三地居民往来、进一步加强三地的紧密联系、推进《内地与香港关于建立更紧密经贸关系的安排》等的落实具有重要作用。

随着各项业务稳步有序发展以及资金清算渠道的不断通畅,香港居民对人民币的信心逐步增强。香港人民币存款余额由2004年末的121亿元增加至2016年末的5467亿元。

(三) 人民币区域化为人民币国际化打下基础

改革开放后,我国重新参与全球贸易市场,放开与各国的贸易往来,其中,与周边国家的边境贸易尤其发展迅速。在贸易不断深化的进程中,具有强大经济实力支持、币值较为稳定的人民币逐渐被各国接受。从20世纪90年代开始,中国与有关邻国便开始在边境贸易中使用人民币进行结算。随着边境贸易的不断发展和贸易范围的不断扩大,人民币在贸易中所占份额越来越大,并逐渐成为部分区域的主要结算货币。同时,一些国家和地区将人民币结算从边境贸易扩大到一般贸易并扩大地域范围,甚至可以全境使用。如在越南边境地区人民币受到当地居民广泛欢迎,泰国中央银行鼓励国内商业银行提供人民币服务,在蒙古,人民币已经和美元一道成为最主要的结算货币,人民币在现金流通中占了相当大的比例。

随着我国综合国力的不断增强及与各国经贸联系的日益紧密,人民币在周边国家的自由流通度大幅提升,各国对其接受度提高,一些当地居民甚至将人民币作为"第二美元"对待,持有人民币的意愿增强,除了作为交易媒介,也作为储藏手段。如在老挝、柬埔寨、蒙古和缅甸北部,币值相对稳定的人民币日益替代疲弱的当地货币,成为主要贸易货币。同时,我国也通过与周边国家中央银行签订货币互换协议进一步推广人民币的区域化使用和储藏。目前，我国已与蒙古、泰国、俄罗斯、吉尔吉斯斯坦、哈萨克斯坦、新加坡、韩国等周边国家签署了双边本币互换协议，马来西亚、柬埔寨、菲律宾、韩国等国已将人民币纳为外汇储备。

此外，随着我国对外贸易规模的进一步扩大及居民出境旅游的大量增加，人民币的区域接受度不断提高。居民的热点出游目的地，如新加坡、韩国、泰国和马来西亚等国家已经出现大量人民币兑换该国货币的网点；在香港和澳门地区，人民币的兑换和使用已经相当普遍。目前，中国人民银行已经向新加坡、泰国、马来西亚等国以及我国香港、澳门地区的银行提供人民币清算安排，与越南、蒙古、俄罗斯等国家签订了边境贸易结算协议，这为人民币在区域内的可接受性提供了保障。2010年中国—东盟贸易区的启动进一步加强了中国与东亚、东南亚的贸易联系，人民币相应地也进一步被周边国家接受，逐渐成为一种具有一定重要性的区域性货币。

三、人民币国际化的国内基础

（一）经济持续健康发展和金融稳步开放

经过40余年的改革开放，我国国内生产总值（GDP）总量已达世界第二，逐渐形成政治、经济、外交、军事等领域合力，推动我国国际地位和影响力不断提升。金融业双向开放，特别是金融机构"走出去"应以实体经济发展为背景，近年来对外经贸和投资迅猛增长，为金融开放提供了有力的支撑。2016年，我国货物出口总额达到24.33万亿元，占世界贸易总额的比重保持在11%以上；中国企业对外直接投资1832亿美元，连续第二年位列世界第二，其中非金融类对外直接投资额达到1700亿美元，已经从资本净输入国转变为净输出国。截至2016年底，我国244万家境内投资者在国（境）外共设立对外直接投资企业372万家，分布在世界190个国家和地区，中国对外直接投资累计净额（存量）达135739亿美元，全球占比5.2%，位居第六。对外经贸往来和企业投资为金融机构带来了大量客户和市场需求，是金融机构"走出去"的直接动力。

（二）金融市场体系基本建立

包括外汇市场、货币市场、证券市场、期货市场、黄金市场等在内的金融市场体系已基本建立，产品种类不断丰富，参与主体趋于多元化，已积累一定对外开放经验。国内金融机构改革取得一定的阶段性成果，公司治理结构逐步完善，金融机构逐步发展壮大，同业竞争能力和风险抵御能力不断提高。从金融市场基础设施建设情况看，境内支付系统、账户管理系统、证券托管交易系统等基础设施高效稳健运行，征信体系建立，法律法规体系不断完善。

（三）价格形成机制不断完善

1. 利率基本实现市场化

从1996年起，我国便开始以渐进的方式推进利率市场化改革，先放开货币市场利率和债券市场利率，再放开金融机构贷款利率，最后放开金融机构存款利率。建立与现代金融市场发展相适应的利率形成机制和利率调控机制，逐步实现了让市场在人民币利率形成和变动中发挥决定性作用。随着中国人民银行2015年10月24日宣布对商业银行和农村合作金融机构等不再设置存款利率浮动上限，存贷款利率管制基本放开，基本实现了利率市场化，我国利率市场化改革取得重要进展。

2. 汇率市场化形成机制逐步完善

1994年我国对汇率制度开始实施重大改革，实行以市场供求为基础的、单一的、有管理的浮动汇率制度。2005年再次完善人民币汇率形成机制，实行以市场供求为基础、参考一篮子货币进行调节、有管理的浮动汇率制度，以人民币汇率中间价作为基准汇率，有效地起到了引导市场预期、稳定市场汇率的作用。随后，我国又多次小幅调整扩大汇率波动幅度，逐步增强汇率弹性，并于2015年进一步完善人民币汇率中间价报价机制，提高中间价形成的市场化程度，扩大市场汇率的实际运行空间，更好地发挥汇率对外汇供求的调节作用。通过对人民币汇率形成机制进行的多次市场化改革，人民币实际汇率与均衡水平更加接近，汇率弹性不断增强，中间价定价机制更加市场化。此外，随着人民币汇率形成机制改革的逐步推进，中国经济内外失衡得到明显缓解，人民币国际化进程持续推进，外汇市场不断发展，不同微观经济主体的风险意识也在逐步增强。

(四) 人民币资本项目可兑换程度稳步提高

亚洲金融危机冲击平息之后，我国对资本项目管制逐步放松，如2000年开始大力鼓励企业"走出去"，允许有条件的企业用自有外汇或购汇进行境外直接投资，2002年底启动QFII制度，2006年开始逐步取消对境外投资的购汇额度限制，2007年推出QDII制度，近年来又逐步放开对RQFII、RQFII交易范围的限制，逐步放开境外投资者参与我国银行间债券市场限制。2015年以来，内地与香港实现了基金互认，逐步放开银行间外汇市场，开通"沪港通""深港通"，进一步简化资本项目外汇管理，稳步推进人民币资本项目可兑换。截至2016年末，从国际货币基金组织（IMF）资本和金融项目交易分类标准下的40个子项来看，我国达到可兑换和部分可兑换的项目已有37项。

(五) 我国积极参与国际经济金融事务

国际金融危机后，全球经济治理体系和规则面临重大调整，国际监管标准向一致化、标准化方向发展。我国积极参与全球经济治理，深度参与制定和运用国际金融规则，争取国际经济金融话语权，提高了应对国际经济贸易摩擦的能力，保护和扩大了发展权利和利益，并推动全球金融体系改革完善。同时，我国稳妥推进国际监管改革措施和稳健标准的落实和执行，不断提高国内金融稳健性标准，有效推动金融体系发展与完善。2015年12月我国成为IMF第三大份额国，亚洲基础设施投资银行、金砖开发银行等国际金融组织的建立，将进一步提升我国在国际经济金融秩序方面的规则制定权。

第三节 人民币国际化面临的前景

跨境人民币业务是在2008年国际金融危机背景下，顺应市场需求起步的。启动前期，人民币币值稳定、具有升值预期、支付结算便利程度日益提高，一直是吸引境外主体持有人民币、推动人民币国际化的有利因素。2015年以来，随着美联储逐步退出量化宽松、美元加息，人民币单边升值预期出现了变化。从国际环境看，新兴市场仍被看衰，货币持续贬值；欧元区经济疲软，欧元、

第三章 人民币国际化的历程、现实背景和前景

英镑面临较大不确定性；美国经济逐步复苏，国际社会已重拾对美元的信心。从国内环境看，我国正在进行供给侧结构性改革，去产能、去库存、去杠杆、降成本、补短板的任务艰巨，经济增速有所放缓，市场对人民币预期有所分化。在经济周期的影响下人民币国际化呈现出波浪式前进、周期性发展的特征。2017年《政府工作报告》提出"坚持汇率市场化改革方向，保持人民币在全球货币体系中的稳定地位。" 2017年第五次全国金融工作会议指出要稳步推进人民币国际化，稳步实现资本项目可兑换，为下一步人民币国际化发展指明了方向。人民币国际化作为一个中长期战略，需顺应趋势有序扎实推进。

一、人民币国际化面临的新机遇

（一）人民币国际化的新动力：金融业双向开放

一国货币要成为国际货币，必须要在国际金融市场拥有一席之地。2017年第五次全国金融工作会议提出"稳步扩大金融业双向开放，金融开放要坚持自主、有序、平等、安全方针"。从金融开放的内涵看，一方面是对境外市场主体开放金融市场，准许其在国内金融市场从事交易和开展各种金融业务，即金融市场开放和金融机构及业务准入；另一方面是准许国内居民和机构参与国际金融市场上的交易。国际货币基金组织在评估SDR篮子货币时，将"在国际银行负债中的占比""在国际债务证券中的占比"以及"在国际外汇市场交易中的占比"三项指标纳入考核范围。人民币国际化要稳步向前推进，我国金融市场扩大对外开放是不可或缺的重要一环，同时我国的金融机构、企业和个人也要更多"走出去"对外投资，并同时顺应市场需要支持离岸人民币市场发展，增加在境外以人民币计价和交易的金融产品。

1. 从金融规则方面看

我国正在构建经济新常态下进一步开放的体制、机制，以开放促改革、促发展、促创新。通过深入开展国际金融服务规则体系研究，深入理解国际服务贸易协定（TISA）、跨太平洋伙伴关系协定（TPP）、跨大西洋贸易与投资伙伴关系协定（TTIP）、双边投资协定（BIT）等机制中的高水平金融服务新规则，并发起亚太自贸区倡议，推动建立和完善全球和区域贸易和投资合作机

制，为"一带一路"建设实施搭起合作平台。我国也积极参与全球经济治理，推进国际货币体系改革。这有利于在双边、区域和全球多个层次推进全球金融安全网建设，为我国金融业双向开放提供安全保障，构建具有竞争力的金融体系。同时，这也有利于厘清政府与市场的界限，推进简政放权，激发市场活力，释放经济增长潜力，最终有利于推动人民币国际化。

2. 从金融机构方面看

近年来，我国进一步放宽了外资金融机构准入限制，国内金融机构也正在努力完善海外布局。有序推进金融业对外开放，有利于形成公平、有序、良性的金融生态环境，也有利于更多金融机构在国际经贸往来和金融交易中使用人民币。

3. 从金融市场方面看

我国正在有序推动金融市场对外开放。近年来，我国扩大资本市场双向开放，提高股票、债券市场对外开放程度；推出沪港通、深港通、债券通，建立健全合格机构投资者制度；放宽境内机构境外发行债券，以及境外机构境内发行、投资和交易人民币债券限制，统筹解决市场对外开放过程中面临的会计、审计和税收问题；积极稳妥地推进外汇市场、黄金市场等开放。进一步完善支付结算制度。积极稳妥落实《金融市场基础设施原则》，加强和改进我国金融市场基础设施建设。金融市场双向开放程度的稳步提升，将为人民币国际化稳步推进打下坚实基础。

（二）人民币国际职能的深化：充当储备货币的前景

我国强大的经济实力是人民币成为储备货币的坚实后盾。经历40余年的改革开放，我国经济取得了重大的成就，已经成为仅次于美国的第二大经济体、全球第一大进出口贸易国，2013年我国是全球120多个国家和地区的第一大贸易伙伴。我国对世界经济增长的贡献率不断上升，特别是2008年国际金融危机爆发以来，我国对世界经济增长的贡献率已经超过美国、欧盟和日本，成为拉动世界经济增长的最大引擎，2016年我国对世界经济增长贡献率超过30%，2013~2015年对世界经济增长的贡献率平均约为26%。

更加灵活的汇率形成机制是人民币成为储备货币的基础。经过多次汇率体制改革，人民币汇率形成机制不断完善，弹性幅度进一步加大。2005年7月宣布实施以市场供求为基础、参考一篮子货币进行调节、有管理的浮动汇率制度，人民币汇率形成机制更富弹性。2012年4月将银行间即期外汇市场人民币兑美元汇率波动区间由0.5%扩大至1%，2014年3月进一步扩大至2%，人民币汇率弹性不断增强。从2015年8月11日起，我国进一步完善人民币兑美元汇率中间价报价制度，市场在配置资源中的决定性作用更加凸显，人民币汇率形成机制更加灵活。更加灵活和市场化的人民币汇率形成机制，有助于增强各国中央银行将人民币纳入外汇储备的意愿和信心。

加入SDR是人民币成为储备货币的重要推动力。人民币加入SDR，意味着人民币的安全性和可自由使用性得到了国际货币基金组织的认可，人民币的国际地位和声望进一步提升，增强了各国中央银行及投资者对人民币的信心，也加大了世界持有人民币作为储备资产的愿望。

长期来看，由于我国经济仍然保持着稳健快速的增长，在全球化进程中，与各国交往更加密切，人民币的使用也将进一步上升，而且我国有能力也有意愿保持人民币汇率的相对稳定，人民币在国际上的地位还将进一步提升。因此，人民币加入SDR之后，随着境内金融市场的不断开放和国际金融市场上人民币金融产品的不断丰富，各国对人民币的信心会不断提升，持有人民币并将其作为储备货币的意愿将进一步增强。

（三）配合"一带一路"建设推进人民币国际化

2017年第五次全国金融工作会议要求"推进'一带一路'建设金融创新，逐步把'一带一路'金融合作网络建立起来"，对人民币国际化提出更高的要求。"一带一路"建设与人民币国际化是相辅相成的，双方经济互补性强，供求高度匹配，开展国际产能合作可以实现互利共赢。鉴于我国拥有明确的比较优势，在沿线国家迫切需求的基础设施项目建设中，我国可以提供较多的资金、设备技术、管理和劳务，这类项目使用人民币计价结算，有利于控制建设成本、降低汇率风险。除了基础设施的直接投资外，为基础设施项目提供人民币贷款融资，可最大程度减少汇率风险，有利于控制成本。

开展基础设施互联互通是为贸易畅通创造条件、实现"一带一路"倡议的重要举措。我国在国内基础设施建设方面积累了丰富的经验，在这方面的深层次合作可以突破贸易壁垒，构建以投资促进出口的新外贸格局，发挥产业聚集优势，搭建我国企业批量"走出去"的理想平台，同时也可成为人民币国际化的另一个突破口。另外，在"一带一路"沿线国家产业园区的规划和建设中，促进和引导市场主体选择使用人民币，推动人民币跨境资本运用及结算，形成人民币全球使用的交易网络，将会从各个方面形成合力，共同推进人民币的境外使用。

二、人民币国际化面临的新挑战

（一）全球经济再平衡进程中，人民币国际化面临较多不确定因素

（1）全球经济形势趋于复杂。主要发达经济体进一步分化，美国经济温和扩张，就业市场保持强劲势头，但通胀持续低于美联储2%的目标。欧元区经济出现积极信号，通胀水平仍较低迷，政治不确定性也可能对其复苏前景造成影响。日本经济尚未摆脱停滞局面。受大宗商品价格有所回升影响，部分新兴市场经济体形势有所好转，但结构单一、转型升级不及预期、金融市场深度不足等问题可能进一步制约其中长期增长前景。

（2）金融市场频繁震荡。2015年以来，受美联储加息预期、英国脱欧等因素影响，国际金融市场已发生多次巨幅震荡，黄金、美元等避险资产受到青睐，市场对包括人民币在内的新兴市场货币及其相关资产的需求有所下降。

（3）主要经济体货币政策分化。虽然加息进程谨慎而缓慢，但美联储货币政策回归正常化的方向不会轻易改变；日本、瑞典、欧洲中央银行等在加码传统货币政策的同时，还出台了"负利率"等非常规货币政策；俄罗斯、韩国、印度尼西亚、英国等中央银行也纷纷降息。

（4）地缘政治冲突频发，贸易保护主义有所抬头。欧洲难民危机、朝鲜半岛核危机、局部武装冲突等随时可能增添新的不稳定因素，部分国家和地区兴起的民粹主义、贸易保护主义思潮，可能对现有的世界贸易和投资格局造成影响。这些不确定、不稳定因素将对外部需求、国际资本流动产生的影响，进而对人民币汇率和人民币国际化进程可能产生的影响值得关注。

（二）国内经济结构调整和转型升级，人民币国际化受到经济周期性影响

从历史经验看，一种货币的国际化接受程度与其贸易的广度和深度、国内

经济强度和韧性、金融市场发展状况、相关制度设计及稳定性等都有很大关系。中国已成为全球第二大经济体和世界贸易大国,但尚未成为发达经济体,很多体制机制还不完善,人民币国际化面临着中国的特殊国情,没有太多的国际经验可借鉴,需要不断的试错和探索。随着中国改革开放的深入推进和经济持续多年的高速增长,境外对人民币的需求较强,市场接受度也有所提高。但受经济周期影响,叠加结构性改革和转型升级因素,经济增速有所下行,人民币的国际化需求可能有周期波动。虽然这种周期性的影响可以通过一些措施减弱,但不能彻底排除。

(三) 金融风险联动和传染性增强,人民币跨境资金流动监测管理难度提升

更加灵活的人民币汇率制度、资本项目的逐步放开,提高了跨境资本流动与金融市场、实体经济的关联度,使得外汇市场、货币市场、资本市场之间,以及离岸和在岸市场之间的价格联动和风险传染性增强,容易由单个市场或者局部风险引起连锁反应而导致系统性风险。

三、人民币国际化的新举措

人民币国际化是中长期战略,需要总体思路上的把握,也需要一点一滴去抓落实,一步一个脚印去推进。现阶段,人民币国际化将顺应经济发展新常态的要求,立足服务实体经济,夯实四个支柱,促进贸易投资便利化,扩大人民币国际使用。

(一) 发挥市场驱动的基础性作用

按照2017年第五次全国金融工作会议的要求,合理安排开放顺序,对那些有利于保护金融消费者权益、有利于增强金融有序竞争、有利于防范金融风险的举措,可以加快推进。对那些情况复杂、不确定性较大的举措,要慎重行事。加快中国金融体系对内改革的步伐,完善人民币汇率市场化形成机制,树立中国负责任的大国形象,增进国际社会对人民币的信任和认可,为人民币信用背书,扫清人民币国际化道路中思想观念及文化方面的障碍。扩大市场主体对人民币国际使用的认知,发动和运用"一带一路"在内的各种论坛、博览会、洽谈会等平台,聚合政府部门、商业机构、智库团体和高校科研单位等各方力量，宣传人民币在跨境贸易、投融资活动中使用所具有的核算便捷、减轻货币错配的优势，以及运用人民币参与中国金融市场投资和外汇市场交易可以实现的保值增值和避险目标。引导政策供给和市场需求更好衔接，培育可持续、有深度的需求，激活市场内在的原动力，使人民币应用于更多场景和领域。

（二）发挥顶层设计的引领作用

在坚持本币优先基础上，进一步完善形成规则统一且有区别的本外币协调配合体系。建立完善由"部门规章+规范性文件+自律规定"构成的跨境人民币业务整体规范，形成以部门规章为统领、规范性文件为支撑、自律规定为底线的政策框架。研究起草《跨境人民币业务管理办法》，将现有规定上升到部门规章层面，并明确相应的法律责任。

研究规范跨境电子商务人民币结算业务。进一步完善跨境双向人民币资金池、外商直接投资人民币结算业务管理规定。推动制定商业银行货物贸易、服务贸易、直接投资、跨境融资等业务展业自律规范。配合"一带一路"建设，稳步扩大人民币在国际产能和装备制造合作中的使用，促进贸易投资便利化。完善边境地区跨境人民币业务相关政策，促进双边本币合作，夯实人民币在周边国家使用的基础。支持自贸试验区等试点地区在风险可控的基础上研究探索新业务。

完善人民币国际化的基础设施，构建安全、高效的全球人民币清算网络。在进一步完善现有清算渠道的基础上，加快 CIPS 二期建设。进一步研究推动引入合格境外机构作为 CIPS 直接参与者。上线 RCPMIS 五期，完成《RCPMIS 操作和信息报送指引》出版发行，加强培训和信息报送管理，继续推动 RCP-MIS 二代早日投产开发和上线。

（三）发挥离岸市场的积极作用

发挥离岸市场聚拢境外分散的人民币流动性、发现价格和压力测试的作用，促进人民币国际使用并提高交易的效率和活跃度。分布在不同时区的离岸人民币市场发展，尤其是人民币业务清算行的确立，形成了覆盖全球各时区工作时段的不间断人民币清算服务网络，大幅提高了人民币清算效率，促进了人民币交易的便捷性，扩展了人民币境外流通的时间和空间范围。引导人民币业务清算行切实发挥其在组织推动离岸人民币市场发展中的作用,积极参与当地外汇市场做市,丰富离岸市场人民币金融产品,提升离岸人民币市场的深度和广度。为境外机构在人民币成为 SDR 篮子货币后增加配置人民币资产、对冲风险等提供更多选择,使境外机构可以根据自身需求和操作便利程度在离岸和在岸之间相机切换,并相应促进两个市场互动。

(四) 发挥监督管理的保障作用

2017 年第五次全国金融工作会议强调"要不断完善宏观审慎政策体系,保留紧急情况下的特定处置手段,把人民币国际化可能带来的风险降到最低"。因此,要加强信息收集,通过各类跨境、跨市场信息平台,了解掌握跨境、跨市场交易信息,保证出台监督管理措施时决策依据充分。着力事中事后监管,完善相关监测预警指标体系,加强对跨境人民币资金流动的日常监测分析,密切关注人民币跨境资金异常流动情况。研究丰富政策工具箱,加强本外币政策协调,及时采取有针对性的措施,防范跨境资金流动风险。做好对商业银行跨境人民币业务风险管理情况的宏观审慎评估(MPA),引导商业银行审慎经营,促进业务均衡发展。加强跨境人民币业务自律机制建设,充分发挥自律机制的作用,构建"人民银行—商业银行—企业(个人)"的三级政策传导机制。坚持把银行挺在前面,通过银行将政策措施传导给企业和个人,发挥好政府监管与市场自律的合力,在提高便利化水平的同时提升监管效率。

第四章 人民币国际化的现状分析

近年来,随着中国经济的迅猛增长,其已经成为带动全球经济发展的新引擎。当前,我国已经发展成为全球货物交易的重要国家,在全球范围内购买大量的大宗商品。这一过程必然伴随着我国国际地位的不断上升,以及人民币在全球范围内的影响。根据相关统计数据,世界上100多个国家中有1700余家金融机构将人民币作为全球支付货币,境外交易中越来越多的交易选择使用人民币作为交易货币。这主要得益于人民币币值的稳定表现,其中反映出的是中国强劲的国家实力与信誉。

第一节 跨境贸易人民币结算

一个国家的货币走向国际化的起点与基础,即是在跨境贸易中成为接受度较高的计价结算货币。综观当前国际贸易形势,美元、欧元、英镑及日元是交易中使用较为广泛的计价结算货币。当前"一带一路"建设不断加深,中国和周边国家及地区在国际贸易中越来越多地采用人民币作为计价结算货币,不过在欧美国家与地区,人民币的使用仍然不能与美元、欧元等相比。逐步扩大人民币计价结算的市场份额,是助推人民币走向国际化的关键步骤。

一、跨境贸易计价结算

(一) 跨境贸易计价结算的概念

货币的职能是伴随着商品经济的发展而体现出来的,在贸易中发挥价值尺度和支付手段两大职能。跨境贸易计价结算分为计价和结算,是两个不同的概念。国际贸易的计价是贸易双方选择使用何种货币为这笔货单标价,体现的是货币的价值尺度职能;而国际贸易的结算是在这笔交易完成后买方使用何种货币支付给卖方货款,体现的是货币的支付手段职能。计价和结算体现的是货币的两种不同的职能,但两者之间既相互区别又密切联系。在贸易的计价和结算过程中,既可以使用贸易双方的货币,也可以选择第三方国家的货币。但在实际的国际贸易中,计价和结算货币往往是同一种货币,这样可以省去货币换算的麻烦,也可以避免不同货币币值波动带来的一部分汇率风险。在国际贸易中,选择何种货币作为计价结算货币关系到买卖双方的交易成本和风险规避问题,是双方贸易合作中至关重要的一环。

跨境贸易人民币计价结算是人民币国际化的一个必不可少的阶段,是人民币完全成为国际货币的基础。人民币国际化需要经历较长的时间,根据相关经验,人民币国际化的过程分为几个重要的发展阶段,按照人民币国际职能可以分为计价结算(贸易用途)、投资(金融用途)和储备(官方用途)三个阶段。人民币国际化的过程也就是由结算货币走向价值储备的过程。

根据以往美元、欧元、英镑、日元等主要国际货币的经验,货币国际化都经历了以上三个发展阶段。在这三个阶段中,跨境贸易计价结算起着重要作用:第一,跨境贸易计价结算是货币国际化路径的过渡,即周边化—区域化—国际化;第二,跨境贸易计价结算是人民币作为国际化货币功能的过渡,即计价结算货币功能—投资货币功能—储备货币功能;第三,跨境贸易计价结算是人民币国际化业务的过渡,即跨境贸易业务—跨境金融业务。

当今国际贸易计价结算的货币主要是美元、欧元、英镑、日元等,尤其是美元,其在国际贸易计价结算中占据着最主要地位。纵观这些货币国际化的历史进程,虽有不同的历史因素和境况,但是国际贸易的发展在其国际化进程中起到了重要的助推作用。一国货币成为国际计价结算货币必然伴随着该国对外贸易的增长和国际贸易地位的提高,才能在贸易中逐步助推本币在对外贸易中进行计价结算,且最后发展成国际通用的货币。

(二) 跨境贸易计价结算货币选择的影响因素

1. 国家的总体经济实力

国家整体的经济实力如何,最大限度地反映在其对海外市场所能产生的影响。一个国家的总体经济实力的强大,不仅象征着该国在国际政治和贸易中拥有更多的话语权,更代表一个国家的货币在国际市场上信用度增加,币值坚挺。那么国外的投资者和企业对该国货币的信心也会随之增加,该国的对外贸易规模也会进一步扩大。除此之外,一个国家的总体经济实力往往与其货币国际化程度成正比,一般来说,当一个国家的国际化程度提高的时候,其货币的使用率也会逐渐提高,该国货币的使用率会逐步提升。

与此同时,计价结算货币一般在选择的时候会参考历史交易记录,交易双方中具备更加强劲经济实力的一方也可以选择本国货币作为计价结算货币。美国的经济实力较为雄厚,因此美元在国际市场上占据着霸主地位,在国际市场上大多数交易结算采用美元。

2. 进出口商品的市场份额

研究发现,结算货币的选择一般和市场份额之间存在正比例关系。当一国占有比其他国家更大的交易市场份额时,其货币就更有可能作为交易结算货币。除此之外,当一国在国际出口中占有较大的市场份额时,其更有实力自主选择币种来进行结算。占国际市场份额较大的国家之间的贸易会推动世界贸易的发展,该国货币不仅会在本国出口贸易中成为主要计价结算货币,也会成为其他国家贸易时主要考虑的计价结算货币。市场份额越大的国家,其产品在国际市场上的竞争力越强,该国的出口企业实际上掌握了产品的定价权和结算货币的选择权,在结算货币上就会更倾向于选择本国货币。

3. 出口商品异质性

总览相关研究数据不难发现,在开展国际贸易的过程中,出口商品的性质在很大程度上影响着结算货币的选择。如果出口商品的异质化程度很高,在市场上拥有绝对的竞争力,那么出口商就会拥有强势的定价权,该出口国的货币被选作结算货币的可能性就会加大。在一些大宗初级商品交易中,由于商品的同质化比较严重,国家之间往往会选择第三方货币作为计价结算货币,且大多时候会选择美元作为结算货币。比如日本在出口汽车、电子设备、精密仪器等异质化很强的商品时,会更倾向于选择日元作为结算货币;在出口化工产品和金属制品等同质化商品时,则一般会选择其他币种作为结算工具。

4. 货币政策稳定性

货币政策比较稳定的国家,其货币的币值也比较稳定,市场对其预期是比较稳定的,不用担心其不稳定而带来的损益风险,而这往往是一个企业在进行国际贸易时比较注重考虑的因素。在欧元出现之前,因为德国的相关货币政策相对比较稳定,所以马克作为最常见的结算货币出现在德国的国际贸易活动中。

货币自身具备一定的价值储存功能,这种功能在较低通货膨胀率和币值波动率的环境中可以更好地发挥功能,因此这类货币是进出口商交易的重点。在国际贸易中,稳定的货币政策可以使货币持有者更加放心,最终促使越来越多的人选择该种货币作为结算货币。当一国具备更加稳定的货币政策时,会吸引更多的交易商选择该国货币作为交易结算货币。

5. 汇率制度的类型与汇率波动

汇率制度的类型与汇率波动对一国进出口商品结算货币选择至关重要。一国的汇率制度类型与该国货币汇率的稳定性密切相关,若实行钉住某种货币的汇率制度,往往会受制于这种货币,随着该货币的稳定而稳定,随着该货币的波动而波动。对贸易企业来说,结算货币汇率稳定是保证贸易双方不会有损益风险的前提和保证,在对当下的汇率波动掌握不准的前提下,发展中国家一般会选择第三国货币来进行交易结算,即媒介货币来规避风险。

二、跨境贸易人民币计价结算发展状况

(一)跨境贸易人民币计价结算现状

1. 规模企稳,结算占比震荡下行

2017 年,世界经济温和复苏,外部需求有所回暖,我国经济稳中向好。2017 年人民币在跨境贸易结算中的使用仍处于相对调整期,但相对 2016

年的大幅下降而言,跨境贸易人民币结算逐渐企稳。2017年初,人民币兑美元汇率一度下降至6.90,导致第一季度人民币跨境贸易结算规模降至9942亿元,其中2月更是创下四年以来最低水平。5月,人民币兑美元汇率中间价定价机制引入"逆周期因子",扭转市场对于人民币持续贬值的预期,人民币兑美元汇率由跌转升,外围投资者持有人民币资产的意愿重新走强。除此之外,为了抑制人民币贬值与资本外流之间的相互强化作用,监管层加强跨境资本流动管理。2017年中后期人民币国际化进程开始出现缓和,人民币在跨境贸易结算中的使用也逐渐企稳。2017年下半年以来,跨境贸易人民币结算规模稳定在3000亿~4000亿元,且同比降幅逐渐收窄,至12月已经出现2016年1月以来首次同比上涨,如图4-1所示。

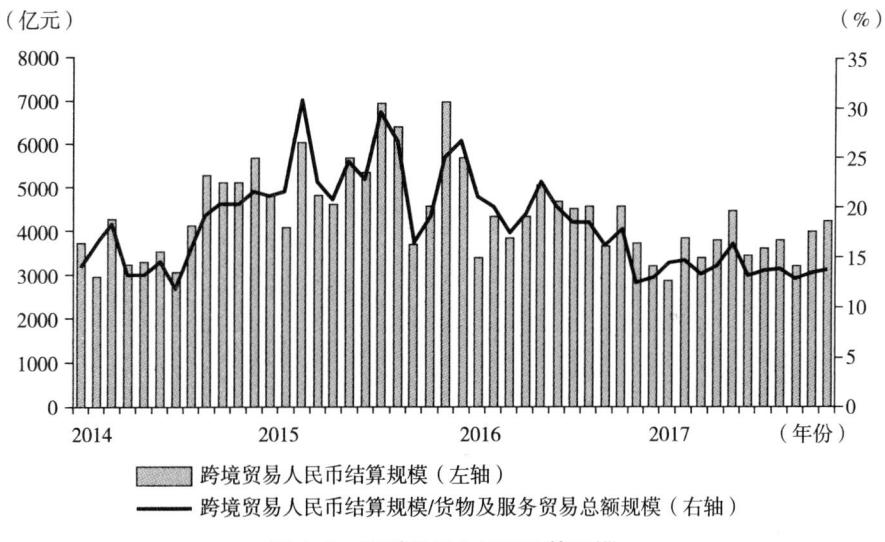

图4-1 跨境贸易人民币结算规模

资料来源:中国人民银行、商务部、国家外汇管理局。

2. 货物贸易结算为主,服务贸易结算首现下降

跨境贸易人民币结算的结构持续优化,货物贸易依旧是人民币跨境结算的主流。2017年,以人民币进行结算的跨境货物贸易累计金额3.27万亿元;以人民币进行结算的服务贸易累计金额1.09万亿元,占跨境贸易人民币结算的

约25%（见图4-2、图4-3）。2017年，我国服务进出口总额46991.1亿元，同比增长6.8%，服务进出口规模有可能连续4年占据全球第二的位置。其中服务出口增幅达10.6%，是2011年以来出口的最高增速，比进口高5.5个百分点，为7年来我国服务出口增速首次高于进口。

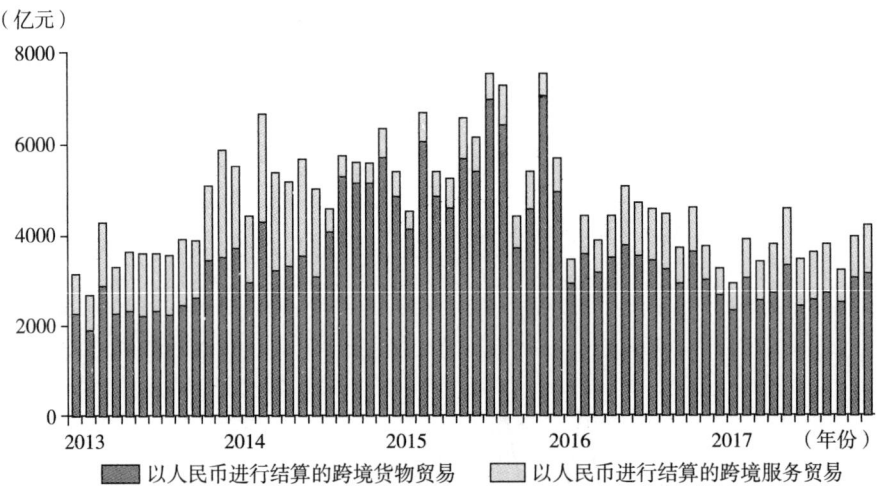

图4-2　以人民币进行结算的跨境货物贸易和跨境服务贸易规模

资料来源：中国人民银行。

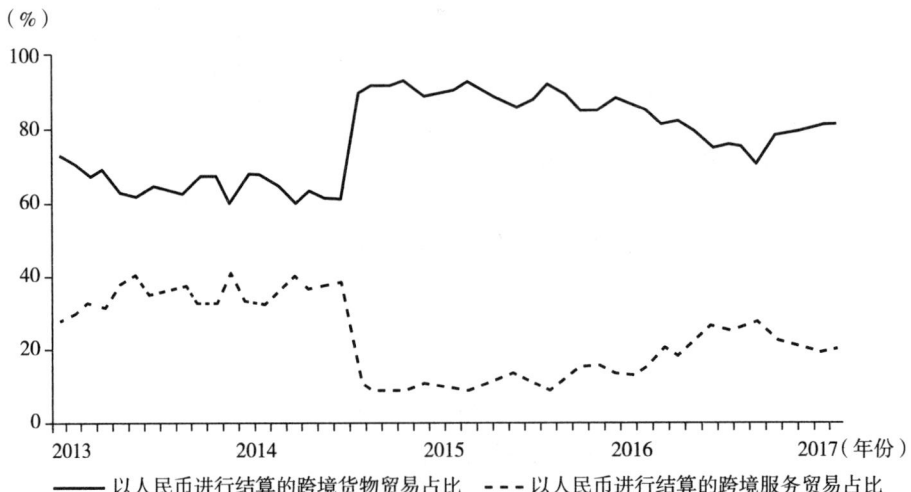

图4-3　以人民币进行结算的跨境货物贸易和跨境服务贸易占比

资料来源：中国人民银行。

3. 跨境人民币收付差额有所缩小，实付略微大于实收

2017年，跨境人民币收付金额合计9.19万亿元，实收4.45万亿元，实付4.74万亿元（见图4-4），跨境人民币收付逆差缩小。

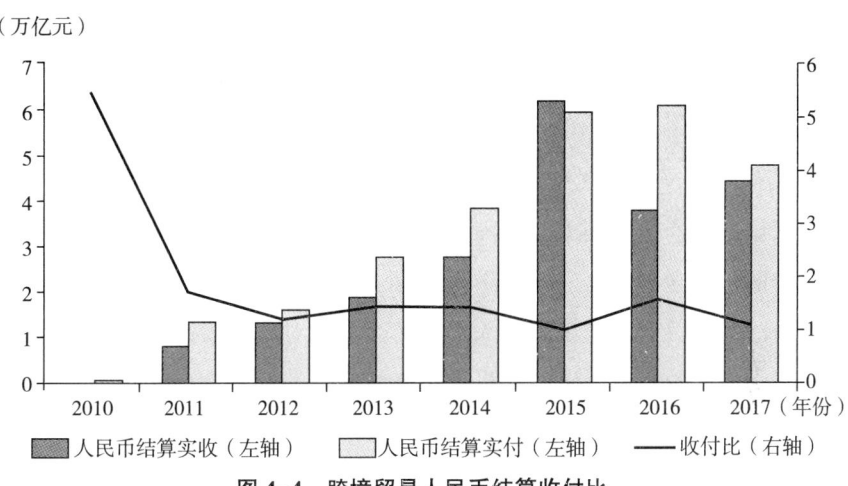

图4-4 跨境贸易人民币结算收付比

资料来源：中国人民银行。

（二）跨境贸易人民币结算发展特点

自2009年我国推出跨境贸易人民币结算试点以来，跨境人民币结算已经由开始的货物贸易拓展到服务贸易、对外直接投资、境外信贷等对外经济交往的各个方面。在近10年的发展过程中，跨境人民币结算业务呈现出四大特征。

1. 跨境人民币结算业务减速运行，平稳发展

伴随着跨境人民币结算业务和人民币离岸市场的快速发展，人民币跨境结算规模开始快速发展，在2015年达到峰值。2015年，以人民币计价的贸易结算额约为1.7万亿美元，接近中国全年贸易量的1/4。不过在此之后因为受到人民币汇率波动、跨境资金流动风险防范和中国外贸整体表现低迷等的影响，2016年人民币在跨境结算中的使用规模明显下滑。2016年跨境贸易与直接投资人民币结算规模合计达7.69万亿元，相比2015年的9.55万亿元下降19.5%，相比2014年的7.60万亿元略增长1.2%。其中2016年跨境贸易人民币结算业务5.23万亿元，同比大幅下降27.7%，为2009年跨境贸易人民币结

算试点开展以来首次出现下降。2016年跨境直接投资人民币结算业务金额2.46万亿元，同比增长2.9%，增幅较2015年的121.56%大幅收窄。2017年，跨境贸易人民币结算规模连续第二年下降，但同比降幅收窄；跨境直接投资人民币结算规模2010年以来首次出现年度下降。

2. 跨境人民币结算业务更加真实，套利活动减少

2017年随着我国经济稳中向好、对外开放新格局进一步推进、人民币汇率预期更加稳定、重点领域防范风险措施加强，人民币跨境流通也在挤出"泡沫"，使得人民币在跨境收支过程中更加真实和理性。跨境贸易一直是人民币国际化进程的主导动力，我国经济发展速度有所缓和，然而在经济规模总量、经济增长速度与质量、贸易量等方面，中国都已经在全球占据重要位置，这些方面已经能够支撑跨境贸易人民币结算。从对外直接投资来看，在对外开放的新格局下以及人民币资本项目下进一步开放的背景下，跨境直接投资人民币结算也会在一定程度上推动人民币国际化的进程。

3. "一带一路"倡议将为跨境人民币业务注入新活力

2017年5月，国家主席习近平在"一带一路"国际合作论坛上宣布，中国将从2018年起举办中国国际进口博览会。首届中国国际进口博览会于2018年11月5～10日在上海举行，释放了中国建设和维护开放型世界经济的积极信号，同时也是中国新一轮对外开放的标志性工程，更是深入推进"一带一路"建设的重要举措之一。同时，中资企业亟须扩大人民币对外直接投资，加强"一带一路"国际产能合作，激发出沿线国家所具备的市场潜力。

4. 金融科技正在推动跨境人民币业务的"最后一公里"连通

过去三年中，中国第三方支付业务呈现两位数增长。支付宝和微信支付的广泛使用正成为世界各地更多使用人民币的驱动因素。以支付宝、微信支付等为代表的中国第三方支付领域领军者正不断提升自身的全球影响力和覆盖面。目前，欧洲、北美洲、东亚和东南亚26个市场逾12万家实体店接受支付宝，而微信支付已可以在15个国家和地区提供12种货币的支付服务。借助第三方支付平台，人民币支付逐渐占据中国境外的电子商务领域、教育等其他服务性出口行业。通过第三方支付机构，消费者就能选择人民币作为购物的支付方

式，国内企业也能直接用人民币开展跨境业务。这为便利跨境贸易、扩大人民币跨境使用又带来了重要机遇。

第二节 人民币金融交易

一、人民币直接投资

（一）人民币境外直接投资

2017年，我国的境外投资规模显著下滑，人民币境外投资规模随之大幅下降。据商务部统计，2017年，我国境内投资者全年共对全球174个国家和地区的6236家境外企业新增非金融类直接投资，累计实现投资8107.5亿元人民币（折合1200.8亿美元），较2016年下降28.2%，非理性对外投资得到切实有效的遏制。其中，以人民币结算的对外直接投资规模为4569亿元，创2014年以来最低水平，同比下降57.0%，为2010年以来首次出现下降。

2017年，我国对外直接投资呈现总量放缓、结构优化、用汇平稳的发展态势。在对重点领域做出风险预防的前提下，相关部门推出一系列政策措施规范对外投资。人民币跨境流通也在挤出"泡沫"，不真实、不理性的人民币跨境收支正在减少，前些年，人民币跨境流动的"虚火"正在被扑灭，业务发展更趋于理性和健康。

我国金融机构境外布局更趋合理，2017年对外投资稳步增加。2017年全年，我国境内金融机构对境外直接投资流出943.43亿元，同比下降24.0%，流入752.61亿元，同比增加23.8%，净流出190.82亿元。全年净流出规模较2016年同比减少443.08亿元，同比下降69.9%。我国境内金融机构对境外直接投资存量为15319.35亿元。以人民币结算的对外直接投资占中国对外直接投资的比重如图4-5所示。

金融大时代：人民币国际化发展研究

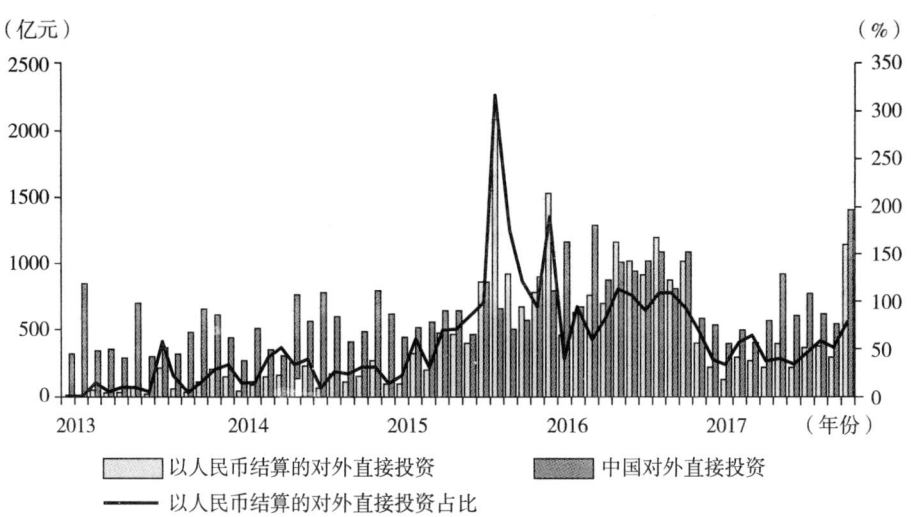

图 4-5　以人民币结算的对外直接投资占中国对外直接投资的比重

资料来源：中国人民银行、商务部。

（二）人民币外商直接投资

2017 年，我国实际使用外资金额 8775.6 亿元人民币（折合 1310.4 亿美元），较 2016 年增加 643.4 亿元，同比增长 7.9%。过去 5 年，我国围绕探索实行准入前国民待遇加负面清单管理制度，进一步推进外资领域"放管服"改革，对管理体制做出重大调整与变革，利用外资规模稳定增长，质量和水平稳步提升。2013~2017 年，以人民币结算的外商直接投资规模如图 4-6 所示。

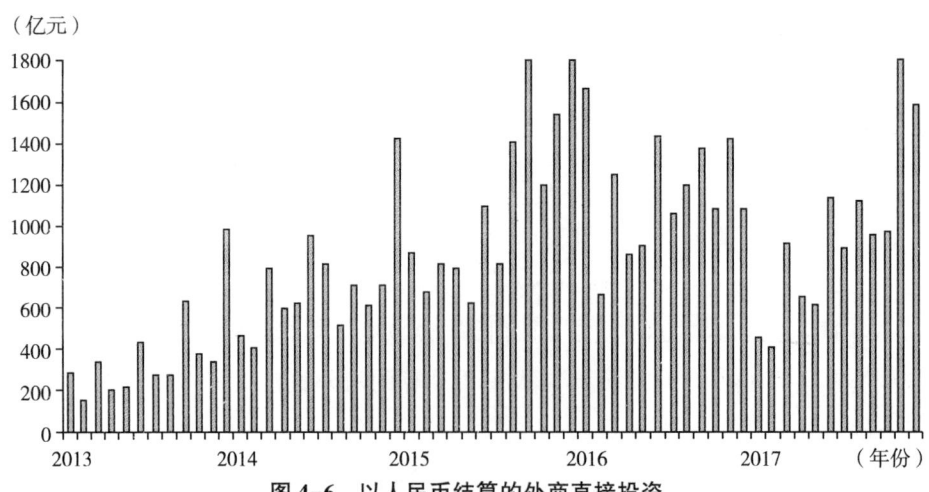

图 4-6　以人民币结算的外商直接投资

二、人民币证券投资

（一）国际债券和票据市场

2017年人民币国际债券和票据存量继续减少，年末存量为1033.47亿美元，较2016年减少73.31亿美元，同比下降6.6%（见图4-7）。2017年国内面临金融严监管和去杠杆，国际上美联储加息步伐加快，面临国内外的复杂局势，我国货币政策维持中性，债券市场面临资金紧平衡。

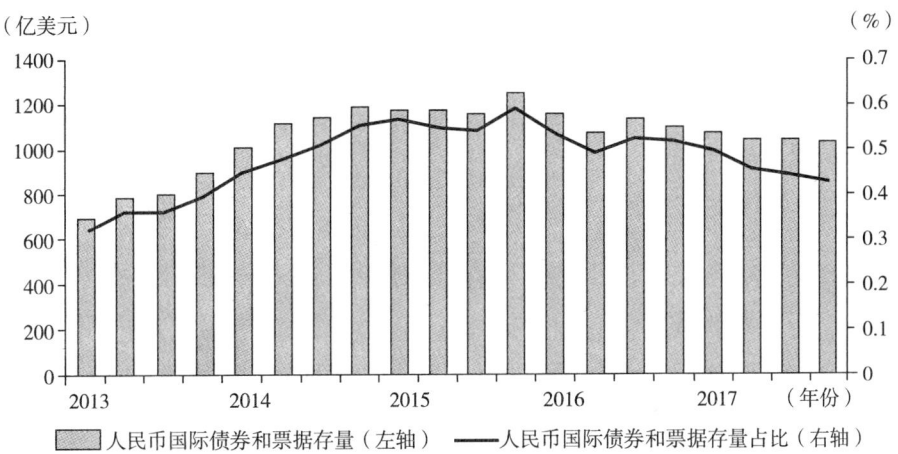

图4-7 人民币国际债券和票据存量及其占比

资料来源：国际清算银行。

在境内债券融资成本较高的情况下，不少中资企业在2017年转向境外发行非人民币债券。2017年全年，我国境内发行人在境外发行的非人民币债券总额超过2000亿美元，占历史发行量的33%，相较2016年增长超过900亿美元，且分别在4月和11月达到峰值。

与目前主流国际货币相比，人民币在国际债券市场的份额仍然很小，2017年末降至0.43%。

离岸人民币债券发行规模继续大幅缩水。受离岸人民币融资成本较高等客观因素影响，2017年，共有107家机构发行144只离岸人民币债券，较上年减少221只，发行规模总计达477.45亿元，同比大幅下降52.2%。其中，2017年前11个月香港离岸人民币债券（点心债）发行规模达126亿元，同比下降66.6%。截至2017年12月末，点心债托管余额为1961.36亿元，同比下降29.8%。2017年全年，点心债二级市场累计成交规模达2113.43亿元，同比下降38.1%。2017年台湾离岸人民币债券（宝岛债）发行规模达23.66亿元，同比下降70.5%。2017年，财政部在境外共发行140亿元人民币国债，中国银行发行首只非洲离岸人民币债券（彩虹债），均获国际投资者追捧。

在经历了2016年的井喷式增长之后，受融资成本上升、跨境资本流动管理加强、房地产企业发债受限等因素影响，熊猫债券发行规模于2017年出现了大幅度缩小。2017年，共有25家主体累计发行35只熊猫债券，发行规模共计719亿元，发行数量和发行规模同比分别下降47.0%和45.5%。其中，银行间债券市场共发行熊猫债券26只，发行规模603亿元，占发行总数量和发行总规模的比例均超过70%；交易所债券市场共发行熊猫债券9只，发行规模116亿元，发行数量和发行规模均同比大幅下降超过75%。截至2017年末，境外发行人在中国境内累计发行熊猫债券118只，发行规模达2229.40亿元。

（二）股票市场

2017年，股票市场整体呈稳中有升走势，上证综指创2016年以来新高。年末股票市价总值（A股、B股）共计56.75万亿元，较2016年末增加5.92万亿元，增幅为11.65%。2017年末股市流通市值为44.91万亿元，较2016年末增加5.58万亿元，增幅为14.20%。股票交易活跃度进一步萎缩，成交量走低。2017年沪、深两市累计成交112.5万亿元，较2016年减少14.9万亿元，降幅达11.71%（见图4-8）。日均成交4641亿元，较2016年减少562.9亿元，降幅达10.82%。

2017年，上证综合指数一度突破3400点，创2016年以来新高，最后收于3307.17点，较上年末上涨6.56%；深圳成份指数收于11040.45点，较上年末上涨8.48%。

2017年中国股票市场的融资功能明显增强。共有436家新公司上市（其中包括深交所上市222家，上交所上市214家），创下历史新高，如表4-1所示。

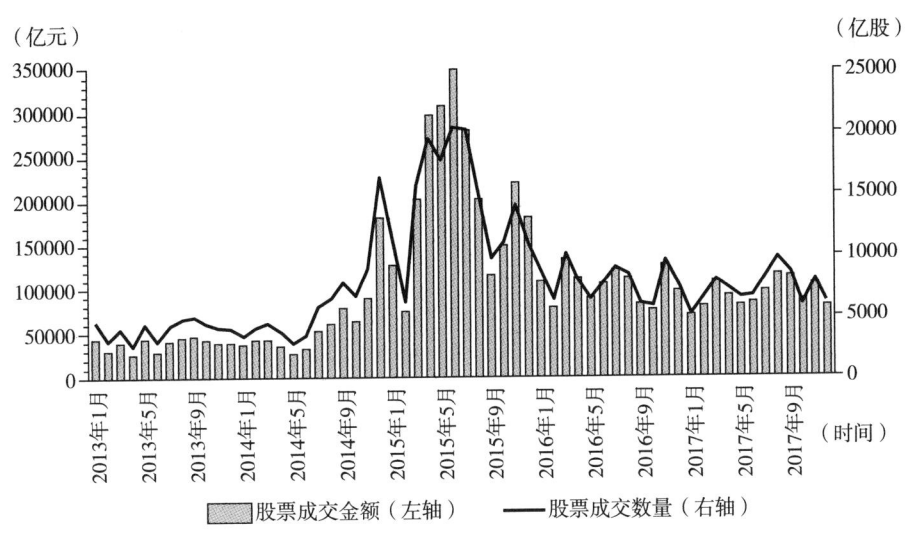

图 4-8 中国股票市场交易情况

资料来源：中国证券监督管理委员会。

表 4-1 中国股票市场筹资金额

年份	首次发行金额			再筹资金额					
				A 股				B 股	H 股
	A 股	B 股	H 股	公开增发	定向增发（现金）	配股	权证行权		
2013	0	0	694.89	80.42	2246.59	475.75	0	0	370.99
2014	668.89	0	789.19	18.26	4031.30	137.98	0	0	1305.37
2015	1578.08	0	1467.05	0	6709.48	42.33	0	0	1422.53
2016	1633.56	0	1078.8	0	16978.28	298.51	0	0	953.32
2017	2186.10	0	488.14	0	12871.15	156.56	0	0	1341.93

资料来源：中国证券监督管理委员会。

(三) 衍生品市场

中国的衍生品金融市场发展滞后，规模偏小，与发达国家相比仍然存在较大的差距，人民币衍生产品还没有被国际清算银行单独统计。

利率互换交易增长较快。2017 年，人民币利率互换市场达成交易 13.84

万笔，同比增长57.6%；名义本金总额约为14.4万亿元，同比增长45.3%左右。银行间市场利率互换交易额如表4-2所示。

表4-2 银行间市场利率互换交易额

单位：亿元

年份	第一季度	第二季度	第三季度	第四季度
2013	7375.83	7960	5697.8	6011.25
2014	8044.5	8908.53	9569.63	13778.11
2015	16596.91	19319.37	22519.47	23635.7
2016	20066.68	23617.65	25778.24	29714.44
2017	26830.53	28493.92	36541.63	51596.19

资料来源：CEIC中国经济数据库、中国证券监督管理委员会。

2017年，海外人民币金融产品的丰富程度提升，迎合了人民币国际化稳步推进之下日益增长的投资者需求。其中港交所离岸人民币汇率衍生品交易主平台延续了2015年以来的高速增长态势。2017年全年，港交所美元兑人民币（香港）期货合约累计成交732569张，较上年增长36%，年末未平仓合约45635张，较上年减少46.35%。此外，港交所还分别于2017年3月20日和7月10日推出人民币期权——美元兑离岸人民币货币期权和人民币（香港）黄金期货及美元黄金期货。自推出以来，人民币期权交易量稳步增长，合约累计成交10473张，2017年末未平仓合约为3113张。而截至2017年末，人民币（香港）黄金期货累计成交110763张，年末未平仓合约为186张。

2017年4月10日，港交所还推出了中国财政部5年期国债期货合约试点，为离岸市场首个以中国政府债券为标的的期货产品。但因为多种原因，如市场交易活跃度不够等，港交所随后于8月9日宣布暂停国债期货试点计划。

2017年2月16日和9月15日股指期货迎来了"二度松绑"，各合约平仓交易手续费标准由成交额的0.92‰调整为0.69‰。虽然在开仓数量、交易保证金占比及平仓交易手续费上有了明显放宽，但市场流动性仍有待提升。2017年股指期货累计成交总量与昔日股指期货的盛况不可同日而语。

(四) 非居民投资人民币金融资产

截至2017年12月末,共有617家境外机构获准进入中国银行间债券市场,较上年末增加210家。2017年全年,境外机构通过合格境外机构投资者、人民币合格境外投资者、境外机构直接进入银行间债券市场(CIBM)和"债券通"等渠道共增持人民币债券3477亿元,持有总量首次超过万亿元,年末存量达到1.1474万亿元,达到有史以来最高点。境外机构在中国境内债券市场整体中的占比也由2016年末的1.26%提高至1.99%。在境内银行间债券市场,2017年全年境外机构成交量共计14.38万亿元,同比下降11.4%,如图4-9所示。

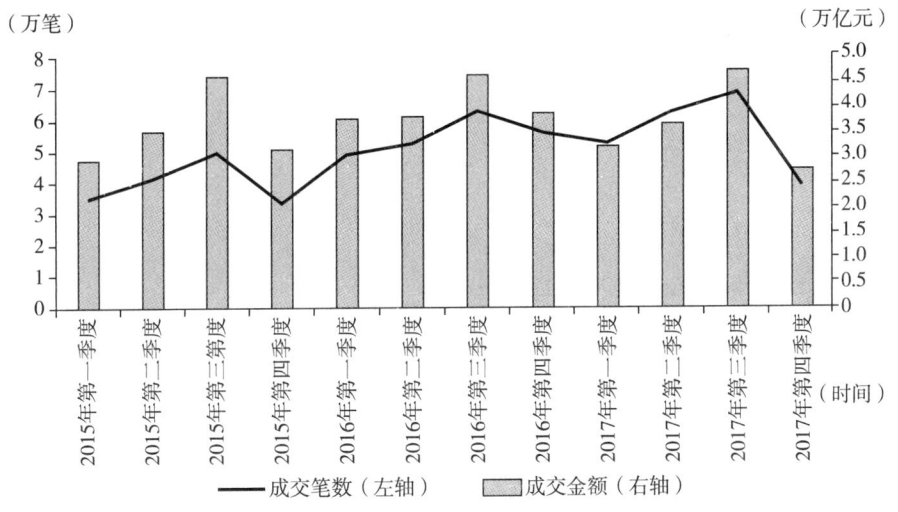

图4-9 境外机构参与银行间债券市场现券交易

2017年,沪股通和深股通买入成交总金额12325.30亿元,卖出成交总金额10327.93亿元,净买入1997.37亿元;港股通买入成交总金额11238.04亿元,卖出成交总金额8288.75亿元,净买入2949.29亿元。

截至2017年末,境外机构和个人持有境内人民币金融资产余额增至4.28万亿元,较2016年末增加12522.57亿元,同比增幅达41.3%。这是3年来境外机构和个人首次增持境内人民币金融资产。

其中,境外机构和个人持有的股票市值为11746.70亿元,同比增长80.9%;境外机构和个人持有的债券托管余额为11988.32亿元,同比增长

40.6%；境外机构和个人对境内机构的贷款余额为7390.00亿元，同比增长19.9%，2016年同比下降27.6%；境外机构和个人在境内银行的人民币存款余额为11734.72亿元，同比增长28.2%，2016年同比下降40.5%。

三、人民币境外信贷

截至2017年末，境内金融机构人民币境外贷款余额达4421亿元，较2016年增长1.1%，如图4-10所示。

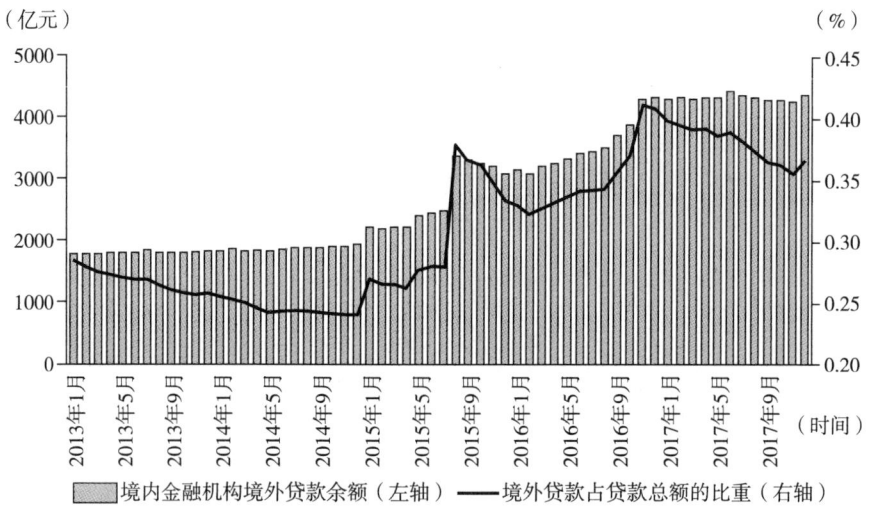

图4-10 中国金融机构人民币境外贷款余额及占比

资料来源：中国人民银行。

四、人民币外汇交易

2017年，世界经济发展形势逐渐回暖，国内经济平稳上升，推动我国全年外贸进出口不断增长，银行结售汇总额同比增加，境外机构持有境内人民币资产同比上升。表4-3列出了2017年银行间外汇即期市场人民币对各币种交易情况。

表 4-3　2017 年银行间外汇即期市场人民币对各币种交易量

单位：亿元

币种	交易量	币种	交易量
美元	417442.21	欧元	5804.69
日元	3009.48	港元	2304.04
英镑	523.39	澳大利亚元	1019.08
新西兰元	217.8	新加坡元	128.91
瑞士法郎	160.09	加拿大元	542.73
林吉特	37.96	卢布	98.46
兰特	9.79	韩元	394.16
迪拉姆	1.01	里亚尔	7.7
丹麦克朗	27.54	瑞典克朗	46.98
挪威克朗	12.42	里拉	0.31

资料来源：中国外汇交易中心。

截至 2017 年末，参与中国境内银行间外汇市场的境外机构总数达 81 家，同比增长 37.3%。其中境外清算行 20 家、境外参加行 28 家、境外央行类机构 33 家，较上年同期分别增加 2 家、14 家和 6 家。参与境内银行间本币市场的境外机构及其产品总数达 865 家（只），同比增长 113.6%。其中央行类机构 65 家、商业银行 194 家、非银行类金融机构 93 家、中长期机构投资者 21 家、金融机构发行投资产品 492 只，较上年同期分别增加 9 家、82 家、65 家、16 家和 288 只。

2017 年，在境内银行间外汇市场，境外机构成交量共计 5262.4 亿元，同比增长 21.2%。其中，外汇即期成交量为 2307.6 亿元，同比下降 16%；外汇衍生品成交量为 2954.8 亿元，同比增长 85.3%。

2017 年 12 月，中国外汇交易中心推出美元对人民币即期撮合交易。撮合交易的基础是双边授信，按照"价格优先、时间优先"原则，以订单匹配或点击成交方式达成的交易，支持限价、市价、冰山等多种订单类型。撮合交易使得银行间外汇市场交易模式更加丰富，及外汇市场基础设施的进一步完善，有利于提高外汇交易效率和公平性，提升境内人民币汇率定价权，深化外汇市场对外开放。

第三节 全球外汇储备中的人民币

一、人民币国际化与外汇储备的关系

本币国际化就是本币被接受用于国际支付和交易。本币具有了国际偿付能力，也就意味着外汇储备将逐渐退出历史舞台。一个直观的现象就是国际货币发行国如美国是没有多少外汇储备的，因为美元通行全球，再持有外汇储备就成了累赘。就资产收益而言，效率较高地开展本币对外投资，获得的收益更高。外汇储备隐含的用途远不只限于进口及外债的支付以及资产收益这么简单。本书从人民币国际化的一些实践经历角度来分析货币国际化与外汇储备的关系。

2015年8月，人民银行再次优化人民币汇率形成机制（业界称之为"8·11"汇改）。在这之前（2009年7月），以跨境贸易人民币结算试点为标志的人民币国际化已经启动，到2015年人民币月跨境收支已超过万亿元，占国际收支中各货币的比重接近1/4，其中有些地区已接近或超过1/3。境外人民币存量（包括存款和各类以人民币计价的资产）也已超过3万亿元，人民币在国际支付货币市场的份额接近2%。与此同时，国际货币基金组织已经完成对特别提款权（SDR）篮子货币的审查并宣布人民币将纳入新的特别提款权货币篮子，权重为10.82%。这标志着人民币国际化进入一个新的阶段，也意味着人民币在短短不到8年时间的国际化实践基础上一下子跃升为一个"可自由使用的货币"。国际货币基金组织定义的"可自由使用货币"既需要在国际贸易等实体经济的商务投资活动中获得量的支持（本国出口），更需要在国际主要的金融中心被广泛地交易，还需要在其他国家进入和退出人民币时提供即时的服务支持（包括兑换成SDR或篮子内其他货币）。这意味着人民币在获得了国际货币基金组织的加持后，需要承担更多的国际责任和义务。

从人民币国际化进程中的汇率走势来看,2009年7月启动之时,人民币国际化借升值之势呈现了以贸易支付为主的发展态势。升值货币容易为境外收款方接受,于我国进口商无损。此时的人民币支付,一定程度上替代了外币支付,形成了被动推升外汇储备的效用。但仔细分析内在作用机理,不难得出结论,人民币对外支付替代外币对外支付对外汇储备的形成机理却是不同的。

在我国银行结售汇制度下,实体经济部门的外汇对外收付,直接作用于外汇储备的增加或减少。即使我国当时拥有近4万亿美元的外汇储备,但这些储备对应的是年3万亿美元左右的进出口贸易、1万亿美元左右的外汇债务以及尚无法估量的对外投资需求。以人民币对外支付的直接效用是将外汇储备与实体经济部门涉外贸易投资活动脱钩。外汇储备从直接对外支付中的消耗转变成为支持人民币开展国际支付的偿付能力保障。而以货币政策的视角来看待,源自实体经济部门的人民币对外支付和外汇对外支付的差异表现在:人民币对外支付后,实体经济部门在银行体系的单位存款减少(银行体系的可贷资金减少,信贷扩张能力受到约束)对应境外银行我国银行体系的同业存款增加(银行体系的短期流动性增加),外汇储备不变,流通中人民币总量不变但结构发生了调整。外汇对外支付时,实体经济部门在银行体系的单位存款依然减少(企业拿人民币换外汇,银行体系的可贷资金减少,信贷扩张能力受到约束),对应外汇储备减少(央行外汇占款下降),人民币基础货币回收,流通中总量减少。作用的机理不同,最终实现的效果也不同。

随着2015年初人民币汇率出现贬值预期,持续6年的人民币国际化进入了全新的时期。从实际操作来看,货币的国际化在升值阶段和贬值阶段皆可为,对外汇储备的影响总体中性,但对货币政策的影响需要仔细分析。

国际收支平衡表的编制方法告诉我们,人民币跨境收支的作用点在负债方(人民币跨境收款时我国对外负债减少,跨境付款时我国对外负债增加),外币跨境收支的作用点在资产方(外汇跨境收款时我国对外资产增加,外汇跨境付款时我国对外资产减少)。在保汇率(以不贬值为例)或打击货币投机中动用人民币还是外汇,最终得到的结果并非相同。动用外汇时,直接体现为资产(外汇储备)的减少和人民币负债的同步减少(通过用外汇兑回人民币),而单纯动用人民币时则仅体现为负债(境外人民币持有量)的减少(通过跨境人民币流动性调控机制的设置)。

需要做出解释的一点是,有学者指出"支付出去的人民币必须要收回来时与支付出去的外汇是等效的"(当然,这里的一个限制性条件即最终消耗的是外汇储备)。这是没有理解和用好人民币国际化后的新角色,以及新角色赋予我国央行的新能力、新优势所致。应该说,人民币被接纳为国际储备货币就赋予了我国管理国际收支的新能力和新优势,我们可以用纯人民币方式来解决外汇模式下国际收支管理的困局。理解和用好这种新能力、新优势,能够在很大程度上帮助我们在人民币国际化道路上行稳走远。

放在人民币已经启动国际化且已经加入国际货币基金组织特别提款权篮子的当下,对于"外汇储备是拿来用的"应做一新解。我国外汇储备放在央行而非财政的处理方法表明,外汇储备是央行以等值人民币发行来获取的(许多国家是由财政发行国债来买下外汇储备的),不能算作单纯的国家资产。以前,"外汇储备是拿来用的"在具体操作上大多是"外汇储备是有管理地开放给实体经济部门兑换后用于跨境支付的或藏汇于民的"。不过全球各个国家接受与认同人民币之后,"外汇储备是拿来用的"就应当操作为"我国实体经济部门的跨境收支尽可能地以人民币执行,外汇储备是央行拿来用于干预人民币汇率、抵制市场对汇率的操控和投机的,而不是让民间兑换走的"。因此新解下,实体经济部门应主要以人民币来完成涉外经济活动的结算收付,实体经济部门对外支付(收款)造成境外人民币抛压(买压)时,央行可以入市干预,动用多少储备以及如何干预由央行主动决断而不是被动地在第八条款约束下被蚂蚁搬家式地兑换走。根据前面的阐述,除了动用外汇储备来干预,央行还可通过直接回收人民币流动性、加大人民币资产供应力度、提高或降低人民币政策利率、加收或退出人民币准备金等无兑换的纯本币干预方式来实现目标。所以,支付出去的人民币要收回来时有多种方式与手段,自然也不会与支付出去的外汇等效。

综上所述,人民币国际化后人民币对外币的替代性收付下,外汇储备将与我国的涉外经济活动逐渐脱钩。与此同时,外汇储备将作为我国央行适度干预市场、维持汇率稳定的资源。除此之外,央行建立对金融层面人民币跨境流动性的宏观审慎管理政策框架将能够有效地实施货币政策的跨境传导,并更好地服务实体经济对跨境金融服务（当然，是以人民币提供的跨境金融服务）的需求。实现了立足本币的跨境金融服务提供和金融服务业对外开放，能够在很大程度上降低金融开放所带来的风险。

二、全球外汇储备中的人民币现状

（一）官方储备中人民币份额的发展变化

2017年3月，国际货币基金组织（IMF）发布扩展了货币范围的"官方外汇储备货币构成"（COFER）报告，首次单独列出人民币外汇储备。截至2017年末，人民币全球外汇储备规模增至1228.0亿美元，与2016年末相比增加了320.2亿美元，在整体已分配外汇储备中占比1.23%，2016年第四季度末为1.08%。2017年以来，继欧洲央行宣布增加等值5亿欧元的人民币外汇储备后，德国央行和法国央行也决定将人民币资产纳入外汇储备；瑞士央行和英国央行已经持有人民币资产；比利时央行和斯洛伐克央行均表示已经购买了人民币资产。当前，全球范围内已经有60多个国家和地区将人民币纳入外汇储备。

（二）央行之间的人民币货币互换

2017年，中国人民银行先后与中国香港金融管理局、瑞士央行、阿根廷央行、蒙古银行、新西兰储备银行续签了双边本币互换协议，协议总金额达6600亿元。

2018年1月，中国人民银行与泰国中央银行续签了双边本币互换协议，规模保持在700亿元人民币。3月，中国人民银行与澳大利亚储备银行续签了中澳（大利亚）双边本币互换协议，协议规模仍为2000亿元人民币/400亿澳大利亚元。

截至2018年3月末，中国人民银行已与36个国家和地区的中央银行或货币当局签署了双边本币互换协议，协议总金额超过3.3万亿元。其中，中国人民银行与13个境外货币当局的双边本币互换协议已经到期，还未继续签约，其中包括乌兹别克斯坦共和国中央银行、巴西中央银行、阿尔巴尼亚银行、印度尼西亚银行、斯里兰卡中央银行、韩国银行、俄罗斯联邦中央银行、卡塔尔中央银行、加拿大中央银行、哈萨克斯坦共和国国家银行、巴基斯坦国家银行、苏里南中央银行及亚美尼亚中央银行。若剔除上述未续签金额，则中国人民银行与境外货币当局签署的双边本币互换协议总金额为22770亿元。图4-11列出了2009~2017年中国人民银行与其他货币当局的货币互换余额。

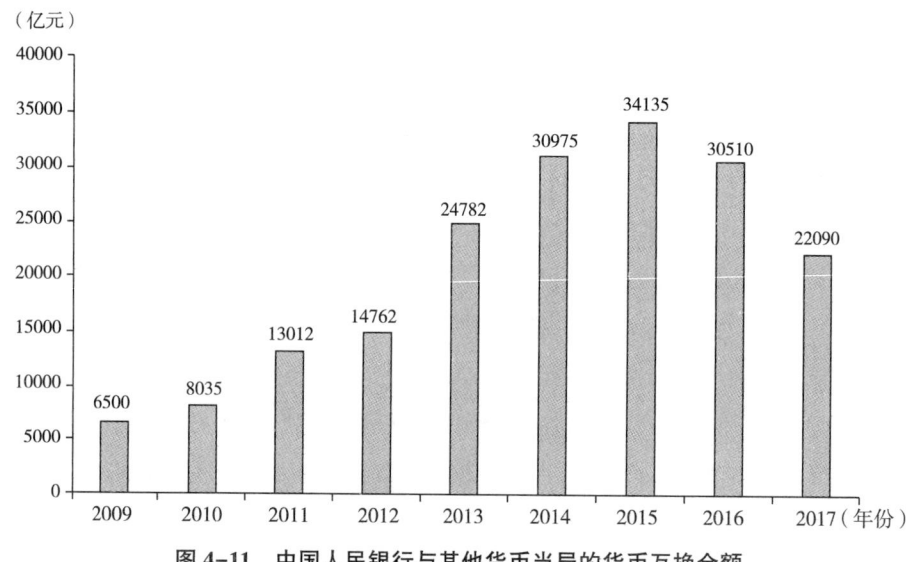

图4-11 中国人民银行与其他货币当局的货币互换金额

资料来源：中国人民银行。

2017年末，在中国人民银行与境外货币当局签署的双边本币互换协议下，境外货币当局动用人民币余额为221.50亿元，中国人民银行动用外币余额为16.14亿美元，对促进双边贸易投资发挥了积极作用。

2017年，中国人民银行未指定新的境外人民币业务清算行。2017年，中行纽约分行处理人民币清算业务量接近1.6万亿元。2018年初。中国人民银行宣布授权摩根大通银行担任美国人民币业务清算行。指定首家非中资人民币清算行是人民币国际化进程中的关键措施，有助于在美国引入更多人民币产品和服务，通过降低交易成本和进一步参与中国资本市场，更加深刻地彰显了中国开放市场的决心，向投资者和机构提供了前所未有的人民币交易、清算和结算便利。在美国如此广阔的市场指定两家人民币清算行将进一步推动人民币国际化在全球的进程。

截至目前,人民币清算安排已在 23 个国家和地区建立,覆盖东南亚、西欧、中欧、中东、北美、南美、大洋洲和非洲等地。

近年来,加入"人民币结算俱乐部"的央行成员继续增加。伊朗央行于 2015 年宣布在与外国进行交易时停止使用美元结算,使用人民币、欧元、卢布等货币签订外贸合同。从 2016 年开始,阿尔及利亚逐步使用人民币与中国进行双边贸易结算。2017 年 9 月,委内瑞拉石油部网站首次以人民币计价的方式公布委内瑞拉原油价格。据非官方机构不完全统计,目前已有 28 个国家和地区使用人民币作为结算货币。

第四节　人民币汇率及中国资本账户开放

一、人民币汇率制度改革取向

在汇率制度的选择问题上,一些国家主张一国只能在固定汇率和完全自由浮动两者之间择一而行,我们认为没有一种汇率制度是万能的,各国应根据自己的实际情况选择合适的汇率制度。因此,我们应建立适当的外汇和汇率体制,规避外汇和汇率风险。我国目前实行的对资本流动实施管制的政策,可以维持固定汇率制度,与此同时也能有效地实施自主货币政策,但代价是资本不能自由流动。

中国现行的汇率制度是有管理的浮动汇率制,并对资本项目实行管制。东南亚金融危机提醒我们,目前将资本管制作为一种次优的制度安排是非常有必要的。不过也要认识到,在金融全球化的背景下,对资本自由流动管制的代价将会越来越高。既然资本自由流动已经成为一种趋势,那么中国的宏观经济政策势必要考虑这一经济特征。当世界各国趋向于资本自由流动时,试图依靠资本管制来实现货币政策自主性与汇率稳定的组合正受到越来越严峻的挑战。所以，中国今后汇率体制改革的方向必然是建立浮动汇率体制，实行独立的货币政策并放开资本的自由流动。

随着中国经济的进一步增长和转向平衡发展的思路，货币政策目标必然将更多地与国内宏观经济变量相联系，即以国内经济目标为主要参考对象，这主要是由中国巨大的经济规模所决定的。中国不能单方面地使其国内政策目标和政策手段完全满足维持国际收支平衡的需要，也不能放弃将汇率作为调节国际收支平衡的可供选择的手段。相应地，中国外汇和汇率体制改革需要解决两个紧密联系的问题：一是提高人民币汇率机制的灵活性，二是增加人民币的对外可兑换性。未来人民币汇率制度的改革一方面要以国内政策目标为主，另一方面也要兼顾人民币国际化的未来前景，适当考虑人民币作为区域性国际货币所需承担的责任与义务因素。

当然，完全的浮动汇率制度会使人民币汇率起伏不定，不利于人民币国际化长远目标的实现。在不能放弃货币政策自主性及逐步开放资本市场的条件下，人民币汇率制度由有管理的浮动汇率制度向更加灵活的弹性汇率制度转变是较为理想的选择。更具弹性的汇率政策能更好地配合中国的经济体制改革，能够在一定程度上降低外来冲击的消极影响，将有助于应付中国经济与国际经济接轨期间经济可能面临的波动，为平衡对外收支提供更大的灵活性，从而更好地调节中外日益增加的资金流动。同时也可为国内货币政策操作提供一个有效的工具，有利于人民币的进一步国际化。因此，更具弹性的汇率制度，应当成为新的探索方向。

在人民币汇率制度改革的具体操作上要注意以下两个问题：

第一，恰当选择人民币汇率制度改革的环境与时机。人民币汇率制度改革必须考虑国内、国际经济环境的变化。目前，国际金融市场变幻莫测，主要国际货币尤其是美元、欧元和日元三种主要货币之间的汇率波动加剧。外在环境的变化对人民币汇率制度的改革来说，既是挑战，也是机遇。具体来说，人民币汇率体制改革要服从于国内货币政策目标，同时要充分考虑国际环境的影响。只有在国内外政治经济环境都比较健康、稳定的情况下，才是人民币汇率体制改革的最佳时机。

第二，人民币汇率制度改革必须在实现国内目标与国际目标之间有所权衡。即要以国内宏观经济目标为主，且要合理地衡量承担区域货币金融大国的责任与义务，从而在夯实国内价值的基础上，不断推动人民币国际化的进程。同时人民币汇率制度改革要突破传统的基于贸易平衡的考虑，适当考虑国际资本流动对于汇率的影响，以国际收支总量及结构性目标为主导。

2015年8月11日，中国人民银行宣布调整人民币对美元汇率中间价报价机制，中间价报价将参考上日银行间外汇市场收盘汇率，综合考虑外汇供求情况以及国际主要货币汇率变化而确定，这意味着人民币的汇率改革将进一步市场化，汇率水平能够更加真实地反映当前外汇市场的供求关系，人民币汇率双向浮动弹性增强。今后应进一步完善人民币汇率形成机制，加快外汇市场发展，丰富外汇产品，根据外汇市场发育状况和经济金融形势，增强人民币汇率双向浮动弹性，保持人民币汇率在合理均衡水平上的基本稳定。

二、人民币汇率及中国资本账户开放现状

（一）人民币汇率制度改革现状

2017年，人民币汇率形成机制改革再进一步，"收盘汇率+一篮子货币汇率变化+逆周期因子"的汇率形成机制有序运行。年初至新机制公布前，美元指数贬值5.06%，但人民币兑美元升值幅度仅1.19%。新机制公布后至年末，美元指数贬值5.08%，人民币兑美元升值幅度为5.46%。

2017年下半年以来，人民币汇率预期趋于分化，企业结汇意愿增强，跨境资本流动和外汇市场供求趋于平衡，人民币对美元汇率双向波动，弹性较之前出现明显的增强，对一篮子货币汇率保持基本稳定，此前外汇市场上存在的顺周期贬值预期已大幅收敛。央行入市干预明显减少，外汇市场的单边预期逐步转变为高买低卖。

（二）人民币汇率水平

1. 人民币汇率中间价

2017年以来，人民币对美元显著升值，特别是在5月，央行将"逆周期因子"加入人民币兑美元中间价定价公式后，人民币对美元升值速度有所加快。2017年末人民币兑美元汇率中间价为6.5342元，同比升值6.16%。当

年人民币兑美元汇率中间价最高为6.4997（9月11日），最低为6.9526（1月4日），244个交易日中123个交易日升值，121个交易日贬值，双向波动更加明显。从月度走势来看，人民币兑美元汇率中间价有7个月实现月度升值，最大单月升值幅度为1.30%，其中4~8月更是连续5个月升值。2005年人民币汇率形成机制改革以来至2017年末，人民币对美元汇率累计升值26.66%。美元整体走弱，构成2017年人民币对美元走势逆转的基本背景，同时我国经济企稳向好、市场利率大幅走高也为人民币汇率转强提供了支撑。由于港元实行联系汇率制度，跟随美元，所以2017年人民币对港元也升值了7.01%。

2017年人民币对欧元、日元等其他国际主要货币汇率有升有贬。2017年末人民币对欧元汇率中间价为1欧元兑7.8023元人民币，较2016年末贬值6.35%。欧元区的经济复苏强劲，失业率持续下降是支撑欧元的重要因素。人民币对日元汇率中间价为100日元兑5.7883元人民币，较上年末升值2.95%。以具体数据来看，人民币对日元中间价出现了先贬值后升值的走势：1~3月中旬略有贬值，随后在波动中上升。2005年人民币汇率形成机制改革以来至2017年末，人民币兑欧元汇率累计升值28.35%，兑日元汇率累计升值26.22%。2017年人民币兑英镑汇率出现一定程度贬值，幅度为3.07%。总体看，人民币兑英镑中间价并没有出现趋势性的升值或贬值，而是呈现出双向波动走势，并且波动幅度较大。英国经济发展强劲，英国央行货币政策转向，脱欧取得一定进展等因素对英镑形成一定支撑。人民币对澳大利元、加拿大元和新加坡元汇率则在震荡中略微贬值，年末贬值幅度分别为1.51%、1.16%和1.71%。此外，人民币对一些发达国家货币汇率震荡中升值。

2. 名义有效汇率和实际有效汇率

根据国际清算银行的计算，2017年12月人民币实际有效汇率指数报121.62，与上年同期相比下跌0.99%。人民币名义有效汇率指数报117.81，与上年同期相比下跌0.64%，两者均连续两年出现下跌，但跌幅较2016年明显收窄（见图4-12）。2005年人民币汇率形成机制改革以来至2017年底，人民币实际有效汇率升值45.67%，名义有效汇率升值36.50%。

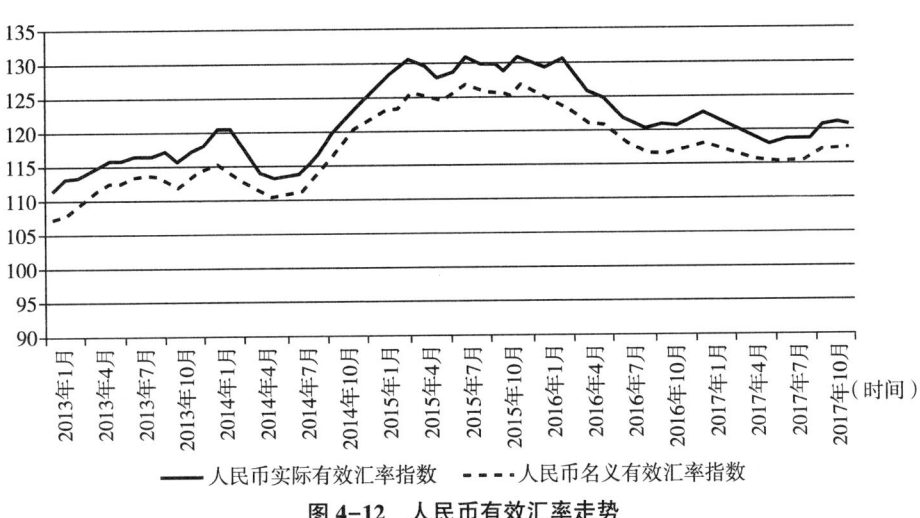

图 4-12 人民币有效汇率走势

资料来源：国际清算银行。

日元、英镑和美元的对外价值不同程度下跌。截至 2017 年底，日元、英镑、美元的名义有效汇率分别为 82.69、97.78、117.84，与 2016 年同期相比，这三种货币的名义有效汇率分别下降了 2.62%、0.51% 和 6.11%。相反，欧元币值走高，2017 年底欧元的名义有效汇率为 103.53，同比上涨了 6.32%，如图 4-13 所示。

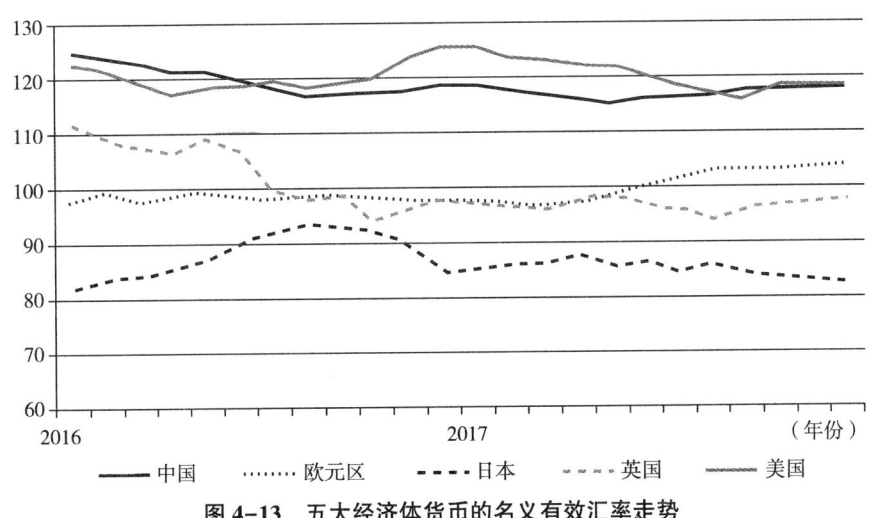

图 4-13 五大经济体货币的名义有效汇率走势

3. 人民币汇率指数

2017年，美元整体走弱，主要货币对美元多数升值，人民币对美元汇率也有所提升，对一篮子货币汇率保持基本稳定。2017年末，中国外汇交易中心发布的CFETS人民币汇率指数为94.85，全年上涨0.02%。参考国际清算银行（BIS）货币篮子和SDR货币篮子的人民币汇率指数分别为95.93和95.99，全年分别下跌0.32%和上涨0.51%，如图4-14所示。

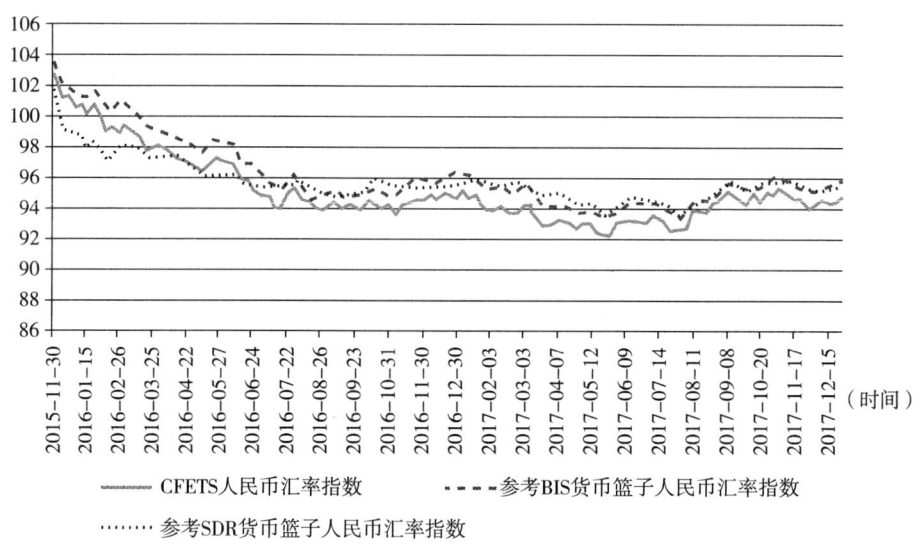

图4-14 人民币汇率指数

资料来源：中国外汇交易中心。

2017年，人民币对美元双边汇率有所升值，不过同一时段，欧元、日元、英镑等其他SDR篮子货币和俄罗斯卢布、马来西亚林吉特等新兴市场货币对美元同样升值较多，总体来说人民币对美元升值幅度不是很大，CFETS人民币汇率指数全年总体在92~95的区间内窄幅波动。

2017年，CFETS人民币汇率指数的年化波动率为2.61%，较2016年的2.80%有所收窄，且小于人民币兑美元汇率收盘价3.42%的年化波动率，人民币对一篮子货币汇率保持了基本稳定。

4. 离岸人民币 CNH

从 2017 年全年来看，境内外人民币对美元即期汇率 CNY 和 CNH 走势基本一致，呈双向波动态势。9 月 8 日，CNY 和 CNH 分别达全年高点 6.4350 和 6.4387，12 月 29 日分别报收 6.5120 和 6.5100，全年累计上浮 6.72% 和 7.04%。

2017 年第一季度，离岸人民币汇率持续上浮，CNH 即期汇率累计升值 1.5%。境内外人民币即期汇率平均价差为 274 个基点，高于上年同期的 209 个基点。

2017 年第二季度的三个月中，CNH 处于波动，分别贬值 0.40%、升值 2.19% 和贬值 0.26%。2017 年上半年，境内、离岸人民币对美元汇率保持同步震荡，窄幅波动，汇差逐渐缩小。CNH 和 CNY 上半年分别累计上浮 2.79% 和 2.389%。上半年境内外人民币即期汇率 CNY 和 CNH 平均汇差为 189 个基点，较上年同期增长 161 个基点。

7~8 月，境内外人民币对美元即期汇率 CNY 和 CNH 同步震荡上升。9 月的第一周，CNH 大幅上升。之后中国人民银行下发通知，取消境外人民币业务参加行在境内代理行存放存款准备金，11 日起将远期售汇的外汇风险准备金率从 20% 调整为 0，市场预期迅速反转，境内外人民币对美元即期汇率 CNY 和 CNH 开始同步下行，结束此前连续 3 个月上升趋势，至月末分别报收 6.6470 和 6.6426，相对美元分别下浮 0.75% 和 0.78%。本季度境内外人民币即期汇率价差平均为 67 个基点，比上半年平均缩小了 64.6%。

2017 年第四季度，CNH 连续 3 个月出现幅度较小的向上浮动，上涨幅度分别为 0.23%、0.31% 和 1.63%。CNY 和 CNH 全年平均汇差为 129 个基点，略低于上年的 134 个基点（见图 4-15）。

5. 人民币无本金交割远期合约

无本金交割远期合约（NDF）交易从 1996 年左右开始出现，主要用于实行外汇管制国家的货币，常用于衡量海外市场对人民币升值或贬值的预期。它为中国、印度、越南等新兴市场国家的货币提供了套期保值功能，几乎所有的 NDF 合约都以美元结算。人民币、越南盾、韩元、印度卢比、菲律宾比索等亚洲新兴市场国家货币都存在 NDF 市场，与这些国家存在贸易往来或设有分

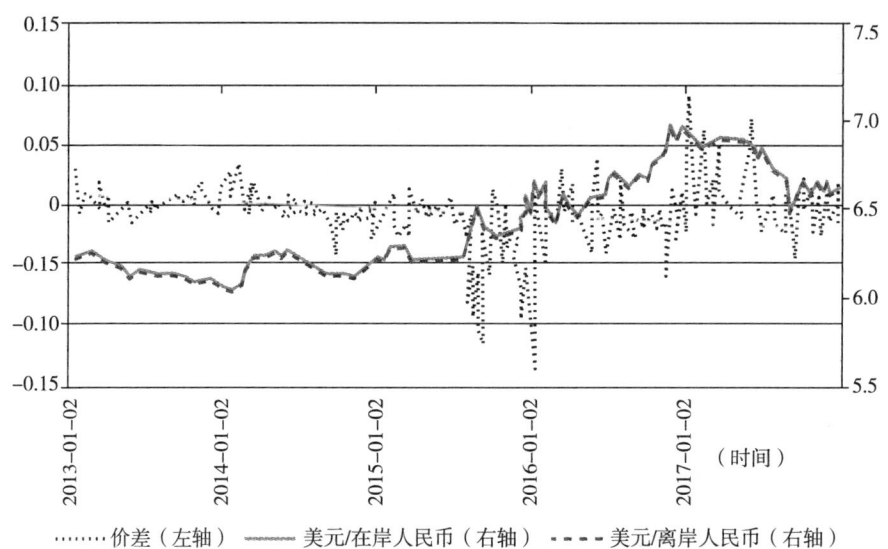

图 4-15 2013~2017 年在岸人民币、离岸人民币汇率及价差

资料来源：Wind。

支机构的公司可以通过 NDF 交易进行套期保值，从而预防汇率变动带来的风险。

新加坡和香港人民币 NDF 市场是亚洲最主要的离岸人民币远期交易市场，该市场的行情反映了国际社会对于人民币汇率变化的预期。人民币 NDF 市场的主要参与者是欧美等地的大银行和投资机构，这些银行和投资机构的客户大多是在中国有大量人民币收入的跨国公司，也包括总部设在香港的中国内地企业。

截至 2017 年 12 月末，1 月期、3 月期、6 月期和 1 年期的人民币 NDF 收盘价分别为 6.5399、6.5709、6.6070 和 6.6650，与 2016 年同期相比发生了反转，在上述 4 个期限的 NDF 交易中，人民币兑美元汇率分别升值了 5.89%、6.24%、6.48% 和 6.89%，如图 4-16 所示。

（三）开放度发生变化的资本项目

以"对资本市场证券交易的管制"这一大项为例。

对于"买卖股票或有参股性质的其他证券"中的第一个子项"非居民境内购买"，不再对单家机构设置统一的投资额度上限，而是根据机构管理的资

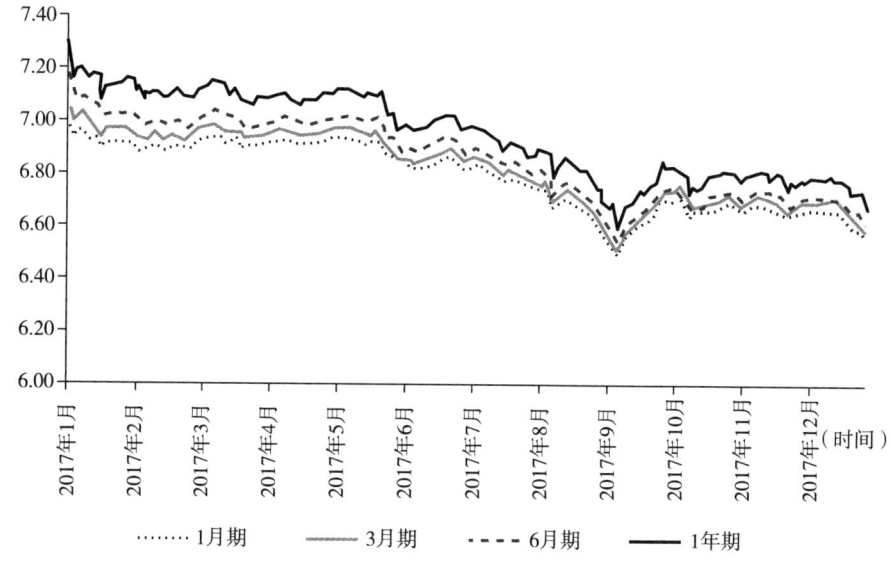

图 4-16 2017 年人民币 NDF 每日综合收盘价

资料来源：Wind。

产规模的一定比例作为其获取投资额度（基础额度）的依据，并将锁定期从 1 年缩至 3 个月。此外，截至 2017 年 6 月，RQFII 的总投资限额提高到了 1.74 万亿元，超过了 2015 年底的 1.21 万亿元。继 QFII 显著扩容后，RQFII 也表现出扩容的趋势。

对于"债券与其他债务性证券"中的第四个子项"居民境外出售或发行"，自 2016 年 5 月 3 日起，中国人民银行将本外币一体化的全口径跨境融资宏观审慎管理试点扩大至全国范围内的金融机构和企业。

因为国际货币基金组织公布的《2017 年汇兑安排与汇兑限制年报》描述的是 2016 年的资本账户管制情况，时间上滞后一年，所以相比 2016 年的当期值，本期测算的资本账户程度较为保守。2016 年 1 月 29 日，人民币购售业务规模较大、有国际影响力和地域代表性的境外参加行可根据业务需要向交易中心申请成为银行间外汇市场会员，参与各类交易。2016 年 5 月 27 日，境外机构投资者投资银行间债券市场实施备案管理，使得管理流程更加简单且易操作，推动银行间债券市场对外开放。2016 年 9 月 5 日，中国人民银行对 RQFII 证券投资额度实行备案或审批管理，中国资本项目开放的进程再次向前推进。

2016年10月1日，国际货币基金组织宣布纳入人民币的特别提款权（SDR）新货币篮子正式生效。2016年12月5日，深港通正式启动，深圳和香港两地证券市场成功实现互联互通等。这些表明当年中国资本账户管制的程度进一步放松，资本账户开放的推进相对以往具有较大的力度，中国人民银行等相关机构对资本账户开放的描述已做了较大的调整。

第五章 人民币国际化与货币安全研究

货币安全是指一国货币运行不受内外部因素的根本性威胁，政府能够很好地控制汇率波动幅度和外汇储备水平，人民币国际化的基础是人民币币值稳定。人民币国际化的进程中面临很多货币风险，一旦处理不好就可能发展为货币危机。

第一节 人民币国际化进程中的货币风险

一、货币机制风险

（一）基础货币发行机制不断变化及通货膨胀累积风险

从中央银行的资产负债表（见表5-1）中可以看出，储备货币是国外净资产与国内净信贷的总和减去发行债券的部分货币资金。

表5-1 2018年中央银行资产负债表

单位：亿元

项目	2018年1月	2018年6月	2018年12月
国外资产	220677.03	220183.33	217648.06
外汇	214833.15	215193.78	212556.68

续表

项目	2018年1月	2018年6月	2018年12月
货币黄金	2541.50	2541.50	2569.79
其他国外资产	3302.38	2448.05	2521.59
对政府债权	15274.09	15274.09	15250.24
其中：中央政府	15274.09	15274.09	15250.24
对其他存款性公司债权	97888.52	103424.01	111517.46
对其他金融性公司债权	5986.62	5947.94	4642.60
对非金融性部门债权	99.03	54.37	27.84
其他资产	17874.92	17818.71	23405.85
总资产	357800.2	362702.44	372492.06
储备货币	307499.28	318471.19	330956.52
货币发行	81557.19	75657.75	79145.50
其他存款性公司存款	224704.52	237805.08	235511.22
非金融机构存款	1237.57	5008.36	16299.8
不计入储备货币的金融性公司存款	4492.57	3746.50	4016.33
发行债券			200.00
国外负债	1024.71	1117.8	1164.51
政府存款	38144.22	32041.47	28224.74
自有资金	219.75	219.75	219.75
其他负债	6419.66	7105.73	7710.20
总负债	357800.2	362702.44	372492.06

资产负债表中的储备货币代表的是央行基础货币投放量。就国外净资产来看，其增加意味着本币投放，其减少意味着本币回收。就国内净信贷来看，其增加意味着货币投放，其减少意味着货币回收。就发行债券来看，即央行发行央票，发债越多回收的货币越多，发债减少意味着向市场投放了货币，发行债券的增减与储备货币是反向运动。可见，增加国外净资产、国内净信贷或者减少债券发行都会导致基础货币增加，反之，基础货币减少。这三大因素影响着基础货币投放，影响着货币政策，是基础货币投放的三大主要渠道。

我国的基础货币发行机制随着经济社会发展发生了一定变化，主要发生了以下变化：在20世纪八九十年代，中国人民银行投放基础货币的主要渠道是再贷款及再贴现，1993~2000年占同期基础货币的比率平均为70.2%。2001年以来，基础货币投放渠道转变为外汇占款，2009年外汇资产占基础货币的比率达到121.8%的历史高点。2010年以后，外汇占款增长速度有所放缓，占基础货币的比率稳定在90%~100%。

从近年来的数据统计可以看出，我国外汇占款不断增加，而这就导致我国不得不被动发行基础货币。外资进入后只有在兑换为人民币之后才可以自由流通使用，这是因为人民币并不属于国际自由可兑换货币，而这就要求我国必须为外资换汇准备规模足够大的资金，相应地增加了我国的货币需求量，外汇占款成为一个重要问题。外汇占款通常会从商品市场、货币市场和资本市场中影响物价指数。首先，在商品市场中，外资换汇会引起交易货币量增加，从而形成通货膨胀；其次，在货币市场中，随着人民币供应量增加，市场利率在一定程度上有所下降，鼓励居民和企业将储蓄转为消费，导致物价上升，进一步会促成通货膨胀；最后，在资本市场中，货币供应量增加，利率下降，会引起证券价格上涨，在这样的形势下，人们会更多地进行实物资产投资，这就产生了更多劳动需求，相应地工人工资也会有一定上涨，最终还是会造成通货膨胀。从以上分析可以看出，外资换汇形成了大量外汇占款，这就会导致货币供应量增加，物价上涨，进一步促成了通货膨胀。虽然外汇占款不会直接影响物价，但是不断增加的外汇占款必然会导致更多货币供应量，从而导致通货膨胀，并且外汇占款越多对通货膨胀的影响越大。

（二）境外人民币减少引起通货紧缩

人民币跨境收付，也就是人民币跨境结算，是指商业银行在央行规定政策范围内，为进出口企业提供的使用人民币作为结算货币的一种国际结算方式，其差额是境外人民币的变化规模。人民币汇率走势直接影响到人民币跨境收付差额。自2010年以来，人民币汇率单边升值预期，人民币跨境收付逆差不断扩大。但自2014年以来，人民币汇率双向波动趋势凸显，人民币跨境收付出现了持续半年的大规模顺差，造成这一现象的主要原因是随着人民币贬值预期增强，境外投资者对于持有人民币的动力有较大程度的降低，由此可以看出，想要实现人民币国际化，一个重要前提就是保持人民币汇率相对强势。此外，境外人民币市场还反映了人民币境外收付平衡情况。截至2015年1月，中国香港、中国台湾、新加坡、英国伦敦和卢森堡五大人民币离岸中心人民币存款为1.58万亿元，与国家外汇局统计的2012年以来的人民币跨境收付逆差总额1.5万亿元基本一致。

在很长一段时间内，外汇占款作为我国人民币基础货币投放的主要渠道。具体来说，通常会通过贸易、国际直接投资和国际金融市场交易这三种途径实现外汇的形成、流入流出。在实践中，贸易对应贸易顺逆差，国际直接投资对应FDI，国际金融市场交易对应热钱。外汇占款减少导致社会资金需求无法得到充分满足，货币当局采取了一系列办法缓解这一问题，如采取创新流动性工具等。需要注意的是，虽然通过新流动性工具可以实现满足社会资金需求的目标，但随着人民币国际化和境外人民币离岸市场的发展，境内流动性外溢，会增加境内流动性的紧张程度。

我国当前从整体上来说，具有巨大规模的货币、信贷储存，但是这些货币、信贷只有一部分是直接作用于实体经济领域的，也就是说大部分货币资金是不具备较强流动性的。造成这一现象的原因在于，我国很大一部分货币、信贷存量都作用于过剩产能、无效投资以及非实体经济的高回报领域中。此外，随着外汇占款一定程度的减少，降低了基础货币投放的动力，银行的吸存能力和放贷能力都有所降低，这些都对货币总量造成影响，形成了货币总量下滑趋势。因此，如果真正具有流通能力的流动性偏紧，就会形成较大的通缩风险。

二、套汇风险

通常可以将境外人民币存款规模作为衡量人民币国际化的重要指标。现阶段境外人民币资产包括人民币现金、人民币存款（含活期存款、定期存款）和人民币计价债券（"点心"债券）等形式，其中人民币存款是主要形式，其规模远大于境外人民币现金和人民币计价债券的规模。

（一）境外人民币流动性趋紧，远期汇率下降

随着人民币国际化持续推进，离岸人民币回流渠道不断拓宽，境外金融中心对人民币的争夺越发激烈，但与离岸资金池的扩容速度并不匹配，所以导致

境外人民币流动性趋紧。究其原因，大致有以下三点：

1. 离岸人民币资金池增长缓慢

数据统计显示，香港地区人民币存款余额近年来一直在下降，2014年这一数值达到了10035亿元，到了2015年1月这一数值缩减到9814亿元，而到了2018年3月，香港人民币存款余额仅为5543亿元。① 事实上，2015年海外银行对人民币存款的争夺持续升温，这导致人民币的离岸存款利率出现不断上升的趋势。在这样的趋势下，香港地区的很多银行调整人民币存款利率，例如汇丰银行原本的2万元及以上新存款3个月期和6个月期人民币定存利率为3.2%，调整后为3.5%；永隆银行原本的10万元及以上1年期人民币存款利率为4.1%，调整后为4.4%。实际上，到了2018年3月底，香港人民币存款达到5543亿元人民币。

2. 离岸人民币持续净回流内地

沪港通于2014年11月17日正式启动，当前通过沪港通配置A股的海外资金早已超过了千亿元。2015年2月初通过沪港通的人民币净流入单日就达到25亿元，且RQFII审批额度仍在不断增加。2019年1月，净流入额创沪港通、深港通开通以来单月历史新高，达到606.88亿元。②

3. 离岸市场人民币运用渠道不断拓展

最初，离岸人民币债券发行主体只有中国香港、中国台湾、新加坡，后来随着中国经济的发展，发行主体逐渐扩展到英国、澳大利亚、韩国、法国、德国等地。离岸贷款稳步增长，2011年底，香港人民币贷款余额仅308亿元，截至2017年3月末，这一数值已经达到2583亿元。③ 而上海自贸区金融改革3.0政策拓宽了自贸区企业境外人民币融资渠道。虽然境内外贷款利差有所收窄，但境外融资利率仍低于国内。在人民币贬值预期下，融资主体可能更乐于持有人民币负债。以上三个因素解释了境外人民币流动性紧张的原因。由于资金来源有限，境外人民币存量规模自2014年以来增长变得缓慢。

---

①③ 2018年12月3日人民币NDF远期合约［EB/OL］. https：//www.wdzj.com/hjzs/ptsj/20181203/902347-1.html.

② 沪指站上3000点成交超万亿 反弹还是反转？机构观点不一［EB/OL］. http：//fund.eastmoney.com/a/201903051059596681.html.

远期市场方面，2018年12月31日，香港可交割1年期人民币兑美元远期汇率报收6.8705，较上月末升1237个基点，比上年末贬2252个基点；境内外人民币1年期远期汇率之差为411个基点，较上月末缩小205个基点；香港不可交割1年期人民币兑美元远期汇率NDF报收6.892，较上月末升1197个基点，比上年末贬2425个基点。2018年12月的境外人民币汇率比较如图5-1所示。

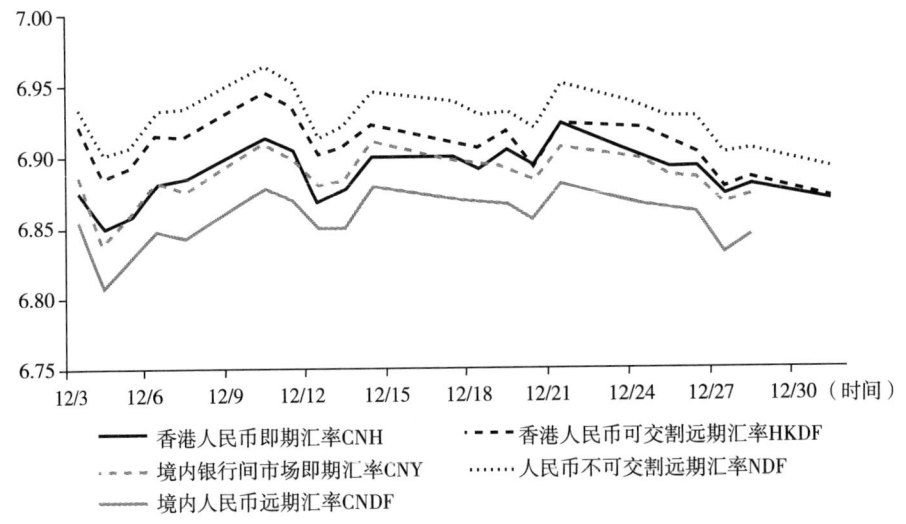

图5-1　2018年12月境外人民币汇率比较

（二）存在套汇风险

推进人民币国家化的一个重要前提条件是具有蓬勃发展的离岸人民币市场。香港地区离岸人民币外汇市场受政府管制较少，离岸人民币越来越具备像新加坡元、泰铢等亚洲货币的特性，不仅受境内市场的影响，更是全球外汇市场的一部分，其人民币无本金交割远期（NDF）汇率基本上可视为由供给和需求共同决定的市场均衡汇率，即人民币远期汇率。如果远期汇率高于在岸即期汇率，市场会预期人民币将升值。如果远期汇率低于即期汇率，则市场上存在着对人民币的贬值预期。

2015年，美元强势导致人民币贬值压力增加。而2015年2月，银行结售汇逆差1054亿元,从这一数据中也可以看出外汇市场上人民币汇率的确承受较大的贬值压力。但是,人民币中间价会在一定程度上牵制在岸人民币汇率,这导致在岸人民币汇率几度逼近较中间价贬值2%的最大波幅,在这样的情况下,央行可以通过巨额外汇储备干预人民币价格。相较于在岸人民币汇率,离岸人民币汇率是完全由市场决定的,人民币中间价并不会对其造成影响,影响其变动的因素是外汇供求及市场预期,因此会形成更为显著的贬值幅度,这也就导致我国2015年以来境内外汇差曾多次达到100个基点之上。

国际货币市场不断变化,据统计数据显示,2018年全年,银行累计结汇125160亿元,累计售汇129060亿元,累计结售汇逆差3900亿元。2018年银行结汇较2017年增长15%,售汇增长11%,结售汇逆差560亿美元,整体收窄50%。①

人民币远期汇率与即期汇率的汇差导致了频繁的套汇风险,表现为以下两点:

1. "跨境搬运工"抽离离岸人民币资金导致资金供应减少

套取汇差收益的具体步骤通常如下:首先从离岸市场借取人民币,其次将这部分人民币汇入内地以换取美元,最后将换取到的美元汇到离岸市场结汇并偿还借款,也就是利用在岸汇率与离岸汇率的差套取利益。在人民币贬值预期下,依托于真实贸易的内地贸易企业倾向于在香港地区结汇,倾向于将所获利润用于在岸市场。从分析可以看出,能否形成大规模套汇的影响因素主要有三个:一是是否存在较大的境内外汇差;二是是否存在较大的汇率波动性;三是资金成本如何。

2. 投资者做空人民币抬高短期资金需求

投资者为了获利,会在预期人民币贬值的背景下选择做空人民币各类产品。这里提到的做空,是指投资者在现期以某一汇率用美元为抵押获取一定数量的人民币,在经过一段时间后,如果按照预期发生了人民币贬值,那么投资者持有的以美元抵押换取的人民币产品会在到期日按之前的汇率进行结算,从

---

① 外汇局:2018年银行结售汇逆差收窄50%[EB/OL]. http://www.cngold.com.cn/hangye/20190119f12201n3656742218.html.

而获取差价利润。在金融市场上,出现离岸人民币做空规模扩大的现象,表明现期对离岸人民币的需求呈现上升趋势,市场拆借人民币需求旺盛,而这也会造成银行拆借利率在一定程度上出现上升。

三、汇率稳定面临困境

保持汇率稳定对于人民币国际化而言十分重要,但是从政策目标选择上来看,实现这一目标存在一定困难。一方面试图放宽货币条件支撑经济增长,另一方面试图让人民币钉住美元,而美元随着美国经济复苏正在走强。

(一)资本加速外流的趋势和风险

外汇储备减少是我国面临的一个严重问题。相关数据统计显示,2015年8月,我国的外汇储备减少939亿美元,去掉贸易顺差,资本净流出超过1500亿美元,这创下了历史新高,而实际的资本净流出只会比这一数据还高。2015年6月以来,我国资本外流数额较大,6~8月,资本外流数额超过5000亿美元。对于资本持续外流,外汇储备不断下降的现象,必须予以重视。例如,造成1998年东南亚金融危机的根本原因在于外资占比过大,外资撤出对那些原本经济高速增长的国家和地区造成了毁灭性打击,外资在这些国家经济良好时进入市场,一旦经济恶化就直接撤资,这些国家只能被迫接受货币和资产价格崩溃的局面。当前我国具备世界第一的外汇储备,根据测算,规模庞大的外储可以帮我国应付各项职能。但需要注意的是,如果资本持续加速外流,外汇储备持续下降,我国将面临越来越大的人民币贬值风险。因此,稳定金融市场和人民币币值,必须科学控制资本流出规模。我国为了加强资本流出控制,外汇局对外汇交易业务的监管已经收紧至资本项下,要求上海各外汇指定银行自查全部境外直接投资外汇业务,并且加强上海、广东等重点地区的外汇业务监管,通过各种手段和途径实现严格控制外汇流出的目标。虽然我国金融市场发展迅猛,但是我国仍需要一段时间完成汇改磨合,在资本外流加速的现实下,必须加强监管,只有这样才能有效地降低发生资本流动风险的可能性。

虽然2019年资本外流压力会有所降低,但想要消除这种压力基本不可能。首先,2019年中国进出口增速都可能放缓,但同时中国可能加大进口力度,进口放缓速度可能低于出口,贸易顺差或继续收窄。其次,中国经济下行压力,既来自技术进步放缓以及人口、资源等方面约束带来的潜在经济增速下滑,也来自产能过剩等因素带来的经济周期下行。

(二) 衰退性逆差将影响汇率稳定

由于我国近年来都是经常账户和资本账户双盈余,导致人民币升值压力不断增加。随着经常账户盈余收窄,资本流动明显转向。2018年,我国经常账户顺差3527亿元,资本和金融账户顺差2365亿元,其中,非储备性质的金融账户顺差3440亿元,储备资产增加1037亿元。① 在出口继续低迷,内需极度疲弱的情况下出现的顺差被称为"衰退性贸易顺差",这种出口不断下滑而仍然保持的贸易顺差显然并不利于汇率稳定。如果要对出口形成刺激,需大幅贬值10%以上,但目前不可行,人民币汇率的长期贬值也不利于人民币国际化和资本投资海外。

随着货币宽松导致利率下降,资本流出将加速。降息和中国国内股市上涨放缓都会刺激中国投资者将资金投往海外。中国实际上宽松的货币政策也在生效,从其他国家的经验来看,宽松的货币政策往往会伴随着货币大幅贬值。美联储加息周期虽然处于暂停状态,但是暂停不等于结束,而欧盟、日本仍然实行的是货币宽松政策。中国经济增速减缓,美元不断升值,人民币贬值压力较大。

(三) 美元加息压力

美联储加息将会引起我国外储下降;美联储暂时不加息,但欧盟、日本仍实行货币宽松政策,将会造成人民币利率下降,在一定程度上推动资本流出加速,而不论是降息还是股市下跌都会对投资者的海外投资行为造成影响,从而使大量资金投向海外市场。随着我国经济发展从高速期转向稳定期,以及美元不断升值,人民币贬值预期十分显著。必须注意的是,美联储加息周期"暂停"不是"结束",最早可能于2019年6月再次加息。美国经济好于预期和金融市场回暖使得美联储在6月会议上选择再度加息25个基点的概率增大。

---

① 2018年我国经常账户和非储备性质金融账户双顺差[EB/OL]. https://baijiahao.baidu.com/s?id=1625539772536566226&wfr=spider&for=pc.

做出这一判断的理由主要有三:一是美国居民实际消费2019年第一季度可能好于预期;二是当前利率水平离我们认为适宜的中性利率仍有1~2次加息空间;三是风险资产的持续上涨一扫2018年第四季度的阴霾。

(四) 外汇储备下滑明显

外汇储备下滑对于我国人民币国际化影响较大。2014年6月,我国外汇储备冲至3.99万亿美元,此后仅2014年8月、2015年4月为正增长,其余月份均为负增长。中国国家外汇管理局公布的统计数据显示,截至2018年12月末,中国外汇储备为30727.12亿美元,相比2017年末减少672.37亿美元,2018年全年降幅约2.1%。[①] 可以看出我国外汇储备仍然处于下滑态势。

整体上分析2018年我国外汇准备变化趋势可以看出,以美元计值的外汇储备呈现减少—趋稳—减少—回升的走势,全年一共下降672.37亿美元,而其变化则受到交易因素和非交易因素影响。我们可以从交易因素和非交易因素两个方面进行分析。

而从交易因素的角度进行分析,即外汇供求状况来看,2018年前11个月,结售汇逆差为489亿美元,外汇占款余额累计减少2191亿元,2018年全年外汇供求总体来看还是需求略大于供给,但在朝着基本平衡方向发展。

从非交易因素的角度进行分析,2018年汇率折算因素和资产价格折算因素对外汇储备的变化主要是负面影响。Wind数据显示,2018年美元指数开盘为92.2280,收盘为96.0639,涨幅达到4.13%,美元指数的上涨使得外汇储备中的非美货币在折算为美元时有所"缩水"。此外,美国10年期国债收益率、欧洲主要国家债券收益率2018年也呈上涨趋势,导致资产价格折算时对外汇储备产生了负面影响。[②]

只有保持人民币币值稳定才可以为我国的人民币国际化提供良好的环境,以此为基础实现人民币成为国际储备货币的目标。汇率政策要有利于我国经济稳定,过度波动显然不利于经济发展。如果降息的同时不让人民币贬值,为支

---

① 中国外汇储备2018年减少2.1% 黄金资产两年多来首增 [EB/OL]. https://baijiahao.baidu.com/s?id=1622006229075802956&wfr=spider&for=pc.

② 外汇储备去哪儿了? 2018年下降672亿美元,2019年波动将继续加大 [EB/OL]. https://baijiahao.baidu.com/s?id=1622050046909578325&wfr=spider&for=pc.

撑人民币而进行市场干预,实际上是在缩紧货币供应,可能会导致中国经济进一步下滑。可见,政策制定者可能会遭遇"不可能三角",即一个国家不可能同时实现资本流动自由、货币政策的独立性和汇率的稳定性。

第二节　人民币国际化进程中的国际收支失衡风险

一、国际收支平衡与宏观经济和金融市场密切相关

国际收支平衡是宏观经济稳定提升以及金融市场稳定运行的重要基础和关键因素,国际收支失衡对这些因素都可能产生较大的消极影响和冲击,阻碍我国宏观经济和金融市场稳定运行和发展,在关键领域破坏推进人民币国际化的良好环境,造成人民币国际化风险。

（一）国际收支平衡与本国金融市场具有紧密联系

很多因素都会对金融市场的稳定发展造成影响,其中大部分是与国际收支密切相关的,也就是说,国际收支与金融市场之间具有紧密联系。例如,跨境资本流动会很大程度影响资本市场上资金供求关系,引起资本市场上金融资产价格的暴涨和暴跌。外汇储备的快速变化也直接影响境内本币的流动性水平,进而对货币市场上资金的价格（利率和汇率）产生重要影响。国际收支对物价的影响,进而形成的通胀和通缩压力也会增加企业经营的不确定性,降低企业的经营效益和投资收益。上述内容,从不同角度和侧面都会引起金融市场动荡,增加金融市场风险。因此,可以看出国际收支状况可以对金融市场产生重要影响。

（二）国际收支平衡与本币利率具有紧密联系

国际收支平衡的内涵丰富,其中经常项目收支差额和跨境资本流动是其重要内容。经常项目收支差额和大量短期资本快速跨境流动可以迅速改变本币供求关系,直接影响本币价格即本币利率稳定。一般情况下,在假设其他条件不

变情况下,国际收支顺差会提高本币利率,国际收支逆差会降低本币利率。而利率变化则又会对宏观经济和金融市场产生不确定性,反过来影响国际收支状况。

(三) 国际收支平衡与本币汇率具有紧密联系

汇率通常是不同币种间的货币供求关系的直接反映。在保证其他条件基本不变情况下,如果一国国际收支顺差加大,外汇储备增加,该国对于外汇的供给大于对于外汇的需求,同时外国对于该国货币需求增加,则本币汇率上升,本币对外升值;反之,如果一国国际收支逆差加大,外汇储备减少,该国对于外汇的供给小于对外汇的需求,同时外国对于该国货币需求减少,则本币汇率下降,本币对外贬值。具体来看,短期资本流动与汇率之间相关影响最为显著。在本币对外贬值趋势下,本国投资者和外国投资者持有以本币计值的金融资产意愿下降,会将资产兑换成外汇,发生资本外流现象,进而加剧外汇供不应求,促使本币汇率进一步下跌。反之,在本币对外升值趋势下,本国投资者和外国投资者乐于持有以本币计值的各种金融资产而引发资本内流。同时,由于外汇纷纷转兑本币,外汇供过于求,会促使本币汇率进一步上升。由此可见,国际收支平衡对本币汇率具有直接影响。

(四) 国际收支平衡与物价具有紧密联系

当储蓄率较高,社会总需求无法得到充分满足,储蓄无法充分转化为投资,并且其他条件基本保持不变的情况下,国际收支顺差过大过快会导致国家外汇储备大幅增加,增加人民币外汇占款规模,推动境内人民币流动性上升,进而加大国内物价上涨压力,从而极易造成通货膨胀。反之,当国际收支出现大量逆差时,又极易导致通货紧缩。上述均会破坏我国经济稳定发展的宏观环境。因此,国际收支平衡对我国物价稳定具有重大影响。

(五) 国际收支平衡与本国对外支付能力具有紧密联系

国际清偿力是指一国的对外支付能力,这种能力主要是通过该国直接掌握或在必要时可以动用作为调节国际收支、清偿国际债务及支持本币汇率稳定的一切国际流动资金和资产体现的。它实际上是一国的自有储备与借入储备之和。其中,自有国际储备是对外支付能力的基础与关键部分,而外汇储备则是国际储备的主要内容,理论界将一国的国际储备视为狭义的对外支付能力,极为重视外汇储备对外支付能力的作用与影响,国际储备包括外汇、黄金和特别提款权等。另外，可自由兑换资产可视作国际清偿力的一部分，包含在广义国际清偿力的范畴内，但不一定限于国际储备货币。值得注意的是，对外支付能力不仅需要满足国际贸易、国际债务、外商投资收益出境和海外投资等方面需要，还应起到有效发挥保障国家经济金融稳定安全的作用。由此可见，国际储备和外汇储备中有关内容，如国际贸易差额、资本项目差额、金融资产等，均与对外支付，如进口贸易支付、偿还国际债务、境外投资需求等内容紧密相关，前者是能否满足清偿后者能力的关键因素。因而，国际收支平衡与对外支付能力息息相关。

通过以上分析可以看出，国际收支状况对金融市场、利率、汇率、物价及对外支付能力有重要影响，进而对我国宏观经济和金融稳定运行产生重大作用，国际收支失衡对相关因素产生的消极影响，会形成人民币国际化的重大风险。

二、改善国际收支平衡的重点问题

（一）正确处理我国经济对内与对外平衡间的关系

随着我国市场经济的发展以及经济全球化进程推进，我国面临越来越复杂的国内外经济环境，而这也决定了我国必然处理复杂的对外经济平衡与对内经济平衡关系。目标明确、重点清晰和统筹兼顾应是我国改善国际收支平衡的基本思路。

1. 实现对内经济平衡

对内平衡与对外平衡中，首先应立足对内经济平衡。改善国际收支平衡应当服务于我国实现经济持续健康发展的目标。从长期和根本角度看，我国经济实力长足发展，在国际经济活动中掌握主动权，实现对外平衡和对内平衡的统一，需要我国立足自身实际，提高我国经济发展速度与质量。对内经济平衡是实现我国对外经济平衡的基础，因此，应将对内经济平衡放在首要位置。

2. 明确经济对外不平衡反映的是经济对内不平衡的主要矛盾

当前，我国经济对外不平衡本质上是我国对内不平衡的外在反映。我国经常项目顺差巨大，其根本症结在于我国国内社会总需求不足、储蓄过高且储蓄不能有效地转化为投资；资本项目顺差过高，则反映了我国国内金融市场体系发育滞后、对外资依赖较大、资本流出渠道不畅等问题。因此，改善国际收支平衡关键取决于经济转型升级和结构调整的进展。

3. 认清经济对外不平衡对经济对内平衡的严重影响

我国经济对外不平衡反过来会给对内平衡带来负面影响，例如，我国外汇储备过大增加了国内市场流动性，对物价和资产价格稳定形成巨大压力，对区域平衡发展和产业转型升级、经济社会协调发展产生了负面影响。

(二) 明确国际收支平衡的参照标准

国际收支平衡并没有绝对的衡量标准，但充分吸取借鉴国际经验有利于我们改善我国的国际收支平衡。这主要包括两个层面的标准和一个新认识。

1. 两个层面的标准

(1) 经常项目收支状况。如果经济体实施资本账户开放政策，那么就会通过设置资本项目这一途径实现与经常项目的对冲，主要表现为，经常项目顺差则资本净流出，经常项目逆差则资本净流入。实际上，从经常项目逆差的 GDP 占比中，就可以在一定程度上预测出现国际收支危机的可能，这是一个十分重要的早期预警指标。从国际经验来看，经常项目逆差占 GDP 的比重超过 4%~5%时，就可能发生由资本流入枯竭甚至逆转引发的本国货币贬值、债务危机等问题，而这可能进一步演化为全面的金融经济危机。随着国际金融经济市场的发展，2000 年以来，国际社会越来越重视经常项目顺差的问题，因为这与全球经济失衡之间存在密切联系，为了缓解这一现象必须更加重视经常项目顺差问题。2007 年，IMF 通过《对成员国汇率政策监督的决定》，其主要目的在于尽可能避免成员国行为引发外部不稳定，其中就包括过大的经常项目顺差。为了提高经济财政一体化程度，欧盟基于国际形势于 2011 年 12 月出台了"六项规则"，经常项目逆差就是其中一项预警指标，具体标准为，经常项目逆差占 GDP 比重不应超过 4%，经常项目顺差占 GDP 比重不应超过 6%。

(2) 国际收支总体平衡状况。经常项目、资本和金融项目会构成一定总差额，而这就会导致官方储备出现反方向变动，因此可以用这一指标衡量国家储备受到国际收支造成的压力。与任何评判指标一样，国际收支总体平衡状况(或外汇储备增速)也存在适度性和可持续性的问题，过高或过低均无法实现社会中有限资源的充分、有效运用。

2. 一个新认识

一个新认识是近年国内外对外汇储备适度规模的新认识。长期以来，国内外对外汇储备的适度规模并无统一标准。2008年美国次贷危机和2010年欧债危机后，国内外对外汇储备的适度规模有了一定新认识。

首先，通过实践可以看出，原有的公认外汇储备适度规模标准已经不再适用于当前的情况。多年来，有一个广泛商讨认同的外汇储备适度规模标准，即满足未来3~6个月，支付进口和偿还外债本息的外汇总额。但该标准未能经受住次贷危机和欧债危机实践考验。2008~2009年，俄罗斯原有国际储备近6000亿美元，远高于用以上标准测算出的2000亿美元的适度规模，但由于资本外流和本币贬值，短短半年间，其外汇储备规模就下降了2100亿美元，相当于原有储备规模的30%以上，为此俄罗斯主权评级遭到调降。韩国也遭遇类似情况，外汇储备从2008年6月底的近2600亿美元降至2009年1月底的约2000亿美元。金融危机经验表明，抵御危机需动用的外汇储备规模很难事先确定。

其次，危机可以帮助我们更全面地认清现实问题，危机教训是形成新标准的激发力量。2013年，IMF对外汇储备适度规模进行了实证研究，认为在实行汇率管理的国家，其外汇储备适度规模应为"短期外债的30%+国外证券投资的15%+出口的10%+广义货币供应量（M2）的10%"所得数字的1~1.5倍，在满足此标准前提下，该国外汇储备可以起到抵御危机和稳定信心作用。相比以往，该综合指标更为全面地考虑了各国经济发展阶段差异，实际上认可了新兴经济体应对危机的外部脆弱性和保持更高规模外汇储备的合理性。

(三) 我国国际收支状况要与物价、利率、汇率和对外支付能力等稳定相适应

从人民币国际化的实际推进过程来看，对于实现国际收支平衡这一状态并没有固定与精确的标准。

改善国际收支状况，实现国际收支平衡，一个重要基础是维护我国宏观经济和金融市场中核心指标的基本稳定，在此基础上保证我国具备一定对外支付能力。因此，一方面，我国要针对国际收支状况对经济增长、就业、物价、利率、汇率和外债水平进行灵活调整，力求实现总体平衡和综合平衡；另一方

面，还要充分考虑与人民币国际化发展进程相匹配。人民币国际化程度不断提高，为我国国际收支状况中合理降低外汇储备创造了条件，同时，也对我国重要宏观经济指标，尤其是利率与汇率处于合理范围提出了更高要求。从以往国际经验看，下述几点需要得到基本保障。

1. 维持人民币净流出

人民币国际化需要人民币质量和数量上满足境外需求。因此，经常项目与资本项目的国际收支状况要整体上实现人民币净流出以持续扩大海外人民币规模，增加人民币跨境使用量。人民币国际化要求人民币国际职能齐全，但人民币国际使用量不足很难真正实现人民币国际化。

2. 维持人民币币值稳定

为了保证币值稳定，我国经常项目与资本项目整体上要保证贸易差额与海外投资收益回流之和为正，以保证人民币币值长期坚挺。货币贬值是影响货币国际化的致命因素。

3. 建立对短期跨境资本流动进行监控管理的机制

重点考虑对短期投机性跨境资本流动征收托宾税。从以往国际金融风险看，投机资金快速进出对一国金融市场具有导火索的作用，是产生、放大、恶化和传导金融风险的关键因素之一。在人民币国际化进程中，要长期防范投机资本跨境流动酿成的金融风险。从长期看，我国应逐步降低经常项目顺差，增加海外投资，提高国际储备运用能力，并逐步降低外汇储备。

三、人民币国际化为国际收支带来的风险

（一）经常项目失衡的风险

随着人民币国际化进程不断推进，经常项目逐渐从顺差向逆差转变。2018年第一季度，我国经常项目逆差为282亿美元，打破此前17年的连续顺差纪录。从项目构成看，货物贸易顺差减少、服务贸易逆差扩大是经常项目逆差的主要原因。人民币实现国际化，意味着人民币将与其他国家的货币挂钩，其他国家为了促进本国国际贸易发展，会使用人民币结算并将其作为储备货币，这就会促进我国的人民币流出，促成人民币的境外储存，这就要求我国实现贸易

第五章 人民币国际化与货币安全研究

逆差；实现人民币国际化，一个重要前提就是保持货币的币值稳定和坚挺，而这就要求我国必须实现贸易顺差。从以上分析可以看出，这是两个相互矛盾的要求，也就是所谓的"特里芬难题"，是指国际货币发行国在承担国际清偿义务与维持币值稳定与坚挺之间存在的矛盾。目前，我国在国际收支方面的表现比较强势，保持了多年的双顺差，并且具有大量外汇储备，这就使我国在为其他国家提供人民币资产时没有出现"特里芬难题"。但需要注意的是，这并不意味着人民币实现了国际化后也会如此，一旦人民币成为国际货币，那么就很可能面临"特里芬难题"，并且还需要考虑非居民对人民币币值坚挺缺乏信心的问题，这些问题就可能导致人民币国际化进程出现逆转现象。

1. 货物贸易顺差过大对人民币进口结算造成影响

我国一直保持着总量巨大的对外贸易，也就造成了较大的贸易顺差，虽然近年贸易顺差有缩小趋势，但整体而言进口与出口之间的总量差距依旧较大。对外贸易以货物贸易为主，服务贸易相对落后，经人民币结算的跨境贸易也多为货物贸易。随着跨境贸易人民币结算的增长，货物贸易结算额所占比重下降，服务贸易所占比重提高较快。2018年我国货物贸易总额是4.62万亿美元，增长12.6%，其中出口2.48万亿美元，进口2.14万亿美元。[①]

加工贸易品是我国货物贸易的主要对象，占进出口总额的50%左右。一般来说，我国在进口贸易中使用人民币进行贸易结算，其中大宗商品占进口总额的近40%。由于中国出口市场主要在欧美，这些国家基本以美元或欧元计算，进口主要集中在周边国家，这些国家与中国的贸易关系密切，加上人民币一直有升值预期，因此愿意以人民币结算。不过，我国的出口远远大于进口，巨大的顺差不会帮助人民币成为国际储备货币，而境外人民币存量太小，储备货币无从谈起。

从我国当前的贸易结算实际情况来看，进口贸易人民币结算金额多于出口贸易人民币结算，尤其是在货物贸易方面这一差额巨大。造成这一现象的原因主要有两个：一是当前我国还没有完全放开人民币资本项目，导致境外获取人

---

① 2018年我国货物贸易总额是4.62万亿美元，增长12.6% [EB/OL]. http://www.chinadevelopment.com.cn/news/zj/2019/02/1455857.shtml.

民币受限较大,一定程度上限制了境外企业使用人民币支付;二是当前仍存在人民币升值预期,为了自身利益考虑,境外企业倾向于获取人民币而不是支付人民币。因此,促进人民币跨境贸易结算进出口的平衡,才能让境外有更多获得人民币的途径。

2. 服务贸易项下的资金外流风险

(1) 服务贸易逆差不断扩大。实行人民币国际化,在理论上看,贸易计价和结算更多使用人民币进行,可以有效避免外汇风险和汇兑风险,节省为躲避外汇风险而进行套期保值的成本,大大促进贸易的发展。我国国际收支顺差主要源于经常项目顺差,经常项目顺差主要来自货物贸易,而服务贸易逆差则不断扩大。2014年出口额为1851亿美元,同比下降10%;进口额为3832亿美元,因此增长15.9%;逆差为1981亿美元,扩大59%。这种不断增加的服务贸易逆差反映出我国贸易结构的不平衡。但随着我国不断发展,服务贸易出口额不断增加。2018年我国服务出口17658亿元,同比增长14.6%,是2011年以来的出口最高增速;进口34744亿元,增长10%。① 但需要注意的是,服务贸易逆差扩大的问题仍然没有得到有效解决。

(2) 服务贸易项下人民币流出的虚假性分析。从我国近年来的房地产行业发展可以看出,该行业存在的泡沫已趋于结束,因此基本上无法利用影子银行快速赚钱,加上GDP增速下降减弱了人民币升值的预期,因此,投资者开始在海外寻求资金安全高的项目。2018年,国际收支口径的服务贸易逆差额达2913亿美元,较上年增加259亿美元,相当于同期货物和服务贸易顺差降幅1004亿美元的25.8%,占比较上年回落了45.9个百分点;服务贸易逆差额较上年增长9.8%,增速较上年回落了4.0个百分点。②

服务贸易项下的资金外流方式多样,有的投资者为某种商品多付款,虚开发票金额将资金转移出境外,多出来的资金投资于伦敦、悉尼或纽约的房地产或者股票;有的干脆为一项从未发生的服务付款,因此服务贸易付款也成为新

---

① 商务部服贸司负责人谈2018年全年服务贸易有关情况 [EB/OL]. http://www.gov.cn/shuju/2019-02/12/content_5364989.htm.
② 中国服务贸易持续逆差20年:无近忧,有远忧 [EB/OL]. https://wallstreetcn.com/articles/3479996?ivk=1.

的资金转移出境的方式。这类服务产生的资金外流的规模很大,如果中国的货币供应中大量美元流出境外,那将对全球宏观经济产生巨大影响,受影响的包括人民币价值、中国国内货币供应量和中国刺激经济的能力。

(二) 资本项目失衡的风险

对于我国企业而言,用人民币计价和结算可以有效推动它们的海外直接投资与跨国并购,而这就会导致我国的资本项目转向逆差。实际上,随着人民币国际化进程的加快,我国国际收支顺差已经下降甚至向逆差转化。目前资本项目逆差扩大,短期资本流动风险不断增大。

1. 资本项目结构失衡风险

(1) 证券投资资金流入增加,加大我国股市风险和跨境短期资本流动监管难度。我国非储备性质的金融账户继续呈现顺差,跨境资本延续净流入态势。统计数据显示,2018年第二季度,非储备性质的金融账户顺差300亿美元,跨境资本依旧延续净流入的趋势。直接投资净流入248亿美元,双向保持在较高水平。其中,对外证券投资净流出43亿美元,来华证券投资净流入652亿美元。① 可以看出,证券投资净流入近年来有不断增加的趋势,并且这一趋势对于我国维持国际收支平衡造成了一定影响,这也是我国当前需要研究的一个重要问题。

从境外对我国证券投资的实践中可以看出,境外投资主体倾向于投资境内股本证券和中长期债务证券,同时还在一定规模上减持短期债务证券,也就是说,境外投资主体更多地倾向于进行长期投资。实际上,境外投资境内股本证券净流入体现了QFII的流向,随着QFII的放量趋势逐渐增强,国家外汇管理局为了促进境外投资,更好地满足境外投资主体在我国资本市场的投资需求,提升了合格境外机构投资者(QFII)总额度,目前QFII总额度达到3000亿美元。随着QFII总额度提升,境外投资增加,导致了我国资本市场的不断净流入,但是这部分境外投资资金是可以随时撤出的,对我国资本市场的稳定运行形成了较大的跨境资本流动风险,同时也增加了我国对资本流动的监管难度。

---

① 国家外汇管理局. 证券投资净流入610亿美元,创季度新高 [EB/OL]. http://www.sohu.com/a/256837191_363747.

(2)"其他投资"项下的短期资产净流出比重过大。

第一,"其他投资"的资产净流出占资本金融账户绝对比重高。在资本金融账户中,"其他投资"项下的资本流入和流出占资本和金融项下资金流入和流出的比例很大。"其他投资"项下的顺差和逆差转化频繁剧烈。统计数据显示,2018年第三季度证券投资呈现近500亿美元净流入,存贷款等其他投资呈现100亿美元左右净流出。

第二,"其他投资"项下的对外负债在减少。从相关统计数据中可以看出,2014年前三个季度,境外对我国其他投资项下资本净流入为1008亿美元,同比减少25%。从具体数据来说,我国吸收的货币和存款类资金有一定增加,实现了824亿美元,同比增长51%;境外贷款同比大幅减少,实现了193亿美元;境外贸易信贷增加353亿美元,同比减少23%。可见虽然境内本外币资金利率高于境外,境内向境外举债热情较高,但境外对人民币资产需求是在下降,因而以"其他投资"形式流入的资金尤其是短期贸易信贷、短期贷款下降较快。

(3)净误差与遗漏的不断增加反映出我国隐性资金外流增多。我国国际收支平衡表中用以保持收支平衡的净误差与遗漏项目自2010年以来已累计达到-3000亿美元以上,而2014年第三季度更是创下-630亿美元的纪录。我国近年来的净误差与遗漏一直处于较高水平,2016年为-2227亿美元,2017年为-662亿美元,2018年据初步统计为-898亿美元。净额差这种隐性资金外流有进一步加速的趋势,这类资金外流难以用监管手段加以控制,可能会影响到金融稳定。

2. 资本项目开放可能导致资本大规模进出,跨境资金监测难度大

从我国实际情况可以看出,资本流入方面的问题比较严重,热钱流入不利于维持我国经济稳定。但是在资本管制的体制环境之下,它的消极作用是可以控制的,所以最大的危险还是资本外流。例如,中国的居民储蓄存款可能是40多万亿元,如果人民币贬值,居民可能把资产多元化,把手中储蓄的10%、20%或者30%转化为外币。我国资本市场的一个重要特征是中国居民偏好储蓄,导致我国储蓄存款规模巨大,在这样的背景下,对市场的合理反应会造成上万亿美元的资本外流。一旦发生这种情况,人民币汇率会遭受严重冲击,人民币在冲击下贬值则会造成大规模的资本外流。就我国当前的发展来看,经济增长指标维持在7%左右,这决定了央行必然会进一步执行宽松的货币政策。

随着我国经济稳定增长，债务情况出现明显好转，但这并不意味我国的债务问题已经得到解决，其中企业债务是我国急需解决的重点问题。目前，人民币单向升值的预期已经打破，一旦市场变化，可能会加速资本外流。此外，国际条件比如美元升值，也会加大资本外流，加大对人民币贬值的压力。

随着市场经济不断发展，人民币资本账户管制也逐步放开，这增加了人民币遭受投机性冲击风险和资本外逃的风险。从定义来说，资本外逃是指一国居民为了规避本币币值不稳定带来的风险，而选择将资本资产进行境外转移投资的行为，实际上是人们对本币币值稳定失去信心的一种表现。随着人民币国际化进程推进，人民币跨境流通规模持续扩大是必然结果，而这同时也造成了不断增加的资本外逃风险。尽管美国利率可能会在量化宽松货币政策退出过程中上升，但目前中国内地的利率仍然比美国和中国香港等地区要高，当境内资本收益率扣除交易成本后仍比境外高的情况下，资本账户的全面开放无疑会导致热钱的大规模流入，推高资产泡沫并引发泡沫的崩溃。

对于国内经济金融运行而言，资金外流会对其造成不利影响，可能导致国内金融运行不稳定的情况发生。人民币国际化意味着中国资本账户必将全面开放，这就导致短期投机资本更多地进入我国市场，这些资本的流入流出会对我国维持金融体系稳定造成严重影响，金融市场价格会随着短期投机资本的大规模流入流出出现大幅波动，从而严重影响我国金融机构的持续经营。同时，在我国推进人民币国际化的进程中，会导致大量境外资本流入，由于我国欠缺有效金融监管，这会引起信用过分膨胀，也就增加了发生风险的可能性。如果稳定的经济形势被破坏，那么经济形势逆转将带来大量资本流出，随之而来的便是大规模的经济泡沫破裂，造成经济市场动荡，严重影响实体经济的健康良好发展。就人民币国际化的进程而言，人民币在境外流通的规模目前还比较小，因此发生以上风险的可能性也比较低，但我们必须防患于未然，必须密切关注可能造成风险发生的各种问题，从而促进我国金融市场的健康发展，实现我国人民币国际化的目标。

(三) 外汇储备失衡的风险

1. 外汇储备规模过大带来的风险

一旦出现外汇储备规模过大的情况，就会引起被动性基础货币投放，而进一步引发的就是通货膨胀。在双顺差的共同作用下,我国积累了巨额的外汇储备,巨额外汇储备造成了大量的外汇占款,成为我国近年来基础货币过量投放的一个重要因素,在国内投资容量有限的情况下,通货膨胀压力越来越大。不过我国外汇储备出现一定程度下降,截至 2018 年 12 月末,中国外汇储备为 30727.12 亿美元,相比 2017 年末减少 672.37 亿美元,2018 年全年降幅约 2.1%,而相比 2018 年 11 月末则增加 110.15 亿美元,月度环比升幅约为 0.4%。①

伴随着我国外汇储备规模过大的另一个问题是外汇储备的收益偏低。我国的外汇储备多以低风险低收益的国债形式持有,资金使用效率低下。至 2014 年 9 月末,我国累计新增外汇储备来自经常项目顺差 1537 亿美元和资本金融项目顺差 687 亿美元,包括来源于"证券投资"负债 614 亿美元,从理论上讲,如果一国金融项下储备的增长来源于资产类项目,则后期调整的主动性较大,但如果主要来自负债类储备,则后期调整的难度较大。而来自证券投资的这部分外汇储备增长,由于随时可以变现,显然风险很大。过高的外汇储备规模仍然意味着明显风险。2018 年 9 月末,我国对外投资资产 70473 亿美元,较 6 月末增长 0.1%。其中,对外直接投资资产 15420 亿美元,增长 1.3%;对外证券投资资产 5288 亿美元,增长 2.0%;对外其他投资资产 17936 亿美元,增长 0.8%;储备资产 31771 亿美元,仍位列全球第一。② 分析我国对外金融资产结构可以看出,储备资产规模仍然过大,而由于贸易顺差和外汇储备的并存增加,意味着大量的富余外汇储备存在,而我国外汇储备的投资收益太低,也是不争的事实。

2. 外汇储备不断下降带来的汇率风险

我国的汇率制度为了更好地适应不断变化和发展的市场经济而不断改革创新,从 2015 年 8 月 11 日起完善人民币汇率中间价报价,中间价将参考上日银行间外汇市场收盘汇率。汇改实行以来,在岸人民币汇率贬值 2%,汇率波幅较大。图 5-2 是美元对人民币汇率走势图,从中可以看出,近年来汇率变化

---

① 中国外汇储备 2018 年减少 2.1% 黄金资产两年多来首增 [EB/OL]. https://baijiahao.baidu.com/s?id=1622006229075802956&wfr=spider&for=pc.
② 国家外汇管理局. 9 月末整体国际投资头寸稳健 储备资产全球第一 [EB/OL]. https://baijiahao.baidu.com/s?id=1621086157758738770&wfr=spider&for=pc.

较大。面对境外结汇如此丰厚的收益,企业境外结汇的动力很难降低,而购汇则在境内,再大的外贸顺差都不可能转化为境内的结售汇顺差,外汇储备的下滑压力也无法缓解。在目前的法律框架下,这种跨境结售汇只要有真实贸易背景是无法进行约束的。换句话说,要么采取新政策严厉约束企业境外结汇,要么想办法压制住境外的贬值预期,否则外汇储备很可能继续大幅下滑。而且进口企业境内购汇后直接支付进口成本,这种外储下滑根本不是藏汇于民。

图 5-2 美元对人民币汇率走势

从外汇市场的角度而言,外汇市场顺周期行为进一步施压了人民币汇率。自 2018 年 8 月 6 日央行陆续出手调控汇率以来,截至 10 月底,美元指数累计升值 1.9%,人民币汇率中间价累计下跌了 1324 个基点,其中收盘价相对中间价偏弱,累计贡献了 2410 个基点,相当于前者的 183%,反映了外汇市场的顺周期性和羊群效应。市场汇率相对于经济基本面决定的均衡汇率出现超调是外汇市场的正常反应,我们不能将此简单归咎于市场的非理性。一般来讲,当市场普遍看空时,会选择性地相信坏的消息,市场汇率会相对均衡汇率出现过度贬值;反之则会出现过度升值。这也从侧面说明了稳定市场预期是未来人民币汇率得以企稳的关键因素之一。

境内居民偏高的人民币贬值预期是外汇储备下滑的另一重要原因。目前境内人民币和美元的理财收益率有3%~3.5%的利差，由于预期人民币贬值幅度会超过利差，境内外汇存款才大幅上升。要想降低这种预期，人民币的年度贬值幅度必须控制在3.5%以下，否则居民购汇可能一哄而上，导致外汇储备急剧下滑。虽然居民增加外汇资产属于藏汇于民的范畴，但短期内如果外汇储备下滑过快则会极大地增加人民币贬值压力。那时要么禁止居民购汇，要么允许人民币大幅度贬值，没有第三条路可以走。从控制居民恐慌的角度来看，人民币年内的贬值空间已经很有限。如果央行成功避免了贬值预期失控，居民很可能最终将手中的外汇出售，从而回补外汇储备。

从以上分析可以看出，外汇储备下降是导致人民币贬值预期的一个核心原因，能否成功抑制贬值预期是外汇储备是否将继续大幅下跌的关键。另一个选项则是采取更多的措施鼓励境内结汇，抑制境内购汇。但就当前的实际情况来看，两个选项的实施难度都不小。

也就是说，单纯地依靠汇率政策并不能切实有效地实现调整国际收支的预期效果，反而还可能引发资金的大规模跨境流动，外汇市场交易量放大，这就会导致人民币承受较大的汇率偏离压力，为货币当局稳定人民币汇率增加了难度。人民币国际化意味着人民币与其他国家货币挂钩，人民币币值变化可能引起其他国家国币币值的变化，这就导致我国实行汇率政策调整国际收支平衡的目标难以实现预期效果，增加了维持国际收支平衡的难度。

第三节 人民币国际化进程中的风险防范

一、正确处理币值稳定与经济增长的关系

1879年，美国开始正式实行金本位制，金本位制为美元稳定提供了重要条件，此后在此基础上成立了美联储，进一步提升了美国在金融市场有效调控

第五章 人民币国际化与货币安全研究

方面的功能，之后美国采取了一系列措施完善其货币运行制度体系。而日本则迫于国际压力实行货币改革，我国在推行人民币国际化时应该以此为警醒。德国经历过高通货膨胀的历史时期，切身感受过通胀对经济增长造成的严重影响，因此德国始终坚持实行稳定币值为主要目标的货币政策。1975年以来，德国为了维持货币币值稳定，制定并公布货币供应量增长指标，以此确保币值稳定这一目标切实实现。从法律层面来看，德国央行实行反通胀的货币政策具有较强的法律独立性，这是德国货币政策得以顺利实施并实现政策目标的重要制度保障。同时，德国央行对资本管制进行动态调整，因为经常项目和资本跨境流动状况是不断变化的，这种方式可以更有效地保证货币稳定，同时，德国根据情况主动允许马克升值，这样可以更充分地发挥货币政策的作用，从而有效防止高通胀的情况发生。马克对内价值长期保持稳定，对外价值逐步上升，使马克成为名副其实的"硬通货"，推动了马克国际化。想要推进一国货币国际化，一个重要的基本条件是实现该货币的币值稳定。马克的国际化实践表明，唯有努力维护人民币币值的稳定，才能避免重蹈日本的覆辙，整体地推进人民币国际化。中央银行应采取措施使物价水平保持在一个合理的范围之内，独立地制定和实施货币政策，以市场为导向，提高中央银行货币政策的可信度。

通货膨胀会造成市场经济不稳定，因此只有保证低通货膨胀率才可以实现宏观经济稳定，而实现这一目标就要求有相应的财政政策与货币政策的约束与支持。政府必须实行连续、一贯的平衡财政政策和稳定的货币政策，同时妥善处理币值稳定与经济增长、国际收支等目标的关系，从而保持宏观经济的可持续稳定发展。

二、加强资本市场的监督与管理

金融体系的非市场化以及由此产生的金融市场上最重要的价格信号（利率和汇率）的扭曲，会导致金融市场在资源配置方面的作用受到限制，使经济中不稳定的因素增加，这必然会使公众增加对美元的需求。为避免美元化和资本外逃对国内经济造成冲击，我国必须保持宏观经济和币值的稳定，同时加大资本市场监管力度,稳步推进人民币自由兑换及资本市场开放。

(一)防止货币替代对国内经济的冲击

一般情况下,可以通过限制或禁止持有外币和在国内支付中使用外币,以及对外币存款规定较高的准备金这两种手段防止货币替代对国内经济的冲击。但上述措施中,第一条可能导致现金经济、地下经济,第二条会加重金融机构运营负担,与公开市场操作背道而驰。因此,采取审慎的宏观经济政策是有效防止货币替代的最佳选择,通过这种方式可以有效维护本国居民对本国货币的信心。货币兑换可能在一定程度上影响本国国内经济,还存在投机兑换的可能,因此,必须保证汇率符合实际以及国际清偿手段充足。

在实践中,想要防止货币替代对国内经济的冲击,就需要做到以下几点:保持政治经济环境稳定,减少波动因素;提高国内银行体系质量,避免对本币不利的储蓄趋向;促进创造本币金融资产,增加本币资产的投资机会;采用市场机制进行资源配置,而不是采取数量控制和其他行政管理措施;保持具有国际竞争力的利率水平,使本币有价格和利差优势;鼓励金融创新,为公众开拓新的投资渠道。这些措施对于鼓励居民持有以本币计值的资产,阻止大量换取外币是必要的。

(二)合理控制人民币的国内兑换,限制资本外逃

人民币的国内自由兑换会对资本市场造成一定影响。实行国内可自由兑换可以鼓励居民出售或储蓄他们目前持有的外币,同时,允许居民持有以外币计值的资产有助于将个人持有的、隐蔽的外汇吸引到银行系统,把黑市交易纳入正规渠道,以降低交易成本并促使汇率统一。但是,如果没有合理的宏观经济政策和适当的条件,实行国内可自由兑换会引发用本国货币套取外汇的风险,从而耗尽官方持有的外汇储备。另外,居民外汇存款过多会使货币政策决策复杂化。目前我国实行人民币对内完全可兑换的条件还不具备,适当控制人民币的国内可自由兑换可以控制资本外流的范围,并可防止官方持有的外汇流入国内私人居民手中。

(三)加强资本市场监管,防范国际游资的冲击

对于国际资本流动而言,国际游资具有重要作用。因此,严格控制国际游资流动十分重要,这就要求我们必须建立起灵敏、高效的危机预警和救援机

制。首先，监管当局必须时刻关注金融市场动向，并将金融市场的各种信息及时披露，从而实现对公众投资行为的有效引导。其次，应该保证市场干预的超前性，这是指在正确预判的基础上进行提前干预，从而避免挤兑风潮和抛售风潮造成的影响，防止由他国传入的危机影响本国。最后，对国际游资的流入流出进行控制。直接控制方法包括增大短期资本进入的成本和数量控制。需要注意的是，要科学合理地进行直接控制，过于严格的直接控制会导致大量资本流出，反而不利于经济平稳持续增长。因此，资本市场监管应该加强对间接手段的灵活使用，利用利率、汇率、外汇市场干预，财政政策调整等手段控制国际投机资本。此外，金融当局还应该充分发挥政策工具的作用，从政策层面为资本的流入流出提供良好环境，从而降低国际短期资本流动造成的风险。国际游资都有集中于短期资本市场的倾向，因此，必须通过各种政策措施，把它们吸引到中长期投资和实物投资上，以控制资本流向，防止泡沫经济的发生。

三、提高微观金融主体的竞争实力

资本项目可自由兑换是资本市场发展的表现，但导致很多存在大量不良资产的银行有了维持运营的机会，这些银行利用向国内外借款的方式维持自身运营，而这容易引起一国对外过度借款而导致外债偿付困难。在存在竞争的情况下，本国银行的不良资产将会诱使居民大量将存款提出转存到国外银行。

因此，我国必须重视金融机构持续增加的巨额不良债权方面存在的问题，这对于保持金融系统的稳定和人民币国际化具有重要意义。在金融市场瞬息万变的情况下，金融体系面临的风险会急剧增加。这就要求政府部门维护金融机构的信贷自主权，坚持信贷原则，加强信贷管理，提高信贷资产质量，有效防范和化解金融风险。同时，金融监管当局要加大金融监管的力度，货币当局应该集中精力保持金融体系稳定，完善各种监管法规，建立健全市场运行规则，使金融市场自由而有序地运行。

经济全球化进程不断推进，金融市场发展面临复杂的国内国外形势，只有保证我国构建稳定完善的国内金融市场，才可以为人民币国际化提供一个良好的基础和环境。虽然近年来我国金融市场发展迅猛,但从整体进程来看仍处于初级发展阶段,金融市场不够发达,也没有完备的市场机制。例如,当前人民币仍不可自由兑换,人民币流动性较差,进一步开放市场,实现货币自由可兑换仍然困难重重。当前,推进人民币国际化是我国面临的一个重点问题,而想要实现这一目标需要循序渐进,要按照科学步骤为这一目标的实现提供条件。首先,我国必须尽快建立健全一个完备、高效、开放的金融系统,保证金融市场运行稳定;其次,要构建并完善人民币交易结算网络系统,充分发挥我国在亚洲区域内贸易和直接投资的比较优势,以此为基础扩大人民币在进出口贸易结算中的比例。只有打造良好的金融市场环境,构建完善的金融市场机制,才可以顺利推进我国的人民币国际化进程。

四、适当增加黄金储备

货币国际化的一个重要基础是一国有一定黄金储备作为基础支撑,从各国的货币国际化进程中可以观察到这一点。21世纪初开始,美元与黄金价格脱离关系,但国际市场上仍然以美元计价黄金,这也是石油美元实现的一个重要基础。世界黄金委员会于2017年8月公布了黄金储备量情况:美国为8133.5吨,在其国际储备中所占比例高达74.5%。之后依次是德国3374.1吨,在其国际储备中的占比为69%;国际货币基金组织2814公吨;中国1842.6吨,在本国国际储备中仅占2.3%。① 现代金融学认为:过高的黄金储备量会导致央行的持有成本增加,因为黄金储备的收益率从长期来看基本为零。但看看发达国家储备黄金的实际行为,就会明白许多道理。因此,我国必须有充足的黄金储备以应对人民币国际化后异常的大规模资本流动的风险,黄金还可作为维护国家安全稳定的战略物资。

第二次世界大战后,很多人认为黄金作为世界货币的时代已经结束,但实际上黄金并没有完全退出国际金融市场。随着1978年3月国际货币基金组织拟定的国际货币基金协定修改草案的正式实施,黄金最终退出国际货币舞台,

---

① 世界黄金委员会,https://www.gold.org/.

为不兑现的国际信用货币所代替，仅作为保值或偿债的物质保证。1997年，由于亚洲金融危机的发生，一些国家出售黄金以完成国际债务或贸易的支付，一些国家则动员国民出售黄金给国家，黄金的国际货币功能凸显。金融危机中黄金的"挺身而出"表明黄金地位有所提升。《牙买加协定》提出"黄金非货币化"，人为限制黄金的作用，但由于黄金本身具有其他商品所无法比拟的内在价值，仍是世界上重要的价值贮藏手段，仍行使着国际上的流通手段和支付手段的职能。从存在的事实来看，黄金的国际货币地位目前还没有被其他货币形式完全代替的迹象。美元从20世纪40年代开始就发挥国际货币的功能，但至今也没有能够完全代替黄金。1969年国际货币基金组织设立"特别提款权"，试图使其成为世界性的货币。最初的"特别提款权"是以黄金为价值基础的，后来脱离了黄金基础，但由于没有坚实的价值基础，也没有一个类似于国家主权体的"制度性信用"承诺与保证，故其未能成为国际货币中的重要一员，只是在成员国之间内部发挥着支付作用。因此，黄金在国际货币中的作用必将继续存在。

随着国际金融市场不断发展，黄金储备的地位有所下降，但是可以看出，世界上任何一个拥有国际货币的国家都会有一定黄金储备，据统计目前世界上有70%的国家以黄金作为官方储备。在爆发金融危机时，黄金仍是最主要的国际储备手段，而且它是无障碍的国际性支付手段，所有国家都会接受使用黄金进行的结算和清偿。并且黄金与货币不同，货币汇率浮动会带来一定风险，黄金则可以避免这一风险。

在实现了人民币国际化后，从某种角度来说，中央银行将成为使用该货币国家的"最后贷款者"，如果没有把握好这一角色，就会导致自身受到世界性债权、债务的拖累。在人民币国际化的过程中，出于扩大国际投资的需要，人民币的国际收支结构可能会发生改变，这样就可能面临储备的不足，因而可能会导致清偿能力不足和汇率波动的风险，严重时还可能导致货币替代和资本外逃。而适当地储备黄金，可抵御人民币国际化进程中各类风险的冲击，保持稳定的清偿能力。中国黄金储备变动情况如表5-2所示。

表 5-2　中国黄金储备变动情况

单位：万盎司

时间	金额
1980 年	1280
1981 年至 2001 年 11 月	1267
2001 年 12 月至 2002 年 11 月	1608
2002 年 12 月至 2009 年 3 月	1929
2009 年 4 月至 2015 年 5 月	3389
2015 年	5666
2016 年	5924
2017 年	5924
2018 年	5956

当前我国具有金额巨大的外汇储备，因此我国应该适当增加黄金储备，进一步优化我国的货币储备结构。但需要注意的是，增加黄金储备要做到适度，因为过多的黄金储备会降低我国储备资产的收益。实现人民币国际化，必须保证货币资产储备合理，一定比例的黄金储备是必要选择，是风险防范的重要手段，是保持人民币币值稳定和坚挺的重要手段，是人民币走向国际的重要保证。

五、加强货币金融领域的国际协调与合作

经济全球化加深了各国在经济金融领域的交流，各国经济政策的溢出效应就是一个显著表现，也就是说一个国家的经济金融政策不仅会对自身产生影响，同时在一定程度上对其他国家造成影响，各国货币政策的自主性遭到削弱。需要注意的是，溢出效应并不是通过单一方式产生作用，这就决定了不同的溢出效应之间并不可以相互抵消，也就是说，各国在采取非协调的经济金融政策时，很可能导致互损结果。因此，在制定和实施宏观经济政策时，必须充分考虑其国际协调能力，这具有重要意义。

在资本市场开放程度不断加深的背景下，国际经济市场和金融市场的问题

需要各国共同维护,国际协调与合作相较于过去显得越来越重要。在金融全球化和经济一体化的今天,任何国家都不能采取以邻为壑的利己政策,而只能在合作与协调中谋求共存和发展。人民币的国际化也是如此,它是一个动态的协调过程。在人民币国际化的进程中,不仅要强调国际货币之间的博弈与竞争,更要强调协调与合作的理念。人民币的国际化,单靠中国自身的努力还远远不够,还必须加强中国与国际社会特别是周边国家和地区的合作与协调。

对于中国而言,推行人民币国际化的一个重要前提是加强国际货币合作,其中加强与亚洲国家的货币合作显得尤为重要。推进亚洲内部的区域货币合作对中国经济的有利之处主要包括贸易和金融两个方面。中国作为东亚大国,对外关系的重点在亚洲地区,中国的对外贸易和外国直接投资也高度集中于这一地区,中国参与亚洲金融合作可以在多方面受益。

首先,随着经济全球化和各国开放程度不断加深,不论哪个国家都不可能做到完全不受外部环境的影响而发展,并且各国之间的联系还会不断拓展并加深。各国既可以从市场扩大、技术扩散和资本流动等方面受益,同时也比过去更容易受到外部不利因素的冲击。区域货币合作的一个有利之处是有助于形成和增强多边干预机制,并成为对以国际货币基金组织为中心的国际货币体系的一个有效补充。尽管中国是一个门类齐全、经济多样化的大国,经济发展的回旋余地较大,但随着经济全球化的不断发展,外部世界,包括亚洲地区的经济发展对中国经济的影响越来越显著。中国经济和亚洲经济在一定程度上是一种休戚与共的关系,具有很强的互补性。中国积极参与亚洲金融合作,并在其中起到一个大国的作用,符合中国的长远经济利益。

其次,我国可以通过积极参与亚洲货币合作,有效加快人民币成为区域性国际货币的进程。中国可以通过参与亚洲货币合作,提升人民币的地位,加快人民币的国际化进程。随着中国对外开放的程度逐步加深,人民币也将随着中国经济实力的不断增强和自身价值的稳定而日益为其他国家,特别是亚洲国家和地区所接受。

第六章 人民币国际化与中国经济

随着现代经济的快速发展，我国人民币已经开始逐渐迈入国际市场，国际化水平得到了显著的提升。从我国人民币国际化发展来看，其对我国的经济水平提高具有一定的促进作用。

第一节 人民币国际化与"一带一路"建设

由中国提出的"一带一路"倡议正式形成并逐渐成为当前经济全球化的主旋律。本节从"五通"中的货币融通角度来讨论人民币国际化和"一带一路"倡议中的区域货币金融合作问题。

一、"一带一路"为区域货币金融合作带来新机遇

（一）"一带一路"沿线经济金融发展不均衡态势为区域货币金融合作打开空间

从"一带一路"的地域布局来看货币金融合作框架，可以发现"一带一路"整体的金融服务发展格局类似于哑铃现状，两端（欧洲和东亚）的金融服务业相对较为发达或规模总量较大，而中间地带则相对薄弱。这为我们开展"一带一路"沿线国家和地区货币金融合作提供了巨大的空间。

（1）"一带一路"中间区域的金融供给能力尚待发掘，我国的经验和实践

可以借鉴。中国特色的改革开放发展经验虽然不一定全部适用"一带一路"沿线国家和地区，但其借鉴参考作用还是有的，尤其是在金融改革开放过程中走过的路、形成的经验可以成为区域货币金融合作的价值催化因素。也正因如此，国际货币基金组织在2017年的"一带一路"高峰论坛上提出与中国人民银行一起在中国建立"一带一路"能力建设中心。"一带一路"起端于我国。根据国务院2017年3月发布的《全面深化中国（上海）自由贸易试验区改革开放方案》，上海自贸试验区要建成"服务国家'一带一路'建设、推动市场走出去的桥头堡"；在国务院批准的其他自贸试验区（如福建自贸试验区等）建设中也部分提及了服务"一带一路"建设的目标和任务。因此，我国金融服务业从封闭落后到改革开放的路径以及积累的经验和发展到现在的供给能力，可以通过上海自贸试验区的优势辐射服务到"一带一路"沿线国家和地区，带动整体金融服务的能力建设。

（2）区域多双边金融合作新载体能够发挥更好的作用。中国作为"一带一路"倡议国，不仅发起设立了亚洲基础设施投资银行和丝路基金，更发布了《推动共建丝绸之路经济带和21世纪海上丝绸之路的愿景与行动》。国内多个省（自治区、直辖市）也相继发布了参与"一带一路"建设的行动方案。从整体来看，"一带一路"建设需要货币金融合作才能实现深度融合，才能实现资金融通的目标。因此，学术界和实务界对"一带一路"跨境金融服务的跟进以及货币金融合作的开展是有共识的。

"一带一路"建设中的区域货币金融合作要本着"照顾各方国情特色、共同推进、惠及实体、共同获益"的原则来推进，还需要更加关注金融风险对经济的伤害，建立共同应对外部冲击的风险干预机制。

（二）"一带一路"建设中实体经济的需求有助于区域货币金融合作走向务实

区域货币金融合作的基础源自实体经济的跨境经营需求。因此，可以按照以下路径推进区域货币金融合作：①促进区域内本币的跨境流动，以进一步加强"一带一路"沿线贸易和投资活动。②本币在贸易结算中使用的增加，必然会涉及本币回流以及本币投资于各国境内金融市场的问题，从而带动沿线国家和地区放松对本国债券市场的管制，以及促进整个亚洲债券市场的发展。③当债券市场规模不断扩大时，流动性的增强将有效调节沿线资金的流动，并带动沿线产业分工格局的变化与产业升级,改善沿线国家和地区的经济结构。④当沿线经济一体化发展到一定程度时,沿线国家和地区金融市场的资产价格波动将会趋同,从而为建立人民币与沿线国家和地区货币的汇率规则奠定基础,形成稳定的汇率板块,更好地服务沿线国家和地区的贸易投资往来。

二、构建"一带一路"的人民币跨境金融服务链

尽管人民币已经加入 SDR,但提高"一带一路"沿线国家和地区对人民币的接受度,还需要从人民币跨境金融服务产业链做起。

(一) 人民币跨境金融服务产业链建设跟不上实际需求

在"一带一路"倡议下,中国与沿线国家和地区的贸易投资往来日趋活跃,大宗收购也不断开展。这些收购或投资的双方大多愿意用人民币作为合同货币和结算货币,如我国三家金融设施机构联合收购沿线一国家的证券交易所的案例,收购方希望用人民币结算此笔收购,并获得了政府监管部门的大力支持。三家联合收购股份折价金额约 5 亿元等值的当地货币。经过初步协商,对方收款行表示愿意接受人民币后兑换成当地货币,支付给当地被收购的证券交易所的股份出让方,但困扰收款方银行的是收到的人民币后续怎么使用以及人民币兑换当地货币的汇率。还有一个案例是一家民营企业投资非洲,生产瓷面砖和地砖,当地销路非常好,解决了当地 2000 多人的就业,但要扩大再生产却遇到了融资难、融资贵的问题。想向境内银行申请融资,但境内银行对其境外资产的估值有困难而无法提供融资;当地银行给了授信额度,但却因融资成本太高而不敢要。同时,该国虽然没有外汇管制,但却没有外汇可以兑换,导致企业利润无法汇回,并且还要承受当地货币汇率不断贬值带来的损失。

类似案例不少,反映出了一个非常需要重视的问题,就是"一带一路"沿线国家和地区的货币大多不是国际货币,只是一定程度上接受了《国际货币基金组织协定》第八条款,实现了经常账户可兑换,但仍然有相当严格的外汇管制或外汇短缺。与此同时,人民币虽然已经加入了 SDR,人民银行也承诺会根据对方国家需求按国际货币基金组织的有关规则兑换对方持有的人民币,但由于我国的金融机构在这些国家的物理网点有限,而这些国家的金融机

构也大多未在我国设立物理网点,给实体经济开展贸易投资带来诸多不便,双方要结算贸易投资形成的债权债务,必须要借助第三方货币,其间带来的成本不说,内含的风险也比较大。

(二) 企业对"一带一路"金融服务的需求

企业根据参与的模式和程度的不同,对服务的需求也是不同的,大致可以分为贸易往来和投资经营两大类。

1. 贸易往来企业

对于从事跨境货物和服务贸易的企业可以分为短期和长期。短期贸易参与企业所面临的货币敞口时间较短,对跨境金融服务的需求也比较简单,主要是银行贸易融资的跟进、风险保障以及收付款流程的简便快速。对于长期贸易参与企业,它们通常是大型成套设备和工程建设的参与者,有些还可能存在比较复杂的分包、转包现象,需求比较复杂多样。主要包括:①对方央行对人民币和其他外币一样的接受而非歧视性接受(可以帮助我国企业降低汇率风险和兑换成本);②对方国家接受《国际货币基金组织协定》第八条款实现经常账户可兑换,允许当地企业兑换人民币(可以便利收款);③两种货币的直兑安排(可以帮助对方企业提高对人民币的接受程度并支持双方企业在商务合同中加入汇率波动保障条款);④对方国家银行或我国银行长期人民币融资的跟进(可以帮助企业规避汇率和利率风险);⑤便捷快速收付款服务安排及信用保险的跟进;⑥长期跨币种应收账款相关的贸易融资安排(可以帮助企业快速回款,降低或分散收款风险)。

2. 投资经营企业

这些企业以直接投资的方式参与当地企业的实际经营,向当地居民提供服务并获取收益。如电力企业参与当地电力设施的投资和后续经营(BOT 或参股收购大多属于这一模式),发电后卖给当地政府和居民,获取当地货币收益。其需求更为复杂,对当地的金融政策环境要求更高、更广泛,也更需要我国通过高层渠道来推进对方国家的可兑换安排。主要需求有以下几方面:

(1) 希望当地银行能够向外商投资企业(我国在当地投资经营的企业)提供人民币账户服务,并允许将当地货币的收入即时转换成人民币存入账户,或者允许外商投资企业开立离岸账户(上海自贸试验区的 FT 账户)来解决当地货币与人民币的兑换问题。

（2）希望当地银行能够接受人民币直接投资和中方股东贷款，允许企业保留人民币资本金及股东贷款用于后期从我国进口的支付，避免强制结汇成当地货币并在后期再用当地货币购买人民币造成的汇兑成本和汇率风险，尤为重要的是可能需要等待汇兑审批是否成功的风险。

（3）希望当地银行提供人民币与当地货币的直兑安排，避免交叉套算汇率带来的双重兑换损失。由于人民币属于国际货币体系中的新晋货币，许多国家的当地货币交易市场没有人民币与当地货币的交易，也缺乏做市商，或干脆没有得到当地央行的认可，人民币与当地货币的兑换均需要通过美元来进行交叉套算。企业希望我国与这些国家的央行能够在双边本币互换框架下推动人民币进入当地的汇兑市场，以实现直兑安排。

（4）鉴于当地大多没有人民币与当地货币的交易市场，企业希望在"一带一路"货币金融合作的框架协议下做一些人民币融资和结算的特别安排，使人民币有更为优先的安排，毕竟"一带一路"建设中我国银行和企业通常是最大的出资方和债权方，人民币结算可以为债权增加一层保护。同时，特别希望我国能够推动对方国家落实对投资以人民币回收以及融资还本付息的保护。

（5）希望我国银行能与当地银行合作，为企业在当地及境内或国际市场获得融资提供支持。由于我国"走出去"企业习惯于接受我国金融机构的服务，所以更希望我国的银行能采用内外联动的方式为企业提供持续性服务，希望能够采用境外资产抵押的方式获得境内银行的后续融资支持。

（三）"一带一路"跨境金融服务的实际供给情况

（1）"一带一路"的贸易投资目前大多以美元结算。以巴基斯坦为例，海关数据显示，2016年中国与巴基斯坦的进出口贸易折合人民币为1262亿元，其中我国出口1136亿元，进口126亿元。2016年，我国与巴基斯坦的货物贸易人民币结算收入只有30亿元，支出3亿元，占比均不到当年进出口的3%。从部分商业银行了解到的对巴结算情况也是如此。截至2017年1月底，我国商业银行与巴基斯坦商业银行信用证项下已交单未收款和已通知未交单的信用证等所有结算均使用美元，几乎没有用人民币计价结算的。

(2) 我国对中亚、西亚及非洲、中东、中东欧一带的人民币跨境代理结算网络虽然已经建立，但账户使用度很低，有些账户根本未使用过。有些国家则还没有建立人民币跨境代理结算网络，处于根本没有汇路可通的状态，要推进双边本币结算非常困难，所以只能借助第三方货币完成。

(3) 我国金融机构境外机构网点稀少，大多设在发达国家，"一带一路"沿线许多国家和地区都没有中资金融机构。即便有，其资本金和业务范围也非常有限，导致许多当地金融服务需求无法由当地的中资银行满足。另外，由于境外机构网点少，又没有建立相应的代理结算关系或业务合作关系，我国企业在当地投资形成的资产估值无法开展，金融机构因贷后管理以及债权执行难而无法提供融资服务。

(4) "一带一路"建设目前大多为美元融资、美元结算项目。这就意味着从项目的融资开始，因为采用了美元融资，所以后续结算上就存着币种路径依赖，如果再采用人民币结算后期的原料采购（即便是对我国的原料采购）、工程款等，会给对方造成货币错配，包括后期这些项目形成的出口能力也不会用人民币结算，因为其出口所得如果是人民币的话就会给其偿还前期美元融资款带来货币错配。因此，项目起始融资货币对后期结算货币具有决定性作用。企业反映，并非不想用人民币，而是货币错配风险阻止了其用人民币结算的意愿。

(四) 对"一带一路"货币金融合作及跨境金融服务的考虑

(1) 推动当地央行允许商业银行提供人民币账户服务。当地商业银行为企业开立人民币账户，并由商业银行提供人民币与当地货币的兑换服务，可以解决企业长期投资经营中面临的汇率风险问题。

(2) 支持当地央行收兑人民币。我国已和许多国家签订了双边本币互换协议，应当支持"一带一路"沿线国家央行收兑当地市场上的人民币，并向商业银行提供人民币兑换服务。

(3) 当地来我国境内市场筹集人民币。鼓励"一带一路"沿线国家和地区银行等机构在上海自贸试验区框架下发行人民币国际债券，筹集人民币后用于"一带一路"上的长期项目建设；同时，在上海自贸试验区开辟"一带一路"沿线国家和地区信用风险的CDS市场，以市场化方式实现风险对冲和分散，形成国家或主体信用违约的市场约束机制。

（4）支持"一带一路"沿线国家银行来上海自贸试验区设营业性机构，与我国金融机构一起共同为参与"一带一路"的企业提供跨境金融服务。

（5）实质性启动央行间本币互换资金，来支持当地对我国的人民币支付。

（6）构建便利使用人民币的基础设施。推动商业银行间加快人民币代理结算协议的签订和人民币同业往来账户的开立，推动CIPS服务向"一带一路"沿线延伸；支持中国银联和支付宝等机构快速进入沿线国家和地区。

（7）建立人民币跨境使用的央行间定期协商机制。在双边和多边经济合作协议中为人民币使用建立框架安排，由两边央行定期协商企业跨境金融服务中存在的问题，帮助企业解决实质性困难。

三、用好上海自贸试验区金融改革开放"试验田"

根据国家对上海自贸试验区建设的定位，上海自贸试验区要建设成为服务"一带一路"建设和支持市场主体"走出去"的"桥头堡"。上海作为境内的"一带一路"非起点城市和非途经城市，要起到"桥头堡"作用，在金融领域的最好做法就是发挥金融的辐射服务功能。因此，可以从以下两方面着手：

（1）积极服务于双边及多边金融高层合作。目前我国与"一带一路"沿线经济体的双边及多边高层合作进展良好，经济金融合作也有相应框架，但实体经济企业的用户体验不太好，切身感受也不佳。如调研中许多企业反映对这些国家的出口收款存在困难（主要是由于对方没有美元）；金融机构发放的境外工程项目类融资主要依赖境内企业的抵押，当地形成的资产不被采信，境外工程项目的当地收益无法顺利兑换成美元汇回还款。如果用人民币提供融资，则这些融资资金可以转化为向我国企业进口设备和劳务的支付，币种的匹配减少了当地汇兑管制的阻碍，企业收款和还款的成功率会提高。因此，上海自贸试验区与上海国际金融中心建设联动并享有开放度最高自贸试验区政策，应积极服务好双边及多边货币金融合作框架，支持金融机构跨境商业金融服务的跟进，听取企业的诉求，解决人民币投融资和人民币结算中的实际问题；为双边和多边金融事务定期会商机制提供参考方案和建议，推动对方国家落实投资及收益汇兑保护，放宽对人民币的汇兑管制，以帮助企业解决实际问题。

（2）推动商业跨境金融服务实实在在地跟进"一带一路"建设需求。目前，人民币跨境金融服务没有体现对我国企业境外投资后续服务的跟进和支持，只是在对外投资本金和融资汇出上有一定的管理安排。企业反映出去后的需求大多得不到金融机构的满足，如融资需求（一般无法获得当地融资，或当地融资价格奇高）、汇兑需求（在当地汇兑管制下资金跨境使用无保障，比较好的情况是需要排队等候）、公平待遇需求（一些国家存在一定程度的汇兑歧视，存在某种情况的选择性支持）、风险管理需求（企业到当地投资经营后，通常会将投资资金兑换成当地货币使用，当地货币的汇率波动幅度大，使得项目即便有经营收益也难以保障最后的投资收益，还有主权风险）。

因此，企业希望我国能够跟进提供金融服务。上海自贸试验区可以扮演好人民币全球服务中心这一角色，具体应该做到以下几点：第一，支持金融机构到当地设立机构网点或跨境提供金融服务，利用人民币在岸市场的主场优势打通跨境循环使用渠道。第二，利用上海境内外银行及各类金融机构集聚的优势，从金融同业层面推动人民币跨境同业往来账户活跃使用，境内金融机构应针对开立同业往来账户的境外金融机构开展业务推动，主动宣讲人民币跨境使用的相关政策，借人民币加入 SDR 的红利，推动境外国家的银行和央行接受并使用人民币，并传导到企业层面。第三，在自贸试验区与上海国际金融中心建设联动框架下，建设同步面向国际和国内的金融市场，提供"一带一路"沿线国家和地区货币及国家信用风险对冲服务，帮助企业降低投资回收的风险成本。

上海自贸试验区承载国家"试验田"的战略定位和功能，有义务、有责任，也有条件做好"一带一路"金融服务的跟进。同时，利用前期已经形成的开放环境，做好跨境投资的规则探索和建设，利用自贸试验区实践推动"一带一路"沿线国家和地区金融服务的合作与发展，形成有利于"一带一路"建设的金融服务环境、规则和区域金融合作运行联动板块。

第二节 人民币国际化与国际货币体系

国际金融危机期间,由于多方面的原因,全球对人民币的需求上升。中国人民银行经过深入研究,及时抓住机会,与多个国家和地区的中央银行或货币当局签订了货币互换协议,顺应海外对人民币的需求,同时促进在跨境贸易和投资中使用人民币。对我国来说,人民币是本币,企业在贸易和投资领域使用人民币,有助于减少兑换环节,节约交易成本,是一个有效的安排。对金融机构来说,这是一个新的业务增长点和利润增长点,它们积极性也很高。对此,我国官方的态度,是顺应市场需求,解除不必要的正常障碍,逐步推动人民币跨境使用。

2009年以来,我国从金融服务实体经济的角度出发,逐步建立了人民币跨境使用的政策框架,为进一步拓宽人民币跨境流动渠道、推动实现人民币跨境良性循环、促进境内外人民币市场协调发展提供了政策保障,有效地促进了贸易和投资自由化和便利化。近几年,人民币国际使用保持稳健发展,人民币国际地位稳步提升。人民币已成为我国跨境收付的第二大币种,2016年人民币跨境收付总额占全口径收付的比例约为25%。据环球银行金融电信协会(SWFT)统计,目前人民币是全球第三大贸易融资货币、第六大外汇交易货币、第六大国际银行间贷款货币,2016年6月,人民币全球接受度升至40%,较两年前上升22个百分点。汇丰银行最新发布的人民币国际化调查显示,人民币在全球的使用率已有明显提升,从2015年的17%上升至2016年的24%。据不完全统计,目前已有56个国家和地区将人民币纳入外汇储备。特别重要的是,离岸人民币市场平稳发展,存款、债券、衍生产品等各类金融产品不断涌现,以香港为核心、多个金融中心并行发展的人民币离岸市场格局初步形成。为了使离岸市场更为有效,中国人民银行已经在23个国家和地区建立了人民币清算行,覆盖了全世界的主要地区。

与此同时,我国顺应经济全球化潮流,加强宏观经济政策国际协调,促进全球经济平衡、金融安全和经济稳定增长。支持发展中国家平等参与全球经济金融治理，促进国际货币体系和国际金融监管改革，推动国际经济金融秩序朝着平等公正、合作共赢的方向调整。积极参与全球经济金融治理和公共产品供给，提高我国在全球经济金融治理中的制度性话语权和国际性影响力。我国推动成立金砖国家开发银行、亚洲基础设施投资银行，推动实施"一带一路"建设，在世界银行、国际货币基金组织中的份额提高，我国参与全球治理能力增强，国际地位进一步提高，人民币在国际上的使用份额和声望进一步提升。2016年10月1日，人民币正式加入国际货币基金组织特别提款权（SDR）货币篮子，体现了国际社会对于我国综合国力和改革开放成效，特别是人民币国际使用功能的认可，成为人民币国际化的重要里程碑。

第三节　人民币国际化与上海自贸试验区金融改革开放

人民币用于跨境贸易结算，包括随后扩展到实业投资结算等领域，使人民币在短短的数年时间内就跻身国际支付货币市场的前十位。相关的政策安排在设计和执行中没有触及人民币可兑换问题，也就是突出强调了实体经济对人民币在跨境环节上的无兑换本币使用，如货物贸易项下要求商务合同的签订、海关报关以及结算均采用人民币。这样的无兑换人民币跨境使用在货币国际化初期以及人民币升值时期起到了较好的作用，但随着人民币国际化的深入推进，人民币的全面可兑换需要提上议事日程。

因此，上海自贸试验区金融改革的一个重要考量就是在前期持续不断地推进可兑换基础上，尝试在风险可控的环境下率先实现人民币资本账户可兑换，以为国家金融领域的整体开放探索新路径、积累新经验。本节将从上海自贸试验区金融改革的角度来研究推进人民币国际化和资本账户可兑换的协同问题。

一、上海自贸试验区金融改革与国际高阶贸易投资规则

上海自贸试验区建设方案研拟之时,恰逢国际上以区域多边或伙伴多边、双边贸易投资协定方式推动新型高阶贸易投资规则形成之际。

在经济全球化的推动下,当前国际经济合作规则正在经历一场深刻的变革。第二次世界大战后形成的全球多边合作体制出现了区域多边、伙伴多边或双边化的趋势,贸易规则已逐步开始向贸易与投资规则并重且尤重投资规则建设的趋势发展。一些以投资保护为核心要素的规则在区域多边、伙伴多边以及双边贸易投资协定谈判中萌动形成,如人们熟知的TPP、TTP、TISA以及BI谈判等,都引入了一些以适应投资全球化、投资全程保护为特色的、高标准的投资规则。

以《2012年美国双边投资协定范本》为例,该范本对"投资"的定义是:投资者以直接或间接方式拥有或控制的各项资产,只要该项资产具有资本保证、利润预期或风险承担等"投资特征"就可以被认为是"投资"。具体包括:第一,国际直接投资;第二,股票等权益工具;第三,债券、信贷等债务工具;第四,期货、期权等各类金融衍生工具;第五,承包、建设、管理、生产、受让、收益分享以及其他类似合约;第六,知识产权;第七,许可证、授权及其他符合东道国法律的权利;第八,其他有形或无形、动产或不动产,以及租赁、抵押、留置、质押等相关的财产权益。与投资相关的所谓六大高阶投资规则,就是全面的国民待遇(覆盖投资准入前阶段)、公平竞争或竞争中立(不论投资的资本背景如何,一视同仁的商务环境)、资金自由转移(与投资相关的资金可以自由无延误地进出)、业绩要求禁止(不对投资形成的经营提出业绩性要求)、高管非国籍歧视(不对投资的高管团队组成提出国籍要求)以及PG争端解决机制(投资者与东道国产生纠纷时的处理)等。当然,考虑到投资可能产生的负面效应以及缔约方自身所处的经济发展阶段,该范本也明确了缔约方可以在这六大高阶投资规则的谈判中以"与上述规则不符的例外措施"方式提出"不符或例外清单"("负面清单"概念),以最终实现逐步过渡到高阶规则的目的,但"不符或例外清单"一旦形成,则只减不增。

金融大时代：人民币国际化发展研究

这一范本的核心理念，其实就是对投资（各种形式的投资）的全生命周期保护。这些投资本质上就是国际收支平衡表中归类为"经常账户"和"误差与遗漏"以外的所有类别，也就是"资本与金融账户"的内容（见表6-1），甚至更广，包括一些归类在经常项下的合约类，如承包、建设、管理、生产、受让、收益分享以及其他类似合约等。

表6-1　国际收支平衡表中资本及金融账户主要项目（BPM6）

资本账户	金融账户
2.1 非生产的、非金融的资产的收买与放弃	3.1 直接投资
2.1.1 自然资源	3.1.1 股权及投资基金份额
2.1.2 合约、租约及许可证	3.1.2 债务工具
2.1.3 可交易资产（和声誉）	3.2 证券投资
2.2 资本转移	3.2.1 股权及投资基金份额
	3.2.2 债务工具
	3.3 金融衍生品和员工股票期权
	3.4 其他投资
	3.4.1 其他股权类
	3.4.2 货币与存款
	3.4.3 贷款
	3.4.4 保险、养老金和标准化担保计划
	3.4.5 贸易信贷和预付款
	3.4.6 其他应收/应付款

因此，可以理解为新的投资规则实际上是针对"资本与金融账户"交易而言的。当然，历次国际金融危机的教训也在不断地提醒人们金融开放与金融风险是相伴相生的。即便是美国这样的发达经济体，在其双边投资协定范本中也明确可以有"金融审慎例外"安排来支持缔约方采取相应的措施应对金融开放后的风险冲击，即金融开放是规则，金融审慎措施可以例外。

我国经过改革开放的积累，已经由原先的净债务国转变为净债权国，因此这些对投资的全生命周期式的保护规则无疑对我国下一步深度参与经济全球化是有利的，这与我国加入世界贸易组织后受到的国际贸易规则保护是一个道理。同时，我国作为吸收外资的大国，也需要接受并在涉外经济管理中实施这些投资保护规则，但这些投资保护规则在境内的运用无疑会在一定程度上冲击我国多年来形成的既有涉外经济管理理念，调整境内部分经济利益格局。因此，党的十八届三中全会明确提出了"建立中国上海自由贸易试验区是党中央在新形势下推进改革开放的重大举措，要切实建设好、管理好，为全面深化改革和扩大开放探索新途径、积累新经验"。国家发布的上海自贸区建设总体方案也明确了上海自贸区建设的指导思想是"……率先建立符合国际化和法治化要求的跨境投资和贸易规则体系使试验区成为我国进一步融入经济全球化的重要载体，打造中国经济升级版……"自贸试验区金融改革方案设计正是遵循了党中央、国务院的要求，将高阶投资规则在自贸试验区框架下先行先试，为国家启动或参与国际投资规则相关协定的谈判积累实践经验。

二、上海自贸试验区金融改革与服务实体经济

在海关综合保税区基础上升级推出的自贸试验区涵盖的内容不仅是货物贸易和与货物相关的服务贸易，还包括其他服务贸易和投资等；区内经济主体的层级也不再只是贸易公司或加工型企业，而是跨国公司地区总部、跨境结算中心、研发中心以及综合经营型的外向型企业。因此，对跨境金融服务存在更高层次的需求，不再局限于传统的存、贷、汇、兑。金融作为服务业的一个子行业，自身也存在金融服务的跨境贸易需求。因此，自贸试验区金融改革不同于其他区域性金融改革，其主要针对的是跨境金融服务。这是金融服务部门对实体经济部门提供的与涉外商务投资活动相关的各项金融服务的总称。自贸试验区金融改革方案的出发点是依据世界贸易组织对服务贸易的界定，重点解决金融服务跨境提供上的短板。

在长期以来外币主导我国国际收支的格局下，金融服务部门向实体经济部门提供跨境金融服务的能力和空间在很大程度上受传统汇兑管制的影响。改革开放以来，我国一直在推进外汇管理领域的改革。1996年实现人民币经常账户可兑换后，资本账户的改革开放也在稳步推进。从目前官方和学术评估来看，除了少数几项外已基本实现了资本账户的可兑换；但从民间评估来看，实

体经济部门对我国整个汇兑体制（包括经常账户）下的跨境金融服务的用户体验并不好，由此形成了官方自评和民间评价的巨大反差。例如，经常账户已于1996年可兑换，但我们依然设置了不少的细节性预审安排，这些细节性预审安排在某种程度上确实构成了对经常项下交易支付的阻缓或延迟，导致对外履约的效率低下。又如，直接投资实现了基本可兑换，但前置手续依然不少，投资后在资金使用环节上的国民待遇有些也未到位。更为重要的一点是，我们的汇兑管制不是在控流入，就是在控流出，或者就是在去往一端的路上，无法给实体经济部门一个稳定的跨境金融服务环境，导致某些合约前期执行顺利，在最后收付款环节可能就出现问题，使得我国的实体经济部门在对外商务合同谈判和履约中经常面临不确定性而增加成本。金融服务部门因为一直要配合监管部门的要求而处于不停地实施控流出或控流入的时变中。商业性金融机构由此获得了优于实体经济部门的商业地位，在其提供的商业金融服务中对实体经济部门拥有更大的源自监管政策而非其自身商业能力的优势。

另外，长期以来的分项目管理使得监管部门形成了思维定式，对于经济主体的全面管理反而无法实施，往往将问题局限于某个项目而非整体收支上。如外汇资本金专户可以提供与直接投资活动相关的资本金的收支情况，但资本金却只是整个直接投资活动的一部分。上海自贸试验区要"扩大投资领域的开放"，光是资本金纳入专户管理是不够的，只需要构建对投资主体整体跨境收支活动的监测管理框架。因此，实体经济对于自贸试验区的跨境金融服务是有合理期待的，监管层面也是需要调整的。从监管角度来看，"扩大投资领域的开放"需要我们把关注的内容扩大到整体跨境收支，再依赖"专户专管专款专用"的管理模式只会让我们陷入监管死角，面临"只见芝麻不见西瓜"的问题。

三、上海自贸试验区金融改革与金融风险管理模式创新

我国的金融改革与整体的经济改革几乎同步，经济改革开放的推进伴随着金融领域的改革开放。2013年末上海自贸试验区建设方案研拟时，我国金融领域的改革开放已经达到了一定程度，具体表现在金融机构法人治理基本建

立、金融市场资源配置作用基本确立、金融价格传导机制基本形成、金融对外开放格局基本确立。

"投资"尤其是广义概念下的"投资"的开放意味着资本及金融账户的开放。这对于我国长期以来只是将"投资"狭义地定义为直接投资的管理模式构成了巨大挑战。无论是从国际收支平衡表分类还是资本账户可兑换评估表（七大类40个子项）分类，抑或美国双边投资协定范本的定义来看，直接投资只是众多投资中的一两个分类而已。

我国在直接投资领域开放的风险管理一直遵循"双Q"制（资质与额度）的投资事前准入管理模式（具体表现为需要发改委或商务部门等部门的事前批准或备案）。无论是外商来华直接投资还是我国对外直接投资都是如此，执行地按金额、分层次一单一单地审批、核准或备案办理。如果说外商来华直接投资涉及我国产业布局中的国家安全问题、反垄断问题或者环保问题等的管理，对外直接投资涉及国际产业布局等问题，仍然需要政府部门事前把关审核且逐单审核或备案也依然可行的话，那么其他形式的投资，如货币及资本市场投资的开放、集合投资以及衍生品投资的开放的风险管理也采用这种模式显然是不合适的，也是无法实施的，或即便采用了这一模式，效果也是不好的。这是因为，政府部门的人力资源配置不可能比市场自身配置的人力资源更优，行政管理模式的时效也不可能比市场运行的时效更快，在风险管理上更是难以适应瞬息万变的市场。

所以，要在原先资本账户可兑换已经走了99公里的基础上完成这"最后一公里"的改革开放，实现全面的可兑换，我国面临的风险就不只是这"最后一公里"的可兑换风险了，而是100公里全面可兑换的风险。因此，投资开放（资本及金融账户的开放）后风险防控需要有新的管理模式，也就是在引入上述与投资相关的六项高阶规则实现投资的开放后，涉外金融风险的管理也需要有新的思路和模式，即以"金融审慎例外"作为规则来做好应对风险的安排。

综上所述，作为负责货币政策和宏观审慎管理的央行来说，自贸试验区金融改革的实质，除了更好地增强金融服务功能，满足实体经济的跨境金融服务需求外，推动涉外金融风险管理模式的转变以顺应这种开放形势是必有的内容，也契合了党的十八届三中全会决定和中央政府建设上海自贸试验区的指导思想。所以，自贸试验区金融改革需要同步开展金融开放环境下的涉外风险管理模式创新。同时，人民币国际化赋予我国的主场优势也需要去发掘，并探索人民币国际化背景下涉外风险管理模式。

根据国务院的总体方案和人民银行的安排，上海自贸试验区金融改革包括创新有利于风险管理的账户体系、探索投融资汇兑便利、扩大人民币跨境使用、推动利率市场化、深化外汇管理改革以及建立试验区金融改革创新与上海国际金融中心建设的联动机制等。因此，上海自贸试验区金融改革遵循服务实体经济、推动金融改革开放以及创新金融风险管理这三项基本原则展开。

四、上海自贸试验区建设与金融改革的实施情况

（一）上海自贸试验区建设进展情况

近年来，在党中央、国务院的关怀和中央相关部委的支持下，上海自贸试验区建设取得了令人瞩目的成绩，主要体现在以下方面：

（1）建立了以负面清单管理为核心的投资管理制度，包括首创发布了首份外商直接投资负面清单、实施备案制为主的境外投资管理模式、建立企业准入"单一窗口"制度、启动商事登记制度改革等。自上海自贸试验区挂牌至2017年2月，试验区累计新设企业4.4万户，其中内资企业3.6万户，占比为81.8%；外资企业8057户，占比为18.2%，社会投资活力大幅提升。

（2）建立了国际高标准的贸易监管制度，包括实施了"一线放开、一线安全、高效管住"的贸易监管制度，实施信息化和智能化为核心的贸易便利化改革，建成上海国际贸易"单一窗口"。

（3）建立了透明高效的事中、事后监管制度，包括公共信用信息平台、企业年度报告和经营异常名录制度，形成信息互联共享的协同监管机制，形成社会力量参与的综合监督机制。

（4）建立了安全审查和反垄断审查制度，形成了以投资主管部门和市场监管部门为主，行业主管部门、地方投资服务机构参加的自贸试验区外商投资安全审查工作组，通过了安全审查因素排查、商事登记信息过滤许可管理把关

和属地服务发现的"四环协同"机制。

（5）政府职能转变取得新突破，包括分类综合执法体制、实施"证照分离"改革试点等。

（6）形成了自贸试验区金融改革围绕实体经济发展并与上海国际金融中心建设、科创中心建设以及"一带一路"建设等国家战略的联动发展。

（二）上海自贸试验区金融改革的进展

根据国务院先后发布的关于上海自贸试验区建设的三个方案，上海自贸试验区金融改革的主要任务和措施包括：一是深化金融领域的开放创新，包括增强金融服务功能和加快金融制度创新两个方面，具体落实到"一行三会"发布的举措，共有51条（人民银行30条、银监会8条、证监会5条、保监会8条）。二是深入推进金融制度创新，加大金融创新开放力度，加强与上海国际金融中心建设的联动。"一行三会一局"、商务部和上海市人民政府联合报国务院批准后发布《进一步推进中国（上海）自由贸易试验区金融开放创新试点加快上海国际金融中心建设方案》，明确了上海自贸试验区与上海国际金融中心联动建设的40项措施（以下简称"金融改革40条"）。"金融改革40条"包括率先实现人民币资本账户可兑换、进一步扩大人民币跨境使用、不断扩大金融服务业对内和对外开放、加快建设面向国际的金融市场以及不断加强金融监管、切实防范风险等方面。三是进一步深化金融开放创新，积极有序实施"金融改革40条"。

在上海自贸试验区金融改革推进中，较引人关注的是自由贸易账户体系建设及相关的体制机制性改革举措。

1. 以创新有利于风险管理的账户体系为切入点建立自由贸易账户体系

在仔细梳理现有单币种的账户管理制度后，根据《中国人民银行关于金融支持中国（上海）自由贸易试验区建设的意见》，我们在上海自贸试验区金融改革中首创引入了自由贸易账户体系，解决了实体经济需要开立多个专用账户办理跨境金融服务的问题。

自由贸易账户是一个以人民币为本位币、本外币合一且规则统一的可兑换账户。在这个账户体系下，各类主体不再按国际收支分类开立账户，而是以一个统一的账户办理所有的跨境收支及相应的汇兑，从而在便利实体经济的同时为本外币可兑换后的一体化管理以及主体管理创造了技术条件。

之所以说自由贸易账户是"可兑换的高速公路",是因为自由贸易账户现阶段采用了跨境一线宏观审慎管理规则、境内二线有限渗透管理规则,并在金融机构层面搭建了以分账核算管理为特色的跨境"防火墙"机制,从而形成了基于账户的"电子围网"。就如同高速公路的隔离护栏,可以允许车辆在没有红绿灯的环境下快速行驶,而不似普通公路因为岔口多,需要设置红绿灯来控制车辆速度。当然,车辆驶入高速公路需要经过特设的匝道并遵守单向行驶的规则,而不是随意转弯(切入)。境内二线有限渗透就是驶入可兑换高速公路的"匝道",而跨境一线宏观审慎管理规则就是可兑换高速公路上的行驶规则。

2. 以境外融资为传导、以嵌入式参数为工具构建外债及跨境资金流动管理新政策框架

按照上海自贸试验区对标国际高阶贸易投资规则建设的要求,自贸试验区金融改革从"惠实体""促改革"和"防风险"出发启动了外债及跨境资金流动宏观审慎管理机制建设。以"可借外债=资本×杠杆率×宏观审慎调节参数"设置各类企业和金融机构举借外债的能力管理规则,并嵌入了可以调总量的政策工具,即杠杆率和宏观审慎调节参数。以外债=$\sum_{n=1}^{n}$(每笔外债余额×期限因子×币种因子×类别因子)为规则对每笔已提款未偿还的外债进行风险计量管理,并同时内嵌有利于宏观预警指标触发时可直达微观主体运行的结构性调节工具(期限风险转换因子、币种风险转换因子以及类别风险转换因子),以便在自贸试验区整体对外负债水平或跨境资金流动出现总量或结构性风险时,及时采用相应的政策工具(公式中的杠杆率、宏观审慎调节参数、期限风险转换因子、币种风险转换因子和类别风险转换因子)。只要企业或金融机构时点上实际借用的外债(按公式计算后的结果)不超过"可借外债",企业或金融机构就可以自行决定借用外债的时间、市场、方式、规模、期限、币种等,而不再需要逐笔事前审批。

3. 搭建跨境风险宏观审慎管理政策框架,建设人民币国际化、可兑换及金融开放运行环境下的风险防控新机制

依托自由贸易账户体系,自贸试验区金融改革建立了四重涉外金融风险

"防火墙"机制,并在一定程度上阻断了金融机构与其客户跨境套汇差的共谋利益链。这四重"防火墙"分别设立在实体经济层面、金融机构层面、人民银行层面和宏观审慎政策工具层面。

实体经济层面,明确自由贸易账户在境内使用时只走人民币,外币双向不渗透;同名划转遵守有限渗透的规定。其作用是防止实体经济假借自由贸易账户,实现非法转移资金。

金融机构层面,内嵌了跨境资金自平衡机制,自由兑换不影响国家外汇储备。遵循"展业三原则",开展"三反"审核。其作用是防止金融机构和企业共谋跨境套汇差。

人民银行层面,所有业务和资金流动均在入账后的第一时间通过网络逐笔发送到人民银行上海总部,开展实时逐笔非现场监测。其作用是发现趋势性风险苗头,及时纠偏纠错。

宏观审慎政策工具层面,发现跨境收支总量出现异常时,人民银行可以动用相应的政策工具,如杠杆率、风险转换因子参数、宏观审慎调节参数等实施调控。其作用是逆周期调控跨境流动性。

(三)上海自贸试验区金融改革取得的成果

(1)建立了服务实体经济跨境金融服务需求且有利于风险管理的新型账户体系——自由贸易账户体系,并有序推进了人民币资本账户可兑换和人民币国际化。

(2)率先建立了跨境资金流动的宏观审慎管理制度,摸索出了适应资本账户可兑换的跨境风险管理操作模式。

(3)率先建立了利率市场自律组织,为全国利率市场化改革提供了操作模式。

(4)建立了面向国际的金融资产交易平台,摸索出了黄金国际板依托自由贸易账户"以点对面式"和沪港通"点对点轨道式"这两种金融市场对外开放的新模式。

(5)推动了债券等人民币资产向境外投资者全面直接的开放,建立了人民币国际化的持续推进模式。

(6)深化了金融领域简政放权,促进了投资贸易便利化,摸索出了金融服务实体经济的有效模式。

（7）研究发布了金融服务业负面清单，摸索出了金融服务业对内、对外开放的模式。

（8）探索实施了金融综合监管，摸索出了实现金融风险监测全覆盖的有效模式。

第七章 人民币国际化的推进与发展

人民币国际化是人民币的必然趋势，这是一个自然发展和不断成熟的过程，在这个过程中还存在许多不确定的因素。推进和发展人民币国际化的进程，离不开多领域、强有力、高效率的国际政策协调，离不开国家制定的关键战略步骤，以及在实施战略的过程中所执行的具体操作。推动人民币国际化是世界失衡调整的重要举措，是国际金融新合作机制的题中应有之义。

第一节 推进人民币国际化的战略步骤

综合考虑人民币国际化的现状和特点，人民币国际化是一个长期而艰巨的任务。今后一段时间推动人民币国际化的战略步骤如下：首先，应当稳步推进国内金融体制改革，建立稳健的金融体系。其次，加快启动内地与港、澳、台自由贸易区，实现货币统一。再次，继续加强与东盟的贸易、投资和金融合作。最后，加强与韩国、日本的经济趋同，进而吸引朝鲜、蒙古和俄罗斯加入，最终建立完整的东亚经济共同体。

一、人民币国际化的战略步骤

(一) 进一步加强大陆同港澳台地区的经济贸易联系

对中国而言，建立完整的"大中华经济圈"是组建东亚经济货币联盟的第一步,也是人民币能否走出国境充当东亚货币合作中"支点"货币的关键。不同于其他经济货币联盟的是,"大中华经济圈"是指中国内地和中国香港、中国澳门、中国台湾这样一个国家版图内的4个经济实体间的经济货币联盟。虽然香港、澳门分别于1997年和1999年回归祖国,不过"一国两制"模式的实行,使得二者仍是相对独立的经济实体。

目前内地与港、澳、台在经济上已经成为相互依赖且不可分割的整体,成立自由贸易区已是水到渠成之事。2001年11月,香港特区行政长官董建华提出了在内地与香港特区两地建立"类自由贸易区"的构想,2003年6月,《内地与香港关于建立更紧密经贸关系的安排》(CPEA)的签署使得构想变为了现实。7月这一协议又扩及澳门。这些协议的签署必将进一步推动内地特别是珠三角与港澳地区的合作,并将为内地与港澳之间的分工与合作奠定坚实的基础,进而对台湾地区起到良好的样板作用,最终建立起内地、港澳台地区的自由贸易区,在一定程度上推动祖国统一的实现。

虽然目前台湾不会很快加入"内地—香港—澳门"自由贸易区,但祖国统一是大势所趋。2001年11月,随着大陆、台湾地区先后加入世界贸易组织,台湾与大陆之间的经贸联系越来越紧密。大陆不仅已经取代美、日等国,成为中国台湾最主要的贸易伙伴和最大的贸易顺差来源地,而且还是台湾累计对外投资最多的地区。尽管2000年以来,台湾对外贸易总体规模锐减,但对祖国大陆出口依存度仍然在不断增强。

在自由贸易区充分发展的基础上,根据巴拉萨的"区域经济一体化六阶段"理论和欧盟的经验,接着应建立关税同盟区,进而在经贸高度整合的基础上,实行共同的货币财政政策,建立汇率联动机制,并最终实现货币统一。至于货币统一的形式,或者以人民币为统一货币,或者将人民币、港元、澳门元和新台币整合起来,创造一种新的货币。

(二)积极组建"中国—东盟经济货币联盟"

目前"中国—东盟自由贸易区"的合作框架初步建立,虽然中国与东盟之间还存在一些争议问题,东盟各国之间存在大量的矛盾,政治互信都有待进一步加强,但是中国与东盟民族、文化、血脉的联系,必将有助于中国与东盟的进一步经济整合。

鉴于东盟国家地处中国进出太平洋、印度洋的战略要冲，资源丰裕，并缺乏真正意义上的"盟主国"，中国加快与东盟经济一体化的进程，进而组建经济货币联盟，这一做法既能促进各国经济的发展，还能在必要时候起到维护国家安全的作用。

（三）逐步建立完整的东亚经济共同体

1. 适时推动中、日、韩经济货币联盟的建立

目前，虽然日、韩的经济较中国发达，但由于三国在经济技术发展上都有后发性、引进性和赶超性的特点，因而在某些产业和技术发展上具有一定跳跃性和超越性，由此决定了三国能够合作的领域十分广阔。随着三国贸易结构向水平分工方向的发展，三国之间在金融合作、地区贸易、资源开发、科技投资以及信息、人才培养交流上，皆存在越来越多的共同需求。中、日、韩之间不但要大力发展经济合作，而且各国领导人还要勇于摆脱国内民族主义情绪对东亚经济合作的影响，大力加强政治对话和协调，为东亚货币合作创造条件。中、日、韩三国已经全面缔结了货币互换协议，并正在积极探索开展三国间金融机构之间的合作，这是令人期待的好的开始。作为外汇储备位居世界前列的三国在金融领域的这一合作不仅使彼此经济关系走向新层次，也为今后三国在东亚地区的多边货币合作开辟了更加广阔的前景。对于将来中、日、韩三国间的经济货币同盟的"货币锚"形式，是以日元为主，还是以人民币为主，或者建立中日货币"双锚"形式，或者创造一种全新的货币"亚元"，这一切在将来都可以顺应发展形势而出现。

2. 适时推动完整东亚货币联盟的建立

完整的东亚货币联盟应当包括俄罗斯的西伯利亚和远东地区、朝鲜、蒙古国。近些年来，各国间的经贸往来发展十分迅速，相互依赖关系正在形成。1991年10月，联合国开发计划署（UNDP）在纽约正式宣布启动图们江多国合作开发的项目计划（TRADP）。1995年12月，中、俄、朝、韩、蒙五国又先后签署了《关于建立图们江地区开发协调委员会的协定》以及《关于建立图们江经济开发区及东北亚协商委员会的协定》《关于建立图们江经济开发区及东北亚开发环境保护谅解备忘录》等文件，代表着东北亚国际经济合作开发开始有了实质性的进展。

目前，东北亚地区经济联系虽然越来越密切，贸易依存度也越来越高，但由于经济制度、发展水平、意识形态等方面并非完全相同，因此进行货币合作还面临着很多羁绊。为此，应当更多地开展东北亚各国间的功能性货币合作，即为解决某一具体问题而进行的金融合作，使其在不必让渡更多的主权和较少地涉及国内经济政策的情况下即能取得成本的最小化和效应的最大化。今后，可以把中、日、韩三国间的货币互换和清算支付体系直接延伸到俄、朝、蒙等国，利用中、日、韩三国间庞大的外汇储备和金融资源稳定东北亚地区的金融形势，进而通过经济一体化水平的提高，为建立完整的东亚经济货币联盟创造良好的条件。

二、人民币国际化的政策协调重点

人民币国际化推进过程需要多领域、强有力、高效率的国际政策协调。"一带一路"建设需要全方位的政策协调，作为区域合作机制的创新将为国际经济政策协调理论和实践提供新样本。"一带一路"不是单纯意义上的援助计划或者对外投资计划，而是世界经济失衡背景下中国提出的再平衡方案。这一方案具有系统性，要充分发挥"一带一路"平台在国际合作规则制定中的作用，除了传统贸易、投资等领域的政策协调外，还应该建立更加广泛的协调议题和框架，切实提供国际公共品。人民币国际化是调整世界失衡的一种手段，也是"一带一路"新合作机制的题中应有之义。本节针对人民币国际化面临的现实困境，研究提出"一带一路"框架下人民币国际化的路线图。

（一）"一带一路"建设中政策协调的重要性

"一带一路"建设以来，在政策沟通方面做出了诸多成绩：截至2018年9月18日，中国已与106个国家和29个国际组织签署了150份"一带一路"合作文件，涵盖亚洲、非洲、欧洲、拉丁美洲、南太平洋地区国家；同有关国家提出的发展战略和规划进行对接，包括俄罗斯提出的欧亚经济联盟、东盟提出的互联互通总体规划、哈萨克斯坦提出的"光明之路"等，与老挝、柬埔寨等国进行了规划对接；与有关国家探索建立多层次、多主体的合作平台，建立了广泛的交流、沟通、磋商渠道和机制；针对基础设施互联互通、能源资源开发利用、经贸产业合作区建设等重点领域和重点项目强化政府引导和政策沟通，提供项目层面上的政策保障。

一般意义上的国际经济政策协调是针对一国财政、货币、税收、贸易、产业政策等宏观经济政策可能对其他国家产生溢出效应而进行的协调，其目的是通过对各自政策制定及其效果的协调，最终达到多方共赢的目的。不过具体到实践中，不管是在双边、多边机制还是在国际组织层面，国际经济政策协调的成功案例都很鲜见。全球经济严重失衡、频繁发生的金融危机以及欧洲经济一体化受阻一方面说明了国际经济政策协调的难度之大，另一方面也反映出以往国际协调的广度、深度和力度均尚未达到理想程度，需要逐步拓展和深化，以实现互利共赢。如果说过去几十年，欧洲经济一体化不断演进给国际经济政策协调理论的不断丰富创造了现实基础，那么"一带一路"作为区域合作机制的创新将为国际经济政策协调理论和实践提供新样本，其国际经济政策协调的内容将更加丰富，本着"共商、共建、共享"的原则，通过加强参与国的政策沟通和经验互鉴，逐步形成有利于发挥协同效应、促进共同发展的政策环境，在一定程度上对全球失衡现象有一定的调整作用。

（二）"一带一路"建设中的战略对接与规划协调

"一带一路"是个系统工程，其具有合作内容广泛、合作方式灵活、合作主体多元的特点。鉴于"一带一路"建设的基本原则是坚持"共商、共建、共享"，且秉承区域开放主义，加强与有关国家和组织的战略对接与规划协调就特别关键。要在尊重各合作国的利益诉求与合作意愿的基础上，与所涉及的国家或者组织进行发展战略对接和规划协调。首先，加强与合作国发展战略和规划对接。深入研究合作国经济发展的现状及特点、发展战略、与我国经济合作的互补性以及合作诉求，对接合作国自身发展战略，制定"一带一路"国别合作规划。其次，与沿线国家主导或参与的区域经济合作计划进行对接。包括欧盟的"容克计划"、俄罗斯的"欧亚联盟"、英国的"北方动力"、印度的"季风计划"、巴基斯坦的"愿景2025"、哈萨克斯坦的"光明大道"、土耳其的"中间走廊"、波兰的"琥珀之路"、印度尼西亚的"全球海洋支点"、沙特阿拉伯的"2030愿景"、越南的"两廊一圈"、澳大利亚的"北部大开发"等。最后，做好"一带一路"次区域合作规划对接。加强与走廊沿线国家的沟通协调和规划对接，共同编制和完善中蒙俄、新亚欧大陆桥、中国—中南半岛、中巴、孟中印缅六大经济走廊规划。通过签订谅解备忘录、签署联合声明、签订部委级相关协议等措施达成合作共识，并合力推动有关合作的深入开展。

（三）中美宏观政策协调对人民币国际化的意义

中国和美国宏观政策的协调在很大程度上影响着两国的经济发展形势，对促进两国经济福利的共同提升有重要作用，同时其也会对人民币国际化进程起到重要的作用。针对国际货币使用的三个主要方面：国际贸易结算货币、国际金融交易中的使用和作为国际储备货币的使用，我们分别论述中美宏观政策协调对人民币国际化这三个方面的影响。

中美宏观政策有效协调将有利于人民币贸易结算职能的发挥，提高人民币在国际贸易支付和结算中的使用。人民币发挥国际贸易计价结算功能的一个重要前提是我国贸易规模的增长和贸易结构的改善。不过，当前美国总统特朗普一味奉行美国至上，推行贸易保护主义，用双边贸易协定取代多边贸易协定，并重新谈判现有的贸易协定，给我国对外贸易带来了一大挑战。

中美宏观政策有效协调将有利于推进人民币在金融领域的使用，有助于提升人民币在国际金融市场上的地位。近年来，中国不断放宽美国金融机构的市场准入和资本准入门槛，以中国银行间债券市场和外汇市场为例，美国金融机构的数量不断增多。中国的商业银行也开始在美国的主要城市如纽约、芝加哥设立分支机构。随着中国的商业银行不断在北美设立分支机构，中美可以协调推进位于北美的人民币离岸交易中心的建设。自2008年爆发全球性的金融危机以来，美国的短期利率接近于零，并通过量化宽松政策来压低长期利率，这使得中国（及其他新兴市场）几乎不可能有效地开放其金融体系。由于美国的超低利率，中国面临巨大的"热钱"流入压力，因此需要进行外汇管制以限制金融资本流入。这在很大程度上影响了中国的金融市场开放程度。中美宏观政策的配合，比如美国将利率政策正常化，跨境资本的流动也正常化，会更有益于中国开放金融市场和资本项目，促进人民币在金融交易中的使用。麦金农指出，如果中美能够在合作上达成共识，在国际资本流动中阻碍人民币国际化的一大障碍也将会消失。

第七章 人民币国际化的推进与发展

中美宏观政策有效协调将有利于人民币外汇储备职能的强化，提高人民币在国际外汇储备中的份额。近年来，中国推动并参与了一系列双边或区域的货币稳定和互助机制。截至2016年末，中国人民银行已与33个国家和地区的货币当局签署了货币互换协议，货币互换余额达到5000万亿元。同时，2007年次贷危机爆发以后，美国也加大了与其他国家签署货币互换协议的力度。这些双边和区域性机制提供了不同层面的货币稳定与流动性支持手段，一方面有利于双边贸易和投资，另一方面也有利于维护区域金融稳定。不过受制于种种因素，中美之间目前并没有达成双边货币互换协议。事实上，随着经济和金融的深度全球化，没有大国可以在另一个大国的经济动荡中获益，尤其对于中美这两个世界上最大的经济体来说更是如此，而签署双边货币互换协议，将有效规避汇率风险，减小中美贸易中的不确定性。基于这一共识，通过中美宏观政策的协调，未来很有可能推动双方达成双边货币互换协议。除了双边货币合作机制，中美宏观政策协调还有望推动全球货币体系的改革与完善。全球金融危机的爆发暴露了现有国际货币体系的内在缺陷，也引发了国际社会对于增强SDR作用的积极讨论。以SDR为主的多元国际储备货币体系能够客观反映国际经济格局，具有较大的公信力和较强的稳定性。与此同时，多元储备体系应能有效满足全球流动性需求，缓解对美元的过度依赖给美国自身及世界带来的"特里芬难题"。所以，如果通过中美宏观政策协调，能够使双方就扩大SDR的使用达成共识，那么不仅可以缓解依赖单一主权货币的内在风险，进一步完善现行的国际货币体系，而且可以强化人民币外汇储备职能的发挥，使得人民币的国际化更加顺畅。

(四) 货币、汇率和贸易政策是协调重点

目前，美国经济约占全球国民生产总值的22%，60%~80%的国际支付使用美元，而且全球近70个国家的货币与美元直接或间接挂钩。采用单一关键货币具有规模经济效益，所以美元成为全球使用最广的国际货币。作为全球最大经济体及储备货币的主要发行国，美国的货币政策溢出效应会对新兴市场国家和全球市场产生较大的冲击。同时，中国经济逐渐取得快速发展，人民币国家化速度正在加快，中国不再只是美国货币政策外溢效应的被动接受者。在某些层面上，中国货币政策的实施对美国和其他国家的货币政策溢出效应也在不断加强。此外，中美的贸易摩擦一直存在，两国在贸易领域的协调也非常重要。麦金农（2014）指出，人民币国际化和国际货币体系改革需要以美国改善其货币和汇率政策为方向，同时使中国逐渐成为更平等的伙伴，并需要国际货币基金组织继续提供重要的法律支持。综上所述，中美政策协调的重点在于货币政策、汇率政策和贸易政策的协调。

中美两个大国的经济密切相连，货币政策的外溢效应明显，中美货币政策协调正日益凸显其重要性。2008年金融危机后，为稳定金融形势，美联储实行了量化宽松（QE）这样一种非常规的货币政策，向市场注入大量流动性，10年间美联储资产负债表扩张了约4倍。然而量化宽松在带来经济复苏的同时，也造成了诸多的扭曲，包括推动股市泡沫形成、推高固定收益资产的价格、刺激负债的增加等。所以，顺应经济形势发展的变化，美联储会逐步退出危机阶段实施的量化宽松政策，让货币政策回归常态，即走出零利率，进行"缩表"，逐渐加息。2014年10月美联储宣布退出量化宽松政策，2015年12月宣布加息25个基点，此后，美联储分别在2016年12月、2017年3月、2017年6月、2017年12月四次加息，开启渐进式加息进程。同一时间，美联储宣布2017年10月起开始缩减资产负债表规模，并称此次缩表将采取渐进、被动、可预期的方式，即逐步减少到期证券的本金再投资规模。

中美的货币政策协调至关重要，需要加强中美货币政策协调，减少两国货币政策的负面溢出效应。中美皆是大型经济体，并且互相是对方最重要的经济伙伴之一，对中美两国政府而言，在实现各自的货币政策目标的同时，都需要与对方进行必要的协调，以期实现互利共赢。对于中国而言，要加强与美国货币政策协调，减少负面溢出效应：一是加快推进经济转型和结构改革，实现稳增长（乃应对风险之根本），从内部应对美联储加息的冲击；二是在控制好货币数量的基础上，加大对利率的微调和前瞻性调节管理，避免中美短期利差过度波动引发异常资本流动，以维护金融市场稳定；三是继续坚持稳健的货币政策，在保证流动性合理充裕的同时，注重抑制资产泡沫和防范金融风险；四是继续完善人民币汇率形成机制，提升汇率的灵活性，让汇率吸收一部分来自美国货币政策的外溢冲击，从而有效增强中国货币政策的独立性。

中美货币汇率是一个重要指标，汇率通过价格机制和资产流动机制影响两

第七章 人民币国际化的推进与发展

国的进出口贸易和资本流动,因此汇率政策的协调是中美宏观政策协调的核心。美国在2008年金融危机之后实行更加量化宽松的经济政策,每轮量化宽松政策的推出都伴随着美元指数的大幅下跌。同时,由于美国处于零利率区间,大量热钱流入中国等发展中国家,在很大程度上加剧了人民币单边升值的预期和压力。2014年10月,美联储宣布退出量化宽松政策,一年后的2015年12月宣布加息25个基点,引发了新兴市场国家汇率的大幅波动。尽管加息后美元指数短暂上升,但近期重新进入贬值通道。总体上看,实行弱美元政策是符合美国政府需要的。之前奥巴马总统提出"振兴制造业",推出一系列贸易保护政策,以对国内制造业起到一定的保护作用。特朗普任美国总统之后,提出"让美国再次强大"的口号,一方面继续推行贸易保护主义,另一方面实施减税政策,提升美国企业竞争力,推动制造业回流。美元贬值,在较短短期内有利于货物出口,降低美国贸易赤字,改变美国贸易逆差国的地位,而且有利于美国降低债务融资成本,缓解减税、加大基建力度带来的财政压力。所以,美国可能会在未来一段时间内继续实行弱美元政策。

妥善处理中美贸易摩擦,增强中美贸易政策协调。从中美贸易情况来看,中国是美国第三大出口目的国,也是美国第一大进口来源国。美国对于中国来说是第一大出口目的国,第六大进口来源国,中美双方有着重要的贸易合作。但自特朗普总统上台后,美国对华贸易政策发生了一系列改变。特朗普在经贸层面对中国的态度越来越强硬,中美贸易战的风险逐渐上升。一旦中美爆发贸易战,一些贸易企业就可能出现库存积压、经营困难,甚至出现资金链断裂和局部金融风险;中国来自美国的贸易顺差将大幅减少,导致国内流动性总量和结构发生巨大变化,给实体经济带来极大的负面影响。

中美贸易争端的触发是经济因素与政治因素的双重作用。从经济方面看,中美贸易领域存在较大赤字,美国对中国的商品贸易逆差占其整体逆差的比例接近50%。美国由于技术出口限制,与在产业链中地位相似的欧洲相比,对中国出口结构中高技术含量产品的比重不足,没有充分发挥比较优势,从而固化了贸易赤字。这一贸易逆差与特朗普竞选时就提出的贸易保护纲领出现了差距,对外贸关系持强硬态度的特朗普政府一定会奉行贸易保护主义,进而引发贸易争端。从政治方面看,特朗普选择对华贸易制裁,以实现其对华政治交易的目的。

为应对中美贸易摩擦，降低不利影响，避免贸易战的发生，中国应灵活机智应对，从以下几方面进行协调：一是主动调整缓解风险，如结合国内扩大消费结构调整，适当降低某些进口品关税，同时制定差别性政策，扶持并帮助贸易企业渡过难关。二是准备反制回应，制定报复清单，利用世界贸易组织多边规则，联合其他贸易顺差国以及赞同维护全球化大局的国家，组织官方或非官方的论坛或部长会议，集体商议反贸易保护主义的做法，积极发出自己的声音。三是央行应及时或预先采取应对措施，弥补贸易规模、顺差下降带来的流动性缺口。四是应借势推进国内改革进程，坚持深化改革和扩大开放，积极实施"一带一路"倡议，制衡美国单边主义和保护主义倾向。

总体上看，中美之间存在巨大的合作空间，完全可以通过拓宽合作渠道、领域解决各自面临的短期现实问题。中国应避免强烈的贸易对抗，尽可能在以世界贸易组织为基础的框架内解决中美贸易冲突。还应多渠道推动双方协商沟通，根据美国的具体国情，重视民间渠道，特别是要善于做好美国企业界、工会和院外集团的工作，为在一定程度上消除中美贸易摩擦、促进双边贸易发展建立社会和舆论支持基础。

第二节　推进人民币国际化的具体步骤

按照历史上其他国家货币可兑换及其走向国际化的经验和我国社会经济发展情况，推进人民币资本项目自由兑换是客观要求。随着我国综合国力和国际地位的迅速提升，人民币可兑换的实际进程应当加速，人民币的区域化乃至国际化并不是遥不可及的事情。

一、继续保持一定的经济增长速度

我国只有保持一定的经济增长速度，经济达到一定规模，成为世界经济大国，人民币才能得到世界各国人民较为普遍的认同。所以，人民币国际化程度

第七章 人民币国际化的推进与发展

是一个随着我国总体经济实力和综合国力的不断增强而增强的发展过程。

（一）经济发展阶段对货币国际化的影响

Porter（1998）提出，国家经济发展由低到高会经历四个阶段：生产要素导向阶段、投资导向阶段、创新导向阶段和富裕导向阶段。在生产要素导向阶段，企业对全球经济景气循环与汇率变动非常敏感，因为所生产的产品需求价格弹性很高。目前几乎所有的发展中国家都处于这个阶段。在投资导向阶段，企业具有吸收并改良外国技术的能力，政府更加强调效率和长期规划，重视改善生产要素质量和提升产业国际竞争力。在创新导向阶段，企业会大规模转战国际市场，更加注重在产业中引入高新基础，竞争方向也将从生产成本转向生产率。由于产业结构的不断完善和升级，很多产业能够摆脱生产成本和汇率波动威胁，国家发生危机的可能性大大降低，同时人们非常强调高质量的服务和财富，高端服务业拥有更广阔的国际市场。在富裕导向阶段，企业开始逐渐丧失在国际上的竞争优势，国内逐渐不存在竞争，经营战略由积极转向保守，大企业将左右政府实施保护政策使自己与竞争者隔离，经济开始停滞不前，相应地，货币的国际化程度也逐渐下降。每一个经济发展阶段的转换，都需要一次重大的结构性改革。

回溯人类发展历史，英国最早进入创新导向阶段。19世纪前半叶，英国已经完成了投资导向阶段向创新导向阶段的转换，美国和德国分别在20世纪前期和中期进入创新导向阶段，日本则是在20世纪70年代进入这一阶段。日本经济是战后经济的典范，它从最基本的生产要素导向阶段开始，利用战后低廉的劳动力从纺织等简单的制造业入手展开竞争，大力提高本国的技术发展水平，很快就推进到了投资导向阶段。进入投资导向阶段后，日本利用其低廉的劳动力和现代化的高新设备，极为快速地形成了自身的国际竞争优势，日本企业的海外渗透能力迅速增强。日本在20世纪70年代进入了创新导向阶段，伴随而来的是日元国际化程度的快速提升，在这个阶段，日本对科学技术的投入和创新达到了峰值，国内保持激烈的竞争，创新的步伐加快，并将一些资源密集、简单加工的产业逐步转移到了中国等发展中国家。

从国际外汇储备货币结构演变看，英镑、美元、德国马克、日元的国际化进程都是发生在创新导向阶段。也就是说，货币国际化进程是经济发展到一定阶段的产物，离不开产业结构的升级。只要夯实了产业基础，完成了产业结构全球范围内的布局调整，货币国际化是顺应发展规律的结果。

对于发达国家而言，进入富裕导向阶段后，大多会面临结构性调整的巨大压力。英国是最早进入富裕导向阶段的国家，英国进入这个阶段后，经济呈现出螺旋状下滑，失业率持续提高，政府收入大幅减少，从而财政对教育、研发、基础设施的投入都不断缩减，正是由于这些原因，撒切尔夫人实施了一系列的经济刺激政策。目前，美国和德国处在由创新导向阶段向富裕导向阶段过渡的过程中，产业竞争受到了很多制约，重新重视贸易活动中的保护主义，经济发展不再平衡，带动经济发展的力量正在逐渐消逝，伴随而来的就是美元、欧元国际金融市场占有率和美元国际化程度的下降。要实现经济的可持续发展，需要进行结构改革和调整。

在创新导向阶段，最重要的特征是现代科技推动各产业创新发展，而且优势产业朝全球市场迈进。因为技术、客户需求、政府政策、国家基础建设等方面的差异，各国企业的全球竞争日趋激烈。政府往往会出台一系列促进研发、鼓励创新的政策，在全球产业竞争中扮演越来越重要的角色。这时一国的成功并非来自某一个产业的成功，而是来自纵横交织、具有协同效应的产业集群。形成富有国际竞争力的产业集群，一方面有利于提高整体经济的生产效率和生产能力，另一方面能够在越来越专业化的国际分工中占据有利的地位，通过利用全球资源，获得更高质量的经济发展。具体以美国的建筑业为例说明，第二次世界大战以后直至20世纪70年代以前，美国在核心科技，如电子、太空、合成材料、医疗保健用品和核能等方面都投入了巨额资金，加大研发力度，使得美国的科技产业发展迅猛，在许多基础科学和科技产业方面居于全球领先地位。除此之外，美国还将鼓励科技创新与基础设施建设相结合，打造出战后世界上最强的工程和建筑业。"二战"后初期欧洲和亚洲许多国家受到破坏的经济尚未复苏，为美国工程和建筑企业进入国际市场进行海外拓展提供了机遇。美国的建筑企业以其具备的先进生产流程与成熟的建筑管理技巧，很快就完成了国际扩展战略。1987年，美国企业在前250家国际承包商的工程业务当中占24.5%，遥遥领先于其他国家。科技进步在美国经济发展中的贡献超过80%，创新成果被广泛运用于农业、制造业、服务业，使得美国许多行业的劳动生产率高居世界榜首,在国际分工中长期占据高端。

(二) 人民币国际化需要的结构性改革措施

从国际经验得知,经济进入创新导向阶段是人民币国际化的必要条件。为此,中国必须加大研发投入,深化结构性改革,形成经济效率更高、更加灵活的市场主导机制,与不同类型的国家实现多梯次的结构性改革政策协调。

1. 加大研发投入,提升自主创新能力

目前,我国经济正在迈向创新导向阶段,成功转型的关键在于人力资源积累和科技创新。人力资源是经济发展的原动力,也是掌握创新国家核心竞争力的根本。人才培养并非朝夕之事,我国需要更加重视教育和培训,全方位培养、多渠道吸引专业技术人才。加大科研创新投入,获得更多专利,也是确立经济比较优势、推进人民币国际化必不可少的。美国、德国、日本在创新导向阶段研发经费支出占国内生产总值的比重基本都维持在2%~3%,举例来说,日本在进入创新导向阶段的1985年,研发总支出占GDP的比重达到2.9%。强有力的创新驱动使日本产业的国际竞争力明显提升,日元的国际化程度也达到顶峰,1987年日元在国际外汇储备中的占比达到了7%。我国的研发经费支出占GDP的比重从2014年开始突破2%,2017年的研发经费支出达到1.75万亿元,占GDP的比重为2.12%,全球排名仅次于美国(见图7-1)。人才质量

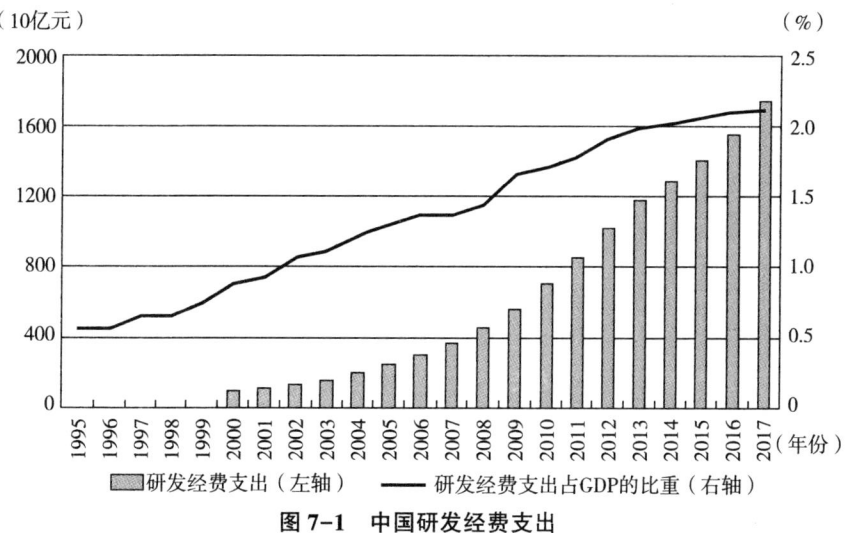

图7-1 中国研发经费支出

提升和研发增加，为我国经济从数量型发展转向高质量型发展注入了新动力。研发投入集中度高、规模大的信息产业、新能源产业、生物产业和纳米产业等战略性新兴产业，逐渐为中国经济发展注入新的动力。

进入创新导向阶段，需要进发强大的创新活力，许多产业在技术进步中协同发展，获得整体的国际竞争优势。目前，我国研发支出规模绝对值不低，然而结构尚未平衡，最突出的问题是基础研究经费投入不足，明显落后于主要发达国家，严重制约了我国的自主创新能力。因此，我国必须进行科技制度创新和运行机制改造。图7-2对部分OECD国家与中国的研发经费支出进行了比较。

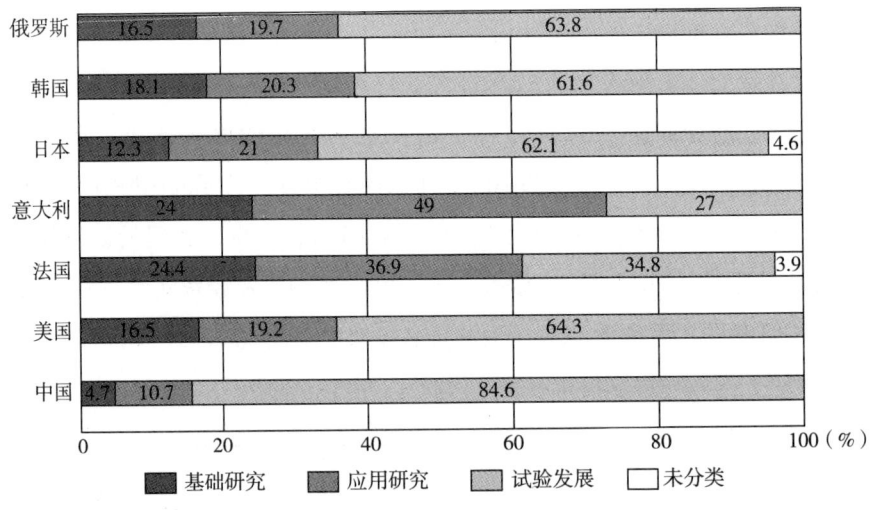

图7-2 部分OECD国家研发经费支出（按活动类型划分）与中国的比较

2. 以供给侧改革推动高质量发展

我国已经确立了"创新、协调、绿色、开放、共享"的新发展理念，推动高质量发展是当前和今后一段时期确定发展思路、制定经济政策、实施宏观调控的根本要求。推进供给侧结构性改革是实现高质量发展的必由之路。短期需要通过"三去一降一补"，解决导致经济效率低下的资源错配问题，长期则要处理好政府和市场之间的关系，构建确保资源优化配置的市场机制。

随着我国经济在去产能、去库存方面取得的阶段性成果，供给侧改革进程逐步向补"短板"倾斜，努力提升质量，加速我国从制造大国向制造强国转变。一方面，需要加大传统产业的技术改造投资，运用新技术、新业态、新模式，大力推动钢铁、煤炭等传统产业升级，更好地满足人民生活对商品和服务的需求，确保就业的稳定；另一方面，强化金融服务实体经济的能力，充分发挥我国巨大的市场空间以及集中力量办大事的体制优势，推动"互联网+""大数据+""人工智能"以及 5G、生物制药、机器人、新能源等战略性新兴产业成长。通过创新引领，打造精品工程，实施"中国工业 2025"战略，培育拥有高端制造国际竞争力的产业集群，加快中国工业现代化的进程，推动我国在国际分工中从低端走向高端。

降低企业尤其是国有企业杠杆率，是当前供给侧改革的另一个重点。国有企业是我国经济高速发展的重要支撑，但国有企业占用过多金融资源以及形成一定的行业垄断，不仅限制了企业家精神的发挥和市场竞争机制的形成，导致民营经济活力不足和整体经济效率下降，还推高了国有企业的负债率，使其在结构性调整过程中难以承受市场波动，增加了银行的不良贷款风险。目前国有企业获得了 45%的信贷资源，对我国经济增长的贡献却不足 30%，改革国有企业，是增强经济活力、促进我国经济转型升级的重中之重。一是要实行与民营企业的混合制改造，开放社会资本与政府资本的合作空间。完善法律体系并改善投资环境，通过竞争和合作，提高教育、医疗、金融、能源、交通等诸多资源性垄断行业的资源配置效率，有效弥补经济中的"短板"。二是要简政放权，减少政府对国有企业经营的干预，让市场去调节各种资源的配置，这是降低国有企业杠杆率的关键。一方面，政府要尊重市场规律，不要采取产业保护、设置进入门槛、出口补贴等行为来干预市场竞争，让国有企业与民营企业公平竞争；另一方面，应该将市场竞争机制引入公共服务领域，可借鉴 20 世纪 80 年代英国撒切尔政府的做法，将垃圾收集、公路养护、路面清洁等服务承包给私人，鼓励私人经营医院、养老院以及学校。

3. 推动全球技术创新

以 20 世纪 80 年代互联网技术革命为基础的全球经济发展周期已近尾声，全球新技术革命正处于黎明前的黑暗，亟须各国积极开展创新，推动技术进步，解决人类生存和发展面临的新挑战。作为一个具有后发优势的大国，中国理应推动全球科技创新协调,与发达国家一起加大科研投入,制定创新技术的国际标准,推动技术进步,造福全人类。与发展中国家一起,推动经济开放,吸引外资,尽量缩小与发达国家的技术差距,采取措施尽量克服技术溢出的负面作用。促进全球技术进步与经济发展,在解决影响人类共同发展的重大问题的进程中贡献出自己的一分力量。应该从以下方面进行重点协调,稳步提升中国的创新能力,在第四次技术革命浪潮中跨入领跑者行列,为人民币国际化提供根本性的硬支撑。

第一,减少针对高新技术的投资限制与贸易壁垒。高新技术行业直接投资和技术贸易是国际技术扩散的主要途径,也是保护主义集中的焦点。一些当前技术占优的发达国家,限制高科技产品出口,阻止外资进入高科技产业,或者对高科技产品征收高额关税,遏制其他国家技术进步。中国经济在逐渐加快发展的过程中,发达国家对中国技术创新方面的遏制尤为突出。因此,加强创新政策的国际协调,不仅要注重创新政策本身,而且要推动发达国家消除针对创新技术的投资限制和各种贸易、非贸易壁垒。2016年二十国集团杭州峰会制定了《二十国集团全球投资指导原则》,这是全球首个多边投资规则框架,填补了国际投资领域空白,为加强全球投资政策协调做出了重要贡献。应该推动这个投资指导原则的落实,为全球科技创新合作疏通渠道。

第二,将电子商务、数字货币及互联网技术作为政策合作的抓手。电子商务正在成为国际贸易的重要渠道,电子化和数字化为全球经济运行提供了全新的环境,逐渐形成了以电子方式进行交易、提供服务的新型商业模式。加强创新政策的国际合作,理所当然应该选择电子商务、数字货币和互联网技术作为重点和抓手。进入21世纪以来,中国大力推动电子商务和互联网新技术,全国上下都实施"互联网+"战略,使得经济效率得到了进一步提升。2017年科技进步对经济增长的贡献已经超过57%,远大于资金、人力投入的贡献。目前中国在数字货币、电子商务、移动支付等领域处于世界领先水平。中国应该与"一带一路"参与国一道,以世界贸易组织的《关于全球电子商务的宣言》及《电子商务与世界贸易组织的作用》等规范性文件为基础,推动电子商务全球合作平台建设,推进电子商务领域的科技创新,参与并主导电子商务中数字货币、移动支付、5G技术运用的全球标准制定,维护全球范围的电子商务、

第七章 人民币国际化的推进与发展

货币支付安全,在技术创新推动国际金融、国际货币体系改革的进程中,确保国际金融安全有序运行,更好地促进全球经济增长。

第三,促成有利于金融科技创新的环境和规则。金融科技是大数据、区块链、人工智能等科学技术在金融领域的应用。随着金融科技的推广和运用,金融创新波澜壮阔地展开,金融主体、金融产品、金融渠道、金融模式、金融监管、金融生态都发生了根本性的变革。然而,金融科技创新正处于新兴阶段,大多尚未出台正规的监管政策,能够轻易地跨越国界,成功躲避单个国家的监管,致使一些金融科技创新成为洗钱、恐怖活动的方便之门。加强金融科技跨境经营的国际监管合作,是维护国际金融安全的一个迫切任务。中国不仅金融科技创新活力较强,而且通过人民币国际化向国际社会提供流动性,更需要推进金融科技创新的国际治理和多边合作,制定促进金融科技发展和全球推广应用的规则,针对金融科技创新产生的金融风险,完善现有的国际金融监管框架,构建良好的金融科技生态体系。

第四,推动发达国家向发展中国家转移环保技术。鉴于创新和科技进步在各国积极发展和赢得国际竞争方面具有决定性作用,而且科技创新门槛高,需要长时间研发,并且要占用大量的人力物力,从国家利益角度出发,现实中关系到市场竞争力的核心技术是很难从国外买到的。因此,各国政府都在制定鼓励政策,充分调动本国的人才和资源优势,相互追赶,收获科技带来的巨大红利。竞争固然可以加快技术突破,但必要的技术合作有利于各国科研人员拓展思路,相互促进,达到事半功倍的成效。我们只有一个地球,气候变暖、环境污染具有很强的外部性,危害整个人类的生存与发展,需要各国共同努力。在应对气候变暖和环境污染方面,发达国家一直走在技术创新前列,不少降低碳排放、清洁能源、污水处理的先进技术掌握在发达国家手中。从完善全球治理角度出发,应对气候变暖和环境污染的技术应该是一种准公共物品,中国应该利用自己的国际影响力,在这些领域推动建立全球技术合作与对话平台,推进相关技术交流,推动发达国家向全球尤其是发展中国家开放该领域的技术成果,为保护全人类赖以生存的共同环境贡献出一分力量。

综上所述,中国正经历着从"中国制造"到"中国创造"的艰苦转变。这一转变意味着中国经济从投资导向阶段跨越到创新导向阶段,与之相伴而行的必然是人民币国际化的水到渠成。作为新兴的大国,中国有义务将创新政策协调与构建人类命运共同体紧密结合,在推动全球科技创新政策协调方面发出自己的声音。尤其是为金融科技创新、数字货币等新兴技术的健康发展制定规范,一方面能解决电子货币全球范围内流动的机制与安全问题,另一方面也能为人民币国际化弯道超车提供制度保障。

4. 促进多梯次国际产能合作

在现代化竞争中,不可能完全依赖本国市场来维持产业发展和竞争优势,在经济全球化背景下,要维持可持续、有竞争力的产业结构,就必须进行产业的海外布局。在国际产能合作方面,日本的经验值得我们借鉴。日本在20世纪60~80年代构筑了以其为首的"雁阵经济增长模式"。在本国劳动力成本不断上升、国际市场有待扩展的前提下,日本将劳动密集型产业按照不同梯度转移到亚洲国家,日本作为"雁首"提供技术、管理经验和资金;亚洲"四小龙"和亚洲"四小虎"提供劳动力与石油、橡胶等资源,形成"雁身";中国和东盟国家在当时主要提供廉价劳动力、矿石和木材等原材料。

根据中国社会科学院工业经济研究所工业化蓝皮书课题组的研究,"一带一路"沿线国家总体上仍处于工业化进程中,并且许多国家处于工业化中后期阶段,大体呈现"倒梯形"的结构特征。产业结构也形成了技术密集与高附加值产业、资本密集型产业和劳动密集型产业三个梯度。当中国廉价劳动力时代结束时,部分劳动密集型的产业可以向以东南亚部分国家为代表的工业化初期国家转移,一些资源密集型产业可以向中亚和部分中东欧国家转移;而一些技术密集型产业可以向欧洲国家进行转移,或者与它们进行技术合作。随着这些不同梯度的产业转移,在"一带一路"沿线国家就会形成产业链层次清晰、分工明确的"新雁阵模式"。"新雁阵模式"既有助于解决我国目前劳动力和土地资源成本抬升、产能过剩和环境污染的问题,同时也有助于培育创新型的、具有战略意义和经济长久竞争力的新兴产业。

展望未来,中国应该科学制定产业国际合作策略,详细分析"一带一路"参与国的具体需求,与不同类型、梯次的国家进行差异化产业合作,共同推动中国和其他国家的产业结构改革,努力实现双赢和帕累托最优。我们可以从以下四个方面加强国际产能合作。

第七章 人民币国际化的推进与发展

第一,发挥中国产业门类齐全的优势,帮助一些能源依赖型国家实现产业结构多元化。在清洁能源技术不断进步的背景下,沙特阿拉伯、伊朗、委内瑞拉等OPEC石油生产国面临极大的经济可持续风险,它们迫切需要进行结构性改革,实现产业多元化,降低经济对单一资源的严重依赖。不少专家预计,新能源很可能在20年内实现技术方面的根本性突破,原油很可能被取代,届时上述国家的经济、财政支柱就会随之倒塌,陷入生存危机。中国要把握时机,发挥中国产业门类齐全的优势,根据这些国家的发展需要,加大国际产能合作,帮助它们尽快实现产业结构调整和转型。

第二,发挥中国高储蓄率、资金相对富余的优势,增加对亚洲、非洲非原油生产国的直接投资。中国的文化传统重视量入为出,留有余地,居民储蓄率较高,客观上拥有较强的对外投资能力,能够为"一带一路"参与国中需要大量资金的国家提供经济发展所需资金。此外,中国也是一个发展中国家,与美国、欧盟、日本等发达国家(地区)相比,中国的产业和技术更符合它们现阶段的生产和消费需要,而且中国对亚洲、非洲的投资无烦琐政治条件,具有项目投资规模大、见效快,产能合作政策实践性强等特点,在亚洲和非洲,我国的对外投资、国际产能合作政策的可理解性、可接受度越来越高。我国应该选择那些政治风险较小、与中国经贸往来规模较大、对中国政策认同度较高的亚洲、非洲国家,本着互利共赢的商业原则,从制造业到服务业,全方位开展产能合作。

第三,精准定位,帮助拉丁美洲国家完善工业体系。一些拉丁美洲国家由于存在依附性经济结构,以农产品出口为主,主要商品严重依赖于进口,至今未能完成工业化转型,政府债务负担很重,加上存在高福利、贫富差距大等社会问题,很长时间以内没有摆脱中等收入陷阱。中国是全球最大的工业国,改革开放40多年来取得的工业化成果举世瞩目,这些拉丁美洲国家一方面需要中国的经验,帮助建立自己所需的工业体系,完成结构性改革升级和转型,另一方面也需要中国的直接投资,尤其是股权投资,以减轻其政府债务。根据拉丁美洲国家的具体需要进行产能合作,可进一步扩大我国产业结构优化的空间。

第四,破除投资障碍,扩大与发达国家的双边投资合作。发达国家的制造业先进，同时也有非常发达的服务业，与中国相比它们具有很强的产业优势。目前中国制造业与它们的差距在逐步缩小，产业错位发展、互补发展的空间变得更大。同时，因为贸易保护主义抬头，中国面临的竞争压力和人为遏制也在日益增加。中国需要与发达国家加强沟通，争取更多的理解，减轻贸易摩擦和技术壁垒对产业合作的不利影响，为中国对发达国家高技术领域投资创造良好的外部环境；进一步深化对外开放，创造更好的营商环境；全面实行外商投资负面清单制度和准入前国民待遇制度，政府采购内外商一视同仁，提高对发达国家来华投资的吸引力；通过加大市场竞争力度，与高手过招，提升我国生产服务的水平，使得经济发展更加快速优质。

5. 促进贸易创新升级

坚持改革开放，坚持市场经济，一如既往地坚持成功政策，加大创新力度，是中国经济变得强大的必由之路。改革开放是中国取得空前的超越所有人想象的伟大经贸成就的关键因素。没有自由贸易和参与全球化进程，就不可能取得如此巨大的成就。所以中国经济继续发展的基础还是坚持改革，保护和促进自由贸易和全球化。进入新的经济发展阶段，中国发展强大的贸易不仅要深化体制改革、调动各类经济主体的积极性，还要将创新驱动放在最重要的位置。

首先，加大创新力度，推动贸易升级。从贸易大国到强国的过程实际上就是中国从经济大国到强国的过程。最关键的环节是中国企业必须创新，掌握核心技术，打造自己的品牌，实现产业的不断升级。中国从20世纪80年代以原材料为主的出口模式升级到90年代以纺织品为主的出口模式，再升级到今天以机电产品为主的出口模式。随着供给侧改革的不断深化，尽管加工组装仍是外贸的支柱，但中国加快了贸易优化升级的步伐，鼓励高新技术、装备制造、品牌产品出口，带动中国出口商品从低端向高端迈进。2017年，全球1/3的智能手机出货量由中国品牌贡献；高科技产品占中国出口的比例超过20%。除此之外，许多中国企业已经走出国门，从贴牌生产的发展模式，注重树立自己的品牌。例如，华为、格力、海尔等在国际市场上占据了越来越多的市场。要明白，贸易从大到强，不是一蹴而就的，要自然地循序渐进，拔苗助长、口号和运动式的政策只能适得其反。技术产业升级和打造知名品牌是持久战，不论技术创新还是品牌创建，都会周期很长、风险很大、成本很高。所以，政策环境必须给予企业足够的动力和压力。动力来自追求高额利润,而压力来自市场竞争。政府的作用在于营造宽松规范的市场环境,尽量保证企业的自然运行与发展;保护企业利益,保护私有资产,保护知识、品牌和技术产权;保证公平竞争。否则,企业绝对不愿投身于高风险、高投入的技术创新和品牌创建中,中国经济和对外贸易也没有希望强大起来。

其次,鼓励民营经济发展,充分发挥民营企业在对外贸易中的积极作用。尽管国有企业永远是中国经济的重要组成部分,但民营经济是高速增长的重要源泉。在对外贸易中,出口的主力一直是FDI和非公有企业,这些企业高效整合生产要素和资源,凭借对国际市场的了解,发掘利用中国的比较优势和后发优势,推动了我国在全球贸易中的不断发展。可以看出,世界上强大富裕的经济贸易大国大多是以市场经济为主的资本主义国家,其经济主体是私营企业而非国有企业,它们注定是中国最大的贸易伙伴,中国要从根本上认清这一点。从意识形态上看,这些国家不论主流媒体、普通百姓还是政治人物,对国有企业特别是社会主义中国大多不太信任,有的甚至很反感和恐惧,致使在国外的中国国有企业一有风吹草动就很容易成为受攻击的对象。最近几次与国有企业相关的国外并购的受阻表明,中国国有企业在国内经济中可以发挥重要作用,但很难挑起拓展甚至主导国际贸易的重担。当前,中国大型企业大多还是国有企业,要保持中国对外贸易的强劲发展,需要大力支持和发展民营企业,让它们和国有企业在同一起跑线上公平竞争,通过国有企业的混合改制,推动民营企业的发展和壮大,充分发挥民营企业在对外贸易中的特别作用。

最后,利用中国幅员辽阔和经济发展不平衡,创造更大的规模优势。充分利用这些禀赋和不平衡,通过内部消化,实现低端产业从发达地区向欠发达地区的转移。这就意味着,中国能够在发达地区产业升级的过程中,不丢失原有的产业和对外贸易,产业升级不仅对贸易总额而言纯粹成为有加无减的行为,而且能充分保障中国经济和贸易的规模优势。

二、保持人民币币值相对稳定

如果我国人民币币值出现大幅波动,导致国内外居民对人民币缺乏信心,就会破坏实现人民币国际化的基础。因此，如果人民币在形势不成熟的条件下，贸然实行资本项目可自由兑换，经济和金融难免不受国际资本投机的影响。如果在人民币走向国际化进程中选择货币升值，那么经济和金融与投机资本进行较量的时候就具有了充分的实力。所以，人民币汇率的确定既要依据我国贸易状况和国际收支平衡状况，也要把人民币国际化同我国经济、技术发展、金融发展等联系起来。新加坡、日本在亚洲金融危机中也受到很大影响，不过因为自身强大的经济基础，其对经济危机的抵御能力也更强一些。

从西方发达国家货币国际化的历史经验可知，一国币值的稳定是一国货币国际化的前提，而这种币值的稳定实现又要依赖一个强有力的中央银行及其所实行的以稳定币值为首要目标的货币政策。中央银行协调机制就是中央银行之间运用工具操纵中间目标达成最终目标。最终目标通常是货币和金融稳定。中央银行的中间目标则有较多变化：第一，更好的联合决策；第二，对政策问题的明确解答；第三，发展强有力和有效的网络联系；第四，全球高效的理念和信息传播；第五，提供国际信贷以及为影响资产价格做出共同努力。中央银行协调的工具包括：第一，巴塞尔银行监管委员会举行的各种各样的央行和监管者会议；第二，与国际事务有关的研究和政策分析；第三，与国际银行借贷、跨境证券市场和衍生品有关的数据和信息；第四，国际清算银行为各国中央银行提供的服务。

2008年全球金融危机在客观上给全球央行的协调合作带来了新机遇和更高要求。中央银行在更大范围内采取了协调性的行动，比如2008年雷曼兄弟倒闭后，各国都为金融机构提供充足的流动性且各国之间都签订了货币互换协议，无限量地扩展这种互换代表了中央银行合作的转折。除此之外，就像二十国集团、金融稳定理事会以及国际清算银行的全球经济会议会员的扩张和地位加强所展示出的那样，中央银行的合作也越来越多。

综上所述，中央银行协调机制的工具多种多样，我们在此就金融危机后较为频繁使用的货币互换举例说明。

货币互换是一种协议，如在协议开始时，中央银行1按照当时的市场汇率将特定数量的货币A出售给中央银行2以换取货币B。中央银行1同意在指定的未来日期以相同汇率回购其货币。中央银行1可以将互换所得的货币B贷

第七章 人民币国际化的推进与发展

给当地的银行或公司使用。在约定的互换资金返还的日期，两国央行互换货币并由启动互换的中央银行1向中央银行2支付利息。

货币互换在金融危机中可以对市场起到一定的稳定作用，也是面对当前国际货币体系缺陷，致力于改进国际货币体系的一种方法。

2007年金融危机后，美联储陆续与其他国家央行签署了14个双边美元互换协议，为部分国家缓解流动性危机提供了有力支持，欧盟也同瑞士、丹麦等签署了货币互换协议。

中国在金融危机后与多个国家和地区签署了货币互换协议。截至2017年11月底，中国人民银行已经与39家境外央行或货币当局建立了双边本币互换安排。以韩国为例，在2008年全球金融危机的冲击下，初期韩国央行采取常规性地抛出外汇买入韩元的方式来缓解和抑制韩元的贬值，不过因为外汇储备量不够充足，韩国金融市场持续爆发恐慌情绪，韩元贬值的压力进一步加大，形成了贬值救市—外汇储备下降—市场恐慌情绪加剧—贬值的恶性循环。在这种情况下，韩国央行与中国等三个国家的央行签署了货币互换协议，能够在保持外汇储备的情况下进行救市从而维护汇率稳定，在很大程度上缓解了韩国金融市场的恐慌情绪。

而且这些互换协议的签署有助于为贸易和投资提供支持，以及促进人民币的国际使用。由于中国对人民币结算额有一定的限制，当在达到限制额度之后，这些互换就能够用来获得人民币。2010年10月，香港金管局同中国人民银行签订了200亿元的互换协议，这方便了香港的公司同内地进行人民币结算贸易。2014年，中国同韩国签订了4亿韩元的互换协议，从而可以把获得的韩元贷给中国的商业银行，而这些商业银行又可以为进口韩国商品的付款提供贸易融资。又如阿根廷，中国通过货币互换为阿根廷提供贷款。阿根廷由于之前的信贷违约，在国际市场上借美元存在一定的难度，最终无法进口一系列货物，但由于和中国进行了货币互换，阿根廷可以将互换得到的人民币转换成美元，从而进口货物。

随着互换协议的广泛使用，其功能已经不仅局限于金融危机后的救助作用，而渐渐演变成一种更加常规的操作，致力于在国际货币体系改革中发挥金融安全网的作用。2007年以来的危机表明，当前国际货币体系所面临的困境主要是由主权国家货币（美元）充当主要国际储备货币所导致的一系列问题。美元充当国际储备货币所带来的问题可以通过增加欧元和人民币的国际供给来加以解决，而货币互换正好提供了一种扩充渠道，有助于优化国际货币体系、为国际货币体系改革构造一张安全网。

三、加快对外直接投资

以中国与蒙古国的对外直接投资为例。随着人民币币值的稳定，蒙古国国民对人民币越来越信赖，此时对蒙古国的直接投资中，以实物和人民币方式出资的境外投资应运而生。采取有效措施，加强人民币对外直接投资的规范、引导，将有助于推进内蒙古自治区边境地区人民币国际化。

在20世纪90年代，内蒙古自治区的对外贸易公司，纷纷开展与蒙古国的易货贸易。当时，对外贸易权需国家特许专营，在利益的诱惑下，各种所有制的对蒙贸易公司应运而生。贸易公司在对蒙贸易中逐步完成原始资本积累后，转而开始了在蒙古国的投资活动，对蒙投资初期是以商贸公司为主，主要从事中蒙边贸交易，以国内的日用品换取废旧钢材、皮革、木材等商品。21世纪之后，随着蒙古国政府对市场管理能力的增强，逐步调整对外贸易政策，更加注重发展经济、促进就业、提高出口产品附加值，对原材料的出口加以限制，鼓励产品深加工行业，迫使贸易型公司就地转而投向产品深加工，我国对蒙古国的投资热潮再次掀起。内蒙古自治区作为我国向北开放的重要窗口，其开展对外经贸活动的主要对象是俄罗斯和蒙古国。因为蒙古国长期处于缺乏外汇的状况，内蒙古自治区与蒙古国的双边经贸往来中，人民币充当着支付、结算工具。

人民币对蒙古国直接投资要采取循序渐进的策略，稳步推进实施。要建立在两国相互理解信任、互惠互利的基础上，深化中蒙两国的经济合作，促进各种形式的区域、次区域合作机制的建立，实现共同发展繁荣的长期合作目标。

（1）选择具有先进技术与管理经验的投资主体，争取以政策性人民币贷款支持蒙古国公共基础设施建设的境外投资项目，提高人民币投资项目的整体

第七章 人民币国际化的推进与发展

水平和质量,赢得蒙古国政府的信任和好评,在此基础上,逐步推进其他领域的人民币对蒙直接投资活动。

(2)对正在申报中的以人民币进行对蒙直接投资的项目要比照以外汇对外直接投资项目来审批监管。在两国政府间就人民币对外直接投资达成一致的前提下,对以人民币对蒙直接投资的项目视同以外汇投资项目来审批管理,要求各境外投资主管部门认真履行监管职责,按照相关程序,严格境外投资主体资格审查,确保经审批的人民币对蒙直接投资项目能够本着互利互惠、环境保护、可持续发展的原则,遵守规则,守法经营,能为促进内蒙古自治区以人民币对蒙直接投资事业的健康发展起积极作用。

(3)内蒙古自治区以人民币对外直接投资项目鼓励政策与以外汇进行投资应保持一致。鼓励企业投入蒙古国农业、畜牧业、食品加工、纺织、公共设施建设、房地产开发、资源产品的深加工等行业,不要全部把眼光盯在资源开发上。要通过投资将我国引进的国际先进技术与管理经验转化为生产力,带动蒙古国实现资源转化、产业升级和快速发展。

(4)规范现有已经以人民币进行对蒙直接投资的项目在境外的投资运作。各境外投资主管部门要充分利用一年一度的境外投资联合年检机会,对所有已经在蒙使用人民币进行投资的项目进行依法合规经营、项目进展情况与盈利水平、蒙古国对项目评价等几个方面的评定,将政策性补偿资金按年度综合绩效评价的级次发放。这样可以起到定时评估人民币境外投资项目,督促境外企业依法经营、健康发展的作用。

(5)培育自己的跨国公司,采取多种形式,主动参与国际合作与竞争。当前,各个国家之间的贸易更加开放,更加依赖彼此,因此要采取对外投资这一手段来不断提升自身在国际市场上的影响力,在国际资源分配中争取一个更加有利的形势并改善与相关国家和地区的关系。培育和发展良好的睦邻友好关系,提高合作层次,扩大合作领域,同时要培育自己的跨国公司。要充分利用跨国公司调整产业结构之机,逐步增强自己的实力和自我约束力,积极适应当前国际金融、经济形势,以获得全球市场份额和技术开发能力。在这一过程中,逐步完善自身产业结构,培育与经济大国相匹配的跨国公司。

四、扩大人民币的使用范围

随着人民币在境外流通范围和规模的不断扩大,正确认识我国现有的人民币跨境流通监测现状,逐步建立和完善人民币跨境流通监测预警体系,为上级部门制定相关政策提供准确的参考依据,推动人民币逐步实现区域化、国际化。

(一)人民币跨境流通监测预警系统的构建原则

第一,宏观性。宏观性主要是围绕国家的宏观经济政策,对人民币跨境流通状况进行监测,及时反馈人民币跨境流通状况。完整的人民币跨境流通监测预警系统应既包括通过银行划转的人民币跨境流通量,又包括随人员进出境形成的人民币跨境流通量;包括国内的相关信息与国外的相关信息。

第二,动态性。动态性是指人民币跨境流通监测是对人民币跨境流通情况的监测,而不是简单地对一个固定时段的人民币跨境流通情况的统计。因此在人民币跨境流通监测系统的监测周期设计上,应根据不同流通渠道的特点,设计不同的监测报告周期,对于特殊时期则可临时调整监测报告周期。

第三,层次性。人民币跨境流通监测系统应具有层次性,由表及里,由外入内,既要反映人民币跨境流通的数量变化,也要反映引起数量变化的相关具体情况,注重数量变化的原因分析;同时,注重结果和原因。

(二)人民币跨境流通监测的内容

目前人民银行、外汇局均对人民币跨境流通情况开展监测工作,但由于各自统计角度和管理角度的不同,存在多头统计数据、统计数据重复、缺乏权威等问题,还没有形成系统有效的监测合力,各个部门之间所获取的数据也没有通过共享的方式得到充分利用,使得研究资源造成了一定程度上的浪费。因为目前尚未形成有效的跟踪监测系统来对人民币跨境资金流动状况进行持续的监测,所以有关监管部门在面对突发问题时无法及时快速地掌握第一手数据,继而不能有针对性地制定监管手段及措施,这在一定程度上阻碍了央行和外汇局对人民币跨境流通管理水平的提升。所以,人民币跨境流通主要需要对下面几点进行监测:第一,通过口岸地银行进行划转的人民币跨境流通数量。第二,人民币现钞的跨境流通数量。第三，境外人民币现钞的滞留量。第四，外汇黑市人民币价格变化情况。第五，对方银行的人民币账户资金变化情况。第六，人民币流入国家的政治和经济环境情况。

(三) 完善人民币跨境流通监测预警的具体措施

第一，加强对通过银行汇划的人民币资金的统计监测。现行的国际收支统计申报制度和作为跨境资金监测主要手段之一的国际收支统计监测，基本能够准确监测口岸地的人民币跨境资金的流动情况，而通过口岸账户行办理转汇业务的境内其他地区的银行并非全部开办外汇业务，不开办外汇业务的银行对国际收支间接申报相关规定接触较少，可能会造成漏报，同时口岸账户行对于境内其他地区的转汇业务，只是按照客户指令对资金进行汇划，不直接接触客户，无法获取组织机构代码或身份证件号码及交易性质等要素信息，不能对跨境流通的人民币资金进行逐笔申报。鉴于当前人民币流通仅限于与我国毗邻的国家这一情况，应比照外汇局内蒙古分局做法，对所有通过口岸地银行进行划转的人民币跨境流通数量由口岸地银行进行汇总申报。从长期来讲，人民币越来越在国际贸易中占据重要地位，顺应全球发展形势制定科学系统的人民币跨境流通申报流程与机制，才能在将来实现有效监测跨境转汇人民币资金监测的目标。

第二，依托外汇黑市监测点提高黑市相关币种的监测水平。我国边境省份的外汇管理局都建立了数量不等的外汇黑市监测点，各级外汇局要进一步完善监测手段，加强与监测点人员的联系，定期召开座谈会，通报一定时期的监测重点和监测要求，及时迅速地掌握外汇黑市的主要交易币种和价格走势，以此来了解人民币的国际行情，以及国际市场对人民币币值的信任状况，及时反映边境地区人民币汇率的趋势，提升监测工作的质量。

第三，完善境外银行人民币账户资金的监测内容。目前，国家外汇管理局在对边境地区货币流通情况的监测中，对毗邻国家银行在我国口岸地区银行开立的各币种账户资金变动情况实施了监测，但监测项目仅包括流出、流入和余额三部分，而影响账户资金变动的其他因素如现钞的调运、账户资金的结售汇等项目则没有监测，因此需要完善相关统计监测项目，实现对境外银行人民币账户资金的全面统计监测，才能真实、准确地反映账户资金变动情况，从而更好地为上级制定、调整政策提供真实准确的数据支持。

五、完善跨境支付功能

(一) 我国跨境支付模式及存在的问题

当前，人民币跨境支付模式大致有三类：代理行模式、境外清算行模式、非居民人民币账户模式。其中，清算行模式使用较为频繁。清算行模式是中国人民银行与对方国家中央银行签订协议，允许经批准的对方国家的特定商业银行（一般是境内银行海外分行）作为境外清算行远程接入本国的实时全额结算系统，并在中国人民银行开立结算账户（见图7-3）。两国的其他银行则可通过本国清算行代理，利用对方国家的实时全额结算系统办理业务。

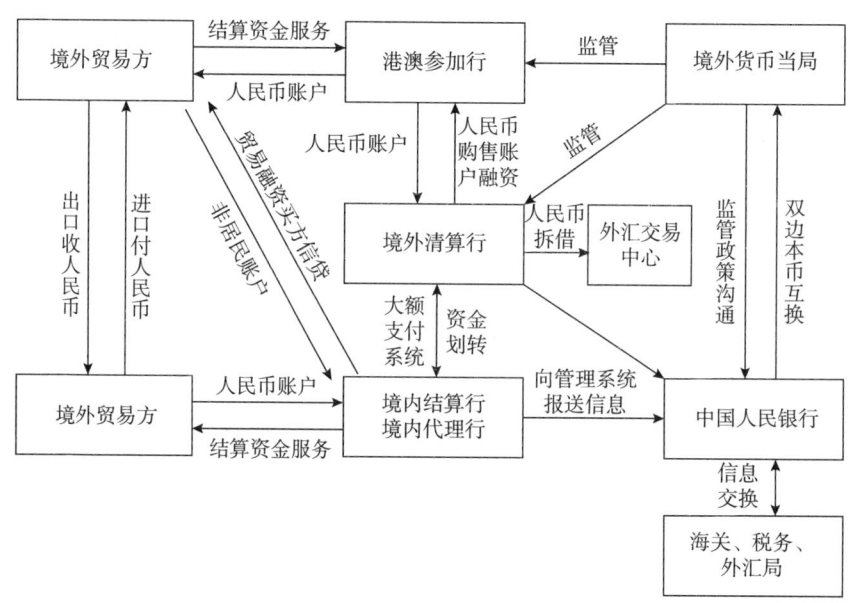

图 7-3 清算行模式图解

境外清算行是大额支付系统的直接参与者，其总行（母行）位于境内。对境外清算行，中国人民银行会根据综合评估给予一定的人民币购售额度，以促进其资金流动，同时，境外清算行也可以通过境内拆借市场获得更多的流动性。

第七章 人民币国际化的推进与发展

虽然清算行制度对我国跨境资金的结算发挥了非常重要的作用，但是其弊端也是不容忽视的。首先，报文转换麻烦，存在安全隐患。国内大额支付系统采用中文作为发报语言、与 SWIFT 格式不完全对应，而国外清算行则采用 SWIFT 发报，如此就会产生发报的转换问题。迄今为止，一些银行仍然需要人工进行报文转换，无疑就会出现较大的操作风险。其次，在人民币跨境交易规模不断扩大的趋势下，支付能力有限的境外清算行很容易因为超量的业务处理而引发支付危机。最后，境外清算行与国内大额支付系统直接相连，境外清算行自身风险及其他国外风险很容易通过该渠道传导到国内并形成交叉传染。

人民币跨境支付系统（CIPS），指为境内外金融机构人民币跨境和离岸业务提供资金清算、结算服务的金融基础设施。第一，CIPS 采用国际标准的报文格式，国际适用度更高，能够与 SWIFT 的 MT 报文格式兼容，减少了报文转换的时间和费用成本，实现了业务直通式处理，提高了业务处理的效率。第二，CIPS 的直接参与者都是国际大银行，参与支付有最低资金的保证，因而拥有更大的业务处理量。第三，CIPS 是独立的、专属的人民币跨境支付清算通道，可以在一定程度上实现境内与境外的风险隔离，从而提升国内金融信息对全球金融危机对抗的能力。

（二）完善跨境支付功能的措施

根据 SWIFT 公布的 2018 年 1 月国际货币支付统计数据，美元、欧元列前两位，分别占比 40.83% 和 37.94%，而中国仅占比 1.00%（见图 7-4）。支撑美元如此大规模的资金流动量的支付清算体系有两个，分别是联邦资金转账系统（Fedwire）和清算所银行同业支付清算系统（CHIPS）。Fedwire 主要服务于境内各银行业金融机构之间的清算和隔夜拆借、公司之间的大额资金交易、美国政府与国际组织之间的记账债券转移等；而 CHIPS 主要处理跨境大额美元支付业务，包括外汇结算、跨境银行间美元交易等。

这两大系统之所以能够取得如此巨大的成功，主要是因为它们在服务时间、清算模式、风险管控以及全方位服务四个方面做得非常好，中国在跨境支付功能设计中也应多多借鉴。

第一，全球覆盖式的清算服务时间。为了方便为全球提供清算服务，系统运营服务时间安排一般比正常工作时间长，能够覆盖到其他的国家或地区的业

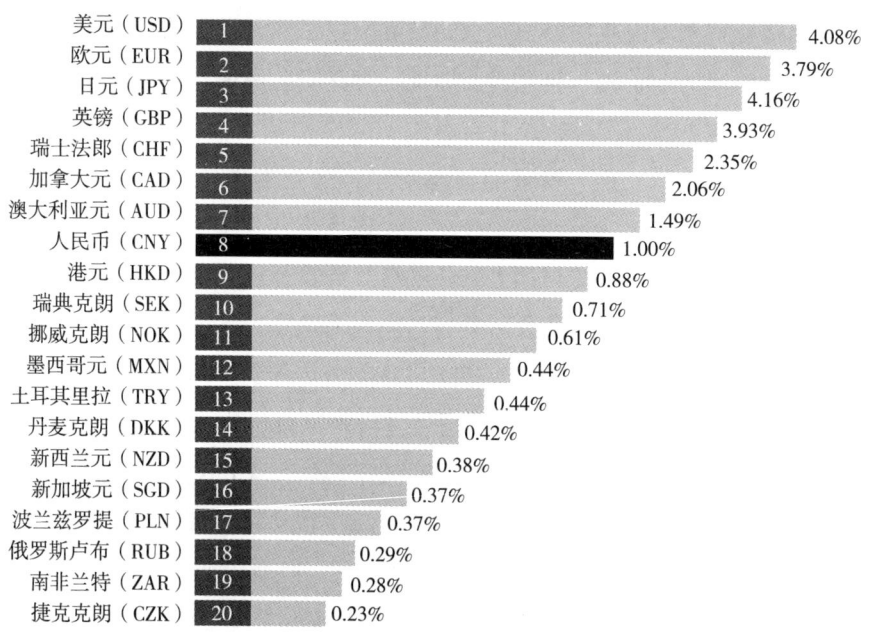

图 7-4 国际货币支付市场份额（2018 年 1 月）

务时间。美国的 Fedwire 每日开始营业的时间是工作日前一天（T-1 日）下午 9:00（东部时间），持续到第二天（T 日）的下午 6:30（东部时间），一个工作周期的运行服务时间一共是 21.5 个小时。CHIPS 的运行时间是从自然日前一天下午 9:00（东部时间）到第二天的下午 5:00（东部时间）为一个工作周期，共计 20 个小时，比 Fedwire 提前 1.5 个小时结束营业。

第二，高效的清算模式。美欧清算支付主要采取混合支付模式和给予信用透支额度的方式来提高清算的时效。CIHPS 通过采用混合支付模式和信用限额的方式来提高流动性，即采用双边或多边撮合清算的方法，利用成员的信用限额来提高结算效率。TARGET 2 虽然采用实时全额支付的模式，达到规避清算信用风险和提高清算时效的目的，但是欧元区各中央银行会根据实际情况，采取信用透支限额方法自行对本行清算账户进行管理，来提高清算效率。正是由于高效的支付清算模式，CHIPS 和 TARGET 2 才能够满足巨大的业务处理需求：CHIPS 达到 94% 的直通处理率，日均交易总额约 1.6 万亿美元；TARGET 2 的日均交易总额则为 2.2 万亿欧元。

第三，完善的风险管控机制。美欧跨境支付系统主要从事前、事中、事后三个阶段来管控风险，保证投资者的利益，保障系统的安全运行。图7-5列出了TARGET 2系统应急预案。

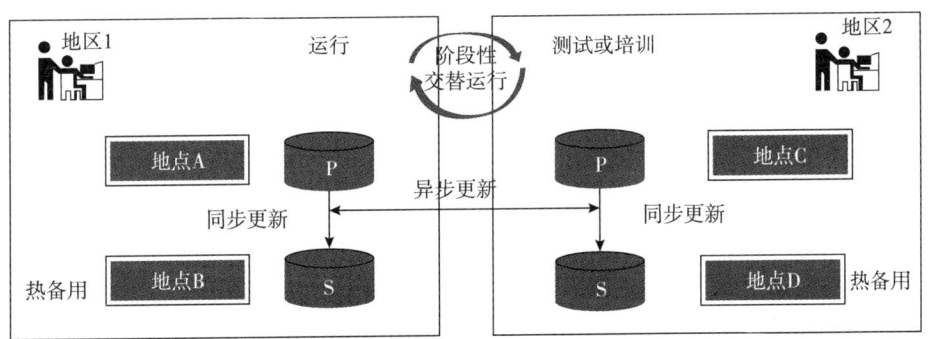

图7-5　TARGET 2系统应急预案

第四，多系统相连，提供全方位服务。国际主要货币的跨境支付系统都接入外汇、证券市场，具有良好的兼容性，为投资者提供多样化的服务。例如，CHIPS建有外汇直接转换的功能，TARGET 2更是在提供央行货币结算功能的同时加入了证券结算的功能。

参考文献

[1] 霍颖励. 人民币走向国际化 [M]. 北京：中国金融出版社，2018.

[2] 徐鸿. 货币政治：美元霸权的式微和人民币国际化的兴起 [M]. 北京：中国经济出版社，2018.

[3] 施珝娅. 人民币国际化：理论思考及实践探索 [M]. 北京：中国金融出版社，2018.

[4] 中国人民大学国际货币研究所. 人民币国际化报告·2018：结构变迁中的宏观政策国际协调 [M]. 北京：中国人民大学出版社，2018.

[5] 焦继军. "一带一路"背景下人民币国际化内在机理研究 [M]. 北京：中国经济出版社，2017.

[6] 周宇，孙立行. "一带一路"建设与人民币国际化新机遇 [M]. 上海：上海社会科学院出版社，2017.

[7] 徐慧贤. 货币国际化经验及人民币国际化研究 [M]. 北京：经济管理出版社，2017.

[8] 沙文兵等. 人民币国际化对中国经济内外均衡动态影响研究 [M]. 北京：经济科学出版社，2016.

[9] 徐新华，徐晓苏. 人民币国际化与国际货币体系相关性研究 [M]. 北京：经济管理出版社，2016.

[10] 王冠群. 人民币国际化问题研究 [M]. 北京：经济科学出版社，2016.

[11] 刘翔峰. 人民币国际化与货币安全 [M]. 北京：经济管理出版社，2015.

[12] 蒋在锦."一带一路"视域下人民币国际化问题研究[J].中国市场,2019(5):7-10.

[13] 李欣怡."一带一路"战略背景下人民币国际化——美元国际化演化路径借鉴[J].现代商贸工业,2019,40(2):44-45.

[14] 叶前林,刘海玉."一带一路"倡议下人民币国际化的新进展、新挑战与新举措[J].对外经贸实务,2019(2):56-59.

[15] 陆岷峰,徐博欢."逆全球化"影响下人民币国际化不确定因素与成长之路[J].云南师范大学学报(哲学社会科学版),2019,51(1):76-84.

[16] 王乃嘉,杨剑啸,姜奕玖.人民币汇率体制改革进程与展望[J].征信,2018,36(11):84-87.

[17] 夏凡.人民币汇率形成机制改革与金融风险防范[J].当代经济,2018(24):13-15.

[18] 李国辉.人民币国际化:与改革开放相伴而行[J].中国金融家,2018(12):46-48.

[19] 韦韬.探究人民币国际化的现状及对策[J].经贸实践,2018(23):70-71.

[20] 罗斌,王雅楠.货币国际化的影响因素及其传导路径分析[J].中国软科学,2018(11):41-49.

[21] 陈佳茗,陈嘉琪,覃彦嘉.加入SDR后,人民币国际化面临的机遇和挑战[J].市场研究,2018(11):69-70.

[22] 吴飞凡.人民币国际化的可行性分析[J].福建师大福清分校学报,2018(4):66-71.

[23] 董鹏刚."一带一路"倡议下人民币国际化:逻辑体系、内涵动力与驱进模式[J].金融经济,2018(16):3-6.

[24] 白钦先,程鹏.人民币国际化的路径选择[J].沈阳师范大学学报(社会科学版),2018,42(3):25-29.

[25] 吴佳瑜.人民币作为国际货币的前景展望[J].时代金融,2018(32):17-18.

[26] 王大树, 郑明堃, 赵文凯. "一带一路"倡议与人民币国际化 [J]. 扬州大学学报（人文社会科学版）, 2018, 22（6）: 26-33.

[27] 张皙若. "一带一路"与人民币国际化之间的关系 [J]. 科技经济导刊, 2018, 26（31）: 171-172.

[28] 储平平. 人民币国际化的风险评估与推进路径 [J]. 安庆师范大学学报（社会科学版）, 2018, 37（5）: 87-90.

[29] 焦桂琳. 人民币国际化进程中的法律风险分析 [J]. 法制与经济, 2018（10）: 134-135.

[30] 高一礼. "一带一路"建设背景下人民币国际化的探讨 [J]. 产权导刊, 2018（10）: 29-33.

[31] 沈冰冰. 人民币国际化的制约因素与对策分析 [J]. 北方经贸, 2018（9）: 87-88, 112.

[32] 汲东野. 人民币国际化仍任重而道远 [J]. 宁波经济（财经视点）, 2018（9）: 33-34.

[33] 王盼盼, 石建勋. 扩大 SDR 使用与人民币国际化——基于国际经验的比较借鉴 [J]. 金融论坛, 2018, 23（9）: 42-60.

[34] 胡世丽, 杜婕. 人民币国际化发展的机遇与风险展望分析——评《人民币国际化: 理论思考及实践探索》[J]. 当代财经, 2018（10）: 132-133.

[35] 吴佳瑜. 人民币作为国际货币的前景展望 [J]. 时代金融, 2018（32）: 17-18.

[36] 牛薇薇, 王彧婧, 王向新. 人民币国际化的中国对策: 积极应对套汇套利冲击 [J]. 金融理论与实践, 2018（11）: 25-30.

[37] 郭又舞. 加入 SDR 对人民币国际化进程的影响 [J]. 中国集体经济, 2018（24）: 5-6.

[38] 刘凯. "一带一路"与人民币国际化: 风险、步骤及其货币战略 [J]. 郑州大学学报（哲学社会科学版）, 2017, 50（6）: 79-83.

[39] 叶子路. 人民币国际化与汇率关系研究 [D]. 中共中央党校博士学位论文, 2018.

[40] 陈静. 汇率变动对货币国际化的影响研究 [D]. 湖南大学博士学位

论文，2018.

［41］张鑫坤.人民币离岸市场对人民币国际化的影响分析［D］.吉林大学博士学位论文，2018.

［42］刘帅.人民币国际化与上海自贸试验区金融改革研究［D］.云南大学博士学位论文，2015.